일제강점기의 ‘낙중학’,
한주학파 재전 제자들과 영남 유현들의 활동과 사상

계명한국학총서 55

일제강점기의 '낙중학',
한주학파 재전 제자들과
영남 유현들의 활동과 사상

2021년 11월 19일 초판 1쇄 인쇄
2021년 11월 30일 초판 1쇄 발행

지은이 | 홍원식 외 8명
펴낸이 | 신일희
펴낸곳 | 계명대학교 출판부
42601 대구광역시 달서구 달구벌대로 1095
전화 053-580-6233 팩스 053-0580-6235
등 록 | 1970. 9. 1. (신고번호 제347-1998-1호)

ISBN 979-11-6516-092-0 93150
값 27,000원

낙중학 총서 8

洛中學

일제강점기의 '낙중학'

한주학파 재전 제자들과 영남 유현들의 활동과 사상

계명대학교 한국학연구원
홍원식 외 지음

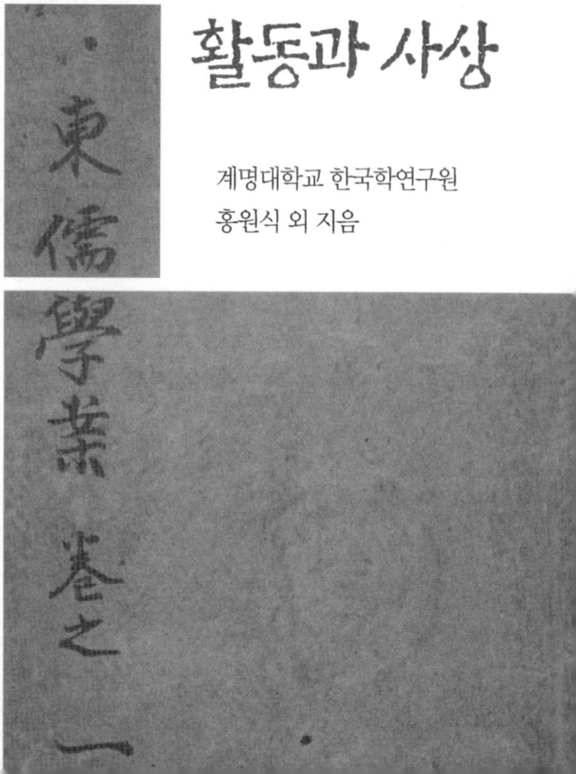

계명대학교 출판부

책을 펴내며

Foreword

마침내 '낙중학 총서' 전 8권을 마무리하며 글을 적으려 하니 무슨 말로 말문을 열어야 할지 한참이나 머뭇거리다 결국 정돈도 되지 않은 생각을 떠오르는 대로 적고 있다. 지금 무엇보다 2010년 '낙중학'이란 용어를 맨 처음 우리 학계에 내놓았을 때의 생각이 생생히 떠오른다. 두려움에 무척 주저하면서도 반드시 내놓을 필요가 있다는 확신이 뒤섞인 묘한 생각이었다. 한 권 두 권 책으로 묶어 내게 되면서 여기저기에서 '낙중학'이란 말이 들릴 때면 약간의 성취감을 느꼈던 것도 사실이지만 내실 있게 내용을 채워야 한다는 책임감이 더욱 크게 밀려왔다. 이제 그 마지막 권을 내놓으려니 시원하고도 아쉬운 마음과 함께 다시금 두려운 마음이 든다.

계명대학교 한국학연구원은 2010년부터 2017년까지 8년에 걸쳐 매년 한 차례씩 총 8회에 걸쳐 시대별로 내려오며 낙중학 관련 기획 학술발표대회를 개최하였으며, 발표된 논문들을 묶어 '낙중학 총서'를 발간해왔다. 본 책은 그 마지막 2017년 발표된 논문들을 묶어 간행하게 됨으로써 총서 발간의 대장정을 마무리하게 되었다. 일제강점기에 이르면 낙동강과 금호강이 합류하는 낙동강 중류 지역은 이른바 '구학舊學'과 '신학新學'이 공존, 교차하는 가운데 구학문 분야에서는 조선 말 성리학의 대가 한주寒洲 이진상李震相

(1818~1886)의 재전再傳 제자들과 더불어 여러 인물이 나름 학술과 사회활동 분야에서 다양하면서도 활발한 활동을 전개하였다. 우리는 이를 통해 낙동강 중류 지역을 넘어서서 우리 민족과 국가가 마주한 시대적 대전환기에 선 '구시대' 지식인들의 고뇌에 찬 몸부림과 마지막 씨앗이라도 한 톨 간직하려 드는 간절한 모색을 볼 수 있을 것이다.

본 책에는 총 9편의 글을 실었다. 맨 앞 홍원식(계명대)의 총론 글에 이어 황지원(동국대)이 진암眞庵 이병헌李炳憲, 이행훈(한림대)이 성와省窩 이인재李寅梓, 김낙진(진주교대)이 중재重齋 김황金榥, 김기주(계명대)가 회봉晦峯 하겸진河謙鎭, 김현수(성균관대)가 심산心山 김창숙金昌淑, 임종진(경북대)이 심재深齋 조긍섭曺兢燮, 심도희(대구대)가 공산恭山 송준필宋浚弼, 정병석(영남대)이 중산中山 박장현朴章鉉의 생애와 활동 및 철학사상에 대해 연구한 논문들이 실려 있다. 이곳에 실린 인물들 중에는 어느 정도 연구된 이도 있고 그렇지 않은 이도 있지만, 본 책이 이들을 함께 묶어 살펴봄으로써 무엇보다 일제강점기 낙동강 중류 일대에서 전개된 구학의 여운을 짙게 느낄 수 있을 것이다.

8권의 '낙중학 총서'를 마무리하며 그 동안 발표와 집필에 힘써 주신 여러 동학제현들에게 먼저 깊은 감사의 마음을 전하며, 아울러 변함없는 마음으로 전폭적 지지와 지원을 해 준 계명대학교 한국학연구원과 경제적 손익을 따지지 않고 묵묵히 출판을 맡아 준 계명대학교 출판부에도 감사의 마음을 전한다.

2021년 11월

홍원식

목차 Contents

✎ 심산 김창숙의 유교 인식과 독립운동의 전개 / 김현수

✎ 한주학파의 성리학에 대한 심재 조긍섭의 비판 / 임종진

✎ 공산 송준필의 성리사상과 사회적 실천 운동
– 한주학과의 관련성을 중심으로 / 심도희

일제강점기의 낙중학
- 한주학파의 재전 제자들을 중심으로

홍 원 식

일제강점기의 낙중학
– 한주학파의 재전 제자들을 중심으로

홍 원 식

1. 머리말

19세기 후반 성주를 중심으로 한 낙동강 중류 지역에서는 한주寒洲 이진상李震相(1818~1886)이 등장하여 한 학파를 열게 되며, 그의 직전直傳·재전再傳 제자들은 국내외에서 대한민국 건국 무렵에 이르도록 다양하면서도 지속적인 활동을 벌였다.

이진상은 이황李滉(1501~1570)의 퇴계학退溪學을 계승한다는 의식을 분명히 가지고 있기는 하였지만, 퇴계학을 묵수한 낙동강 상류 지역의 유학자들과 사뭇 달랐다. 그는 퇴계학의 '실實' 곧 본령이 무엇인가를 따져 묻고 퇴계학에 대한 '활간活看'을 강조하면서 '심즉리설心卽理說'이나 '리발일도설理發一途說'과 같은 자신의 독창적인 이론을 제기하였다.

그런데 이진상의 '심즉리설'과 '리발일도설'은 율곡栗谷 이이李珥(1536~1584)를 이은 기호 지역 율곡학파의 '기발일도설氣發一途說'·'심시기설心是氣說'과 대립되는 것은 물론 영남 지역 퇴계학통의 '리기호발설理氣互發說'·'심합리기설心合理氣說’과도 차이가 있다. 바로 이 때문에 그의 학설은 퇴계학의 정통을 자처하는 낙동강 상류 안동·상주 지역의 유림들로부터 심한 배척을 받았다. 그의 문집이 발간되어 안동의 도산서원에 봉정되자 패자牌子와 통문通文을 통해 격렬한 비판이 일어났으며,[1] 상주의 향교鄕校에서는 불태워지기까지 했다. 하지만 면우俛宇 곽종석郭鍾錫(1846~1919) 등 흔히 그의 대표적 제자로 일컬어지는 ‘주문팔현洲門八賢’들은 스승의 설을 굳게 지켜며 비판에 맞서는[2] 한편 기호 지방 화서학파華西學脈 김평묵金平默 일파의 성리설이 이진상의 성리설과 같다고 생각하여 깊게 교유하였다.[3] 그들은 현실 인식에서도 척사위정론斥邪衛正論에 입각해 의병운동을 전개한 낙동강 상류 지역의 유학자들과 달리 ‘만국공법萬國公法’의 중시를 강조하며 각국 공사관에 호소하는 길을 택하고 애국계몽운동의 대열에 참여함으로써 학파적 차별성을 더욱 분명하게 드러내었다.

한주학파 직전直傳 제자들의 이러한 모습들은 재전再傳 제자들에게 그대로 이어진다. 이들은 주로 곽종석의 문하에서 배출되었는데, 대표적인 인물로 이인재李寅梓와 이병헌李炳憲, 하겸진河謙鎭, 김창숙金昌淑, 김황金榥, 최익한崔益翰 등이 있다. 본 글에서는 이들을 중심으로 먼저 각 인물들의 활동과 한

---

1) 퇴계의 후손 李晚寅의 「寒洲李氏動靜說條辨」(『龍山文集』, 卷6)이 대표적이다.

2) 郭鍾錫, 『俛宇文集』, 卷13, 「與李監役」과 卷36, 「答李子翼」; 李承熙, 『韓溪遺稿』 6, 「宣錄條辨」과 「道南通文條辨」; 尹胄夏, 『膠宇文集』, 卷16, 「反究錄」 등 참조.

3) 寒洲의 心說이 華西 李恒老의 心說과 같다고 생각한 郭鍾錫은 華西學派 안의 心說 논쟁에 뛰어들어, 省齋 柳重教의 심설이 이항로의 심설과 다르다고 비판하면서(『俛宇文集』, 卷130, 「柳省齋重教心說辨」 참조) 유중교와 심설 논쟁을 벌였던 重菴 金平默의 편을 든다. (『俛宇文集』, 卷30, 「答柳性存基一」과 卷141, 「書洪思伯在龜心說後」 참조) 또한 그는 율곡학통의 ‘心是氣’를 고수하는 艮齋 田愚에 대해서도 비판하고 나선다. 한편 尹胄夏는 김평묵과의 편지를 통해 한주와 화서의 학설이 서로 부합함을 말하고 있으며(『膠宇文集』, 卷4, 「與金重菴」과 『重菴集』, 卷16, 「答尹箭村胄夏」 참조), 許愈는 김평묵을 애도하는 글에서 한주와 김평묵의 성리설이 서로 같음을 말하는가 하면(『后山文集』, 卷1, 「挽金重菴平默二絶」 참조) 柳基一에게 心卽理說이 과연 크게 어긋나는 것인가를 묻기도 한다. (같은 책, 卷4, 「答柳性存基一」 참조)

주학 계승 양상을 살펴보고, 이어 학파의 관점에서 활동 내용을 개관해본 뒤 그 특징과 역사적 위상을 짚어보면서 글을 맺기로 한다.

한주학파 재전 제자들이 본격적으로 활동한 시기는 일제강점기이다. 그런데 이들의 활동을 살펴보기에 앞서 일제강점 직전 사상적 지형도를 한번 먼저 살펴보는 것도 의미가 있을 것 같다. 다음의 글은 일제강점을 3년 앞 둔 1907년 〈황성신문皇城新聞〉에 실린 사설 내용이다.

> 或曰 我自有我法하고 彼自有彼法하니 我何必效彼리오. 「大學」一篇이 已足治國平天下오 『周禮』 一部가 已足以正百官安萬民이어늘 夷狄之法을 豈可混用於我國哉아 하나니, 此蓋一派오.
>
> 或曰 五帝가 不同禮하고 三王이 不同樂하니 古今이 殊宜에 豈可膠柱鼓瑟이리오. 以舊學으로 爲體하고 新學으로 爲用하여 以彼之長으로 補我之短이라 하나니, 此又一派오.
>
> 或曰 優勝劣敗는 天演公例라, 舊代學術이 固不適宜於今日오 舊時人物이 固不適用於今時니, 雖堯舜이 復作이라도 不可以治今日之天下라. 頑固思想과 腐敗學問은 一切 摧陷而廓淸之하여 無復遺跡之可尋이라야 此國此民을 庶可拯救라 하니, 此又一派오.
>
> 或曰 舊學은 有舊學之特長하고 新學은 有新學之特長하니 於舊於新에 參酌損益하여 以定一代之新規하면 可以雄長六洲하고 卓冠古今이라 하나니, 此又一派오.[4]

위 사설의 제목은 '구학문舊學問과 신지식新知識의 관계'인데, 당시 학술사상과 정치운동의 지형도를 넷으로 나누고 있다. 그 첫 번째는 개항과 개화를 반대하며 일체의 서양 학문을 받아들일 필요가 없다는 주장을 펴며 척사위정운동斥邪衛正運動을 이어 의병운동을 주도한 이들을 가리킨다. 두 번째는

---

4) 〈皇城新聞〉, 1907. 5. 15, 「舊學問과 新知識의 관계」(社說).

구학舊學을 체體로 삼고 신학新學을 용用으로 삼자는 동도서기론東道西器論을 내세우며 개항기 때부터 척사위정운동에 맞서 개화운동을 주도한 이들을 가리키며, 이들이 당시 집권세력이라고 볼 수 있다. 세 번째는 시대가 바뀐 만큼 구학은 청산하고 서양으로부터 들어온 신학을 전적으로 받아들일 것을 주장하며 독립협회와 만민공동회를 주도한 이들을 가리킨다. 마지막 네 번째는 구학과 신학은 각각 장점이 있기 때문에 그 장점들을 '참작손익參酌損益' 할 것을 주장하는 이들로 바로 〈황성신문〉 자신들의 입장을 가리킨다. 논자는 이들을 '동도동기론'과 '동도서기론', '서도서기론', '동도변용론'으로 나눠 정리한 적이 있다.[5] 본 사설이 실릴 당시는 애국계몽운동이 한창 전개되던 대한제국 말기로 이미 을사늑약(1905)을 거쳐 국권 상실이 눈앞에 이르렀음에도 정치와 학술적 상황이 무척 혼란스러웠음을 한눈에 알 수 있다.

본 글에서 다룰 한주학파의 재전 제자들은 바로 이 무렵 한주학파에 들어 수학기와 청년기를 보내며, 이어지는 일제강점기에 본격적인 활동을 전개하였다. 이들은 위 넷 가운데 첫 번째 '동도동기론'과 일찍이 결별하였으며, '서도서기론'에 대해서는 애초부터 부정적 입장을 가지고 있었다. 결국 두 번째 '동도서기론'과 네 번째 '동도변용론'이 남게 되는데, 논자는 한주학파 재전 제자들이 학파 전체의 관점에서 볼 때 이 가운데 후자에 더 가깝다고 본다.

2. 한주학파 재전 제자들의 한주학 계승

먼저 경북 고령 출신인 성와省窩 이인재李寅梓(1870~1929)는 '주문팔현'

---

5) 홍원식, 『동도관의 변화로 본 한국 근대철학』, 예문서원, 2016, 총론 참조.

가운데 한 사람인 재종질 이두훈李斗勳(1856~1918)에게서 수학한 뒤 20세 때인 1889년 곽종석의 문하에 나아갔다. 그는 이진상과 곽종석을 거쳐 내려온 '리발일도설理發一途說'과 '심즉리설心卽理說'을 이어받아 성리설에 대한 많은 저술을 남겼으며, 당시 낙중 지역에서 이황의 입장에 서서 이진상의 성리설을 비판한 조긍섭曺兢燮(1873~1933)[6]과 논변을 벌이기도 했다. 그는 이진상의 심즉리설을 계승하면서 다음과 같이 말했다.

> 대개 거울이 본연本然의 밝음을 지니고 있기 때문에 (대상의) 곱고 미운 것을 비춰 드러낼 수 있는 것은 마음이 변별하는 지각을 지녔기 때문에 뭇 사물의 이치를 알아 묘응妙應할 수 있는 것과 같은 즉 (거울의 본연한) 밝음은 리의 본체本體이고, (거울에 비친) 곱고 미운 것은 리의 분수分殊이다.[7]

이인재는 마음(심)을 거울에 비유하여 거울이 밝기 때문에 뭇 사물을 있는 그대로 비출 수 있듯 마음도 리이기 때문에 뭇 사물의 리를 알 수 있다고 말하여 이진상의 심즉리설을 적극적으로 계승, 옹호하였다. 그는 또한 이진상과 마찬가지로 양명학陽明學에서 말하는 심즉리설이 기를 리로 여긴 것이어서 실은 심즉기心卽氣이기 때문에 한주학파에서 말하는 심즉리설은 양명학의 심즉리설과 다름을 주장했다.[8] 이밖에도 그는 이진상의 관점에 서서 '태극동정太極動靜'과 '명덕明德', 리의 주재主宰, 심본체心本體, 허령지각虛靈知覺 등에 대한 고증이나 자신의 주장을 전개하였다.[9]

---

6) 조긍섭은 20세 때 「讀心卽理說」을 지어 이진상의 심즉리설을 17개 조목으로 나눠 비판했다.

7) 李寅梓, 『省窩集』, 卷2, 「與曺仲謹」, 181~182쪽 참조.

8) 한주학파에서는 한주 이진상을 위시하여 그의 직전, 재전 제자들이 이와 같은 주장을 펴고 있다.

9) 李寅梓, 『省窩集』, 卷3의 「太極動靜說考證」, 「明德說考證」, 「主宰說」, 「心本體說」, 「虛靈知覺說」

한편 이인재는 대한제국 시기 한주학파의 일원으로 애국계몽운동에 참가하였다. 곧 그는 공립학교를 세워 덕행과 기예 및 서양의 법률과 정치제도를 가르쳐야 함을 역설하고 헌법의 제정과 대의제代議制 시행, 선거의 실시 등을 주장하였다. 당시 그의 대표적인 활동으로 고령 자치민의회自治民議會를 만들어 의장에 취임한 것을 들 수 있다. 그는 서양의 민의제가 전래의 향약鄕約과 비슷하다고 생각하여 이를 바탕으로 '지방 공익의 실현'과 '행정 방법의 건의', '인민의 폐단 교정', '교육의 보급', '권리의 보호', '환난의 상휼'의 여섯 강령을 만들었다. 그의 이러한 활동은 이후 서양철학 연구로 이어지게 된다. 그가 한주학파 및 한국철학사에서 가지는 중요한 위치는 바로 이 최초의 본격적인 서양철학 연구란 점에 있다. 이에 대해서는 다음 장에서 살펴보기로 한다.

진암眞菴 이병헌李炳憲(1870~1940)은 경남 산청 출신으로 27세 때인 1896년 면우 곽종석의 문하에 나아간 뒤 이승희와 장복추張福樞에게도 종유하였으며, 나아가 그는 노사蘆沙 기정진奇正鎭의 후예인 기우만奇宇萬이나 화서華西 이항로李恒老의 후예인 최익현崔益鉉 등과 같은 기호지방의 인사들을 만나기도 했다. 이때까지 그는 한주학통의 입장에 서서 전통의 주자학을 수업했다. 그리고 34세 때인 1903년 이후 그는 몇 차례 상경하여 박은식朴殷植과 장지연張志淵, 손병희孫秉熙 등과 같은 애국계몽사상가들을 만나면서 새로운 사상을 접하게 된다.

이후 이병헌은 45세 때인 1914년부터 1925년까지 모두 5차례에 걸쳐 중국을 방문하게 된다. 그는 첫 번째 방문 때인 1914년 북경에서 「종교철학합일론宗教哲學合一論」을 간행하였다. 이 「종교철학합일론」에서 그는 동서양의 종교와 철학을 비교하면서, 서양은 종교와 철학이 미신과 진지眞知라는 점에

등 참조.

서 구분되지만 동양의 유교는 그것이 합일되어 있다고 주장하였다. 다시 그가 북경을 방문했을 때인 1919년 「유교복원론儒教復原論」을 지어 출간했다. 그는 「유교복원론」에서 당시 유교에 대한 입장을 수구설守舊說과 혁신설革新說, 통신구설通新舊說, 통동서설通東西說의 넷으로 정리한 뒤, 공자의 가르침이야말로 순수지선하여 세계 어느 곳에서나 받아들여질 수 있는 통동서설임을 밝히면서[10] 여타 입장을 비판하고 유교의 복원을 주장했다.

한편 이때 그는 중국 공교운동孔教運動을 주도하고 있던 강유위康有爲(1858~1927)를 만나서 그의 지도를 받으며 공자교운동에 뛰어들게 된다. 그의 공자교운동은 1923년 경남 산청에 중국 공교회 한국지부로 배산서원培山書院을 건립하면서 그 절정에 이르지만, 지역 유림들과의 불화로 실패한다. 그런데 강유위가 그의 「유교복원론」을 읽어 본 뒤 경학經學적 기초가 빈약함을 지적하면서 금문경학今文經學에 대한 연구를 권고하자, 그는 말년에 금문경학 연구에 전념하여 『공경대의고孔經大義考』와 『시경부주삼가설고詩經附注三家說考』 등의 저술을 남겼다.

회봉晦峰 하겸진河謙鎭(1870~1946)은 경남 진주 출신으로 27세 때인 1896년 곽종석의 문하에 나아감으로써 한주학통을 잇게 되었다. 그렇지만 그는 그 이전에 이미 조긍섭曺兢燮 등과 함께 남명南冥 조식曺植의 문집을 교열한 적이 있었으며, 안동의 김도화金道和와 이진상 문하의 허유許愈·이승희에게도 문학問學한 적이 있었다. 그는 "'심心'이라는 한 글자는 유학의 종지이다. 그러나 우리나라 유학자들의 학설이 어지럽게 얽혀서 아직 귀결되지 못하고 있다"라고 말하면서 말년에 이르도록 이를 한스러워하였다. 그는 50세 때 지은 「심위자모설心爲字母說」에서 성性과 정情은 심의 한 측면일 뿐 어디까지나 심이 모체임을 역설하면서 심을 태극이나 상제에 상응시키는 등 절대적으로

---

10) 李炳憲, 『李炳憲全集』上, 「儒教爲宗教哲學集中論」, 209~212쪽 참조.

중시하여, 심과 성을 상대시키거나 심을 낮추고 성을 높이는 기호학파의 노주老洲 오희상吳熙常과 간재艮齋 전우田愚의 '성사심제설性師心弟說'과 같은 관점을 비판했다.[11] 그는 학문적 측면에서뿐만 아니라 실천적 측면에서도 한주학파의 일원으로서 곽종석과 김창숙이 주도한 파리장서사건에 적극적으로 참여했다.

하겸진의 대표적인 저술로 「국성론國性論」(1921)과 『동유학안東儒學案』(1943)이 있다. 먼저 그는 「국성론」에서 서양이 번영하게 된 것은 단순히 경제와 기술이 앞섰기 때문만이 아니라 자신의 국성을 잘 보존했기 때문이라고 하면서, 우리도 우리의 고유한 국성인 예의를 잘 간직한 바탕 위에서 서양의 발달된 경제와 기술 등을 받아들여야 한다고 강조하였다.[12] 그는 한주학파의 일원답게 서양 학문에 대해서도 관심을 가져 정우현과 동서 철학에 대해 토론을 벌인 적이 있으며, 비록 서양철학에 대한 전문적인 저술을 남기지는 않았지만 단편적인 생각들은 문집 속에서 읽을 수 있다.[13]

『동유학안』은 그의 가장 대표적인 저술이다. 이 책은 '학안류學案類'의 저술로 한국의 유학자들을 시기와 학파별로 분류한 뒤 주요 원전을 가려 찬술한 것이다. 그리고 이 책은 장지연의 『조선유교연원朝鮮儒教淵源』과 정인보鄭寅普의 『양명학연론陽明學演論』 등과 함께 한국 유학사와 철학사 연구의 선구적 업적이자 대표적인 '국고정리國故整理' 작업의 일환으로 평가할 만하다. 그는 여기에서 영남 퇴계학통의 인물들에 비중을 두는 등 한주학파의 관점을 많이 드러내 보이고 있다.

심산心山 김창숙金昌淑(1879~1962)은 경북 성주 출신으로 일찍이 18세

11) 河謙鎭, 『晦峰集』, 「性師心弟辨」 참조.
12) 河謙鎭, 『晦峰集』, 卷25, 「國性論上」 참조.
13) 김종석, 「한말 영남 유학자들의 신학 수용 자세」, 292쪽 참조.

때인 1896년 곽종석의 문하에 나아갔으며, 동시에 같은 '주문팔현'인 이승희와 장석영張錫英 등에게서도 전통의 주자학 수업을 받았다. 청년기에 접어들었을 무렵 전국적으로 한창 애국계몽운동이 전개되고 있었으므로, 그도 향리인 성주에서 성명학교星明學校를 세우는 등 대한협회大韓協會 지회 활동에 참가하였다.

일제 강점 이후 김창숙은 칩거하던 중 1919년 3·1운동이 일어나자 스승 곽종석과 함께 유림 세력을 규합하여 파리장서사건巴里長書事件(일명 '제1차 유림단사건儒林團事件')을 주도하였으며, 그 뒤 1926년 다시 '제2차 유림단사건'을 주도하다 체포되어 심한 옥고를 겪은 끝에 신체적 장애를 갖게 되었다. 이 두 사건은 일제강점기 가장 대표적인 조직적 유림들의 독립운동이라고 평가할 수 있다. 이처럼 그는 국내 유림 세력들을 규합하여 독립운동의 전면에 나서게 하는 한편 상해임시정부와 연결하여 독립운동을 활발하게 전개하였다. 해방 후 그는 유림 조직인 유도회儒道會 결성과 성균관대학교 설립에 앞장서 초대 총장이 된 후 국학 진흥에 힘썼으며, 정치적으로는 이승만의 독재정부에 결연히 맞서는 모습을 보였다. 세상을 뜨기 직전인 1962년 최고 등급인 건국훈장 대한민국장을 수여 받았다.

이밖에도 한주학파의 재전 제자들 가운데 활발하게 활동한 이로 김황金榥과 최익한崔益翰 등이 있으며, 장지연張志淵도 한주학파의 본거지인 성주 인근 선산(현 구미) 출신으로, 넓게 보면 한주학파의 재전 제자에 포함시킬 수 있다.

중재重齋 김황(1896~1978)은 경남 의령 출신으로 동강東岡 김우옹金宇顒의 후손이다. 그는 17세 때인 1912년부터 7년 가까이 곽종석의 문하에서 수학하였다. 그는 곽종석의 대표적인 만년晩年 제자로 한주학통의 학설을 굳게 지키며 일제강점기를 거쳐 대한민국 건국 이후에도 활발하게 강학과 저술 활동을 하며 도학자로서의 삶을 살았다. 그에게서 교육을 받은 많이 이들이 국학 연구에 종사하고 있다. 한편 그는 한주학파의 일원으로 파리장서사건과 유림단사건에 깊이 간여하여 옥고를 치렀다.

최익한(1897~?)은 경북 울진 출신으로 15세 때 곽종석의 문하에 나아가 5년 가량 수학하였으며, 그의 권유로 서울로 유학해 중동학교를 다니면서 신학문을 접했다. 1919년 3.1운동 후 상해임시정부의 국내 군자금모금운동에 적극적으로 참여하다 투옥되는 등 독립운동에 참가하였다. 그 뒤 일본에 유학해 와세다대학을 다니면서 당시 일본에 크게 유행하던 사회주의 사상을 받아들이게 되고 조선공산당의 일원으로 활동하다 일제에 의해 투옥되기도 했다. 1930년대에는 조선일보·동아일보와 관여하며 국학 연구에 매진하여 여러 편의 학술 관련 저술을 남겼다. 해방을 맞아 조선건국준비위원회와 조선공산당에서 활발하게 활동하다가 1948년 분단 후 월북하여 최고인민회의 대의원을 지내는 한편 이 시기에 『조선사회정책사』(1947)와 『실학파와 정다산』(1955) 등 국학 관련 비중 있는 저술들을 남겼다.

3. 학파의 관점에서 본 활동 양상

1) 공자교운동의 전개

개항 이후 대한제국 시기에 접어들면서 유교는 심각한 위기 상황을 맞이하게 된다. 개항 이후 정권의 담당자인 개화파들은 유교에 대한 신심信心을 점점 잃어 가고 있었으며, 1890년 말 대한제국시기에 이르면 마침내 유교에 대한 비판적 시각이 등장한다. 이렇게 유교가 비판의 전면에 서게 되면서 일부 유교 지식인들은 유교 개혁에 대한 적극적 입장을 취하게 된다. 대표적인 이들로 박은식朴殷植과 장지연張志淵, 신체호申采浩 등을 들 수 있다. 이들은 유교의 말폐나 주자학에 대해서는 비판하되 공맹孔孟의 유학은 어떻게든 보위하려는 입장을 가졌으며, 박은식은 「유교구신론儒教求新論」[14]에서 조선의 주자학과 주자학자들의 폐해를 지적하면서 양명학을 대안으로 제시하기도 했다.

이와 더불어 종교를 구국의 핵심적 방도로 인식하기 시작하면서 유교 개혁과 더불어 유교 종교화 운동도 함께 일어나게 된다. 앞서 독립협회獨立協會를 이끌었던 서재필徐載弼이 <독립신문>에 서구의 부강함 바탕에 기독교가 있음을 주장하는 사설을 실었으며,[15] 1899년 고종도 「존성윤음尊聖綸音」[16]에서 "세계의 모든 나라가 종교를 극진히 숭상하는 것은 종교가 인심을 맑게 하고 정치의 도리가 여기에서 나오기 때문"이라고 하였다. 1905년 동학의 3세 교주인 손병희孫秉熙가 천도교天道教를 세워 애국계몽운동에 적극적으로 나서면서 종교운동은 요원의 불길처럼 번져 나갔으며, 그 결과 수많은 근대 민족종교들이 출현하였다. 이런 가운데 유교 종교화 운동도 함께 전개되었다. 박은식은 「종교설宗教說」[17]에서 종교의 중요성을 강조하고 직접 유교 종교화 운동을 주도하였으며, 장지연은 "종교란 국민의 뇌질腦質을 주조鑄造하는 원료요, 한 나라의 강약과 흥망이 종교에 달려 있다"라고 말하였다. 그런데 이들은 종교의 정치적·교화적 기능을 주목한 점이 공통적이며 특징적이다. 한주학파에서도 유교의 종교화 운동에 적극적으로 참여하였는데, 특히 중국의 '공교운동孔教運動'과 연결해 참여한 점이 눈에 띈다. 그 대표적인 인물로 이승희와 이병헌이 있다.

---

14) 박은식, 『박은식전집』하, 44~48쪽 참조.
15) <독립신문>, 1897년 1월 26일 논설 참조.
16) 『尊華錄』(宋秉稷 編, 1900) 卷6과 『大東正路』(許侙·郭漢一 編, 1903) 卷5에 각각 실려 있다.
17) 박은식, 『박은식전집』중, 414~420쪽 참조.

먼저 이승희는 62세 때인 1908년 노구를 이끌고 망명길에 오른 뒤 한인 공동체를 통한 해외 독립운동 기지의 마련과 한인공동체의 정신적 결속을 위해 공자교운동에 매진했다. 그는 망명 다음 해인 1909년 이상설李上卨 등과 함께 중국 길림성吉林省 밀산부密山府(현 黑龍江省 密山市)에 한흥동韓興洞이라는 한인정착촌을 개척하고, 4년 뒤 이 한흥동 개척사업이 어려움을 겪게 되자 중원을 둘러보기 위해 나서면서부터 공자교운동에 뛰어들었다. 마침내 그는 1913년 12월 북경 공교회孔教會의 주임인 진환장陳煥章을 만나 공교회 한인 지회支會의 설치 문제를 논의한 뒤, 다음 달인 1914년 1월 북경 공교회로부터 동삼성東三省 한인공교회韓人孔教會 지회의 승인을 받게 된다. 이때 그는 공교회의 주창자인 강유위康有爲와 서신으로 공교회 등 여러 문제들에 대해 의견을 나누었으며, 진환장의 요청으로 「공교진행론孔教進行論」과 「공사관복설孔祀冠服說」을 지어 공교회의 종교의례를 정하는 데 기여했다. 그리고 그가 지은 「공교교과론孔教教科論」이 공교회의 기관지인 『공교잡지孔教雜誌』에 실리자 중국 공교회에서 이를 공식적으로 채택하겠다고 나서기도 했다. 아울러 그는 유교의 이상정치론인 '대동大同'의 내용을 담고 있는 『예기禮記』의 「예운禮運」편을 집중적으로 연구하여 『예운집주禮運集註』를 편찬하고, 공자의 전기를 고증하여 『공자세기孔子世紀』를 지었다.

그런데 이승희의 공자교운동은 중국 공교회와의 긴밀한 관계 속에 전개되었지만, 막상 중국 공자교운동의 주창자인 강유위 사상과는 특별한 영향 관계를 갖지 않는다. 그는 강유위에게 한두 차례 편지를 보내기는 했지만 그로부터 영향을 받은 흔적은 보이지 않는다. 따라서 같은 공자교운동이지만 이승희의 공자교 사상은 강유위의 것과 판이하다. 강유위의 공자교 사상이 주자학을 비판하고 기독교를 모델로 하고 있는 반면, 이승희는 반기독교·비인격신의 주자학적 공자교 사상을 가지고 있다. 그의 이러한 공자교 사상은 공자교운동의 전개 이전부터 이미 마련되어 있었던 것이다.

일찍이 이승희는 56세(1902) 때 한국에 살고 있던 영국인 신부 알렉산더 윌리엄슨(韋廉臣)과 유교에서 말하는 '상제上帝(神)'가 '태극太極(理)'인가 아닌가의 문제로 논변한 적이 있다.[18] 윌리엄슨은 주자학에서 말하는 태극 곧 리理는 지각知覺과 동정動靜이 없고 주재主宰할 수도 없는 비인격적 존재인 반면 유교 경전에 나오는 상제는 신령스런 지혜와 힘이 있으며 이 지혜와 힘으로써 삼라만상을 주재하는 신묘한 존재라고 주장했다. 이것은 원시 유교의 상제를 기독교적 신과 연결시켜 주자학적 무신관을 비판한 것이라 할 수 있겠다. 이에 대해 이승희는 태극(리)은 무형기無形氣의 존재로서 지각하고 동정하며 주재한다는 주자학적, 그것도 퇴계학통의 주자학적 입장에 서서 윌리엄슨의 주장을 비판하면서, 주재의 리가 바로 참다운 상제라는 주장을 폈다. 나아가 그는 상제와 천天·태극太極·리理·심心의 근원적 일치성을 주장하며 리발설理發說을 통해 그 주재성을 설명했다. 이것은 퇴계학통의 리발설과 한주학파의 심즉리설心卽理說을 바탕으로 유교를 종교화한 주자학적 공자교 사상의 전개라고 할 수 있겠다.

이병헌은 1914년부터 1925년까지 5차에 걸쳐 중국을 방문하였으며, 이 과정에서 강유위를 만나 그의 지도를 받으면서 공자교운동을 전개하고 금문경학今文經學을 연구하였다. 그가 강유위를 만나 본격적인 유교 종교화 운동을 시작하기 전인 1917년 조선총독부는 '종교령宗敎令'을 제정하고서 불교와 기독교, 천도교 세 종교만 종교단체에 포함시키고 유교는 여기에서 제외시켜 버렸다. 이러한 조치는 유교 종교화 운동을 전개하는 이들에게 심대한 타격이 아닐 수 없었다. 이에 이병헌은 조선총독부에 장문의 항의 서한을 보내는 등 다양한 노력을 하였으나 끝내 받아들여지지 않았다. 이러한 상황에서 그는 중국 방문 때 중국 공교회를 주도하고 있던 강유위를 만나게 된 것이

18) 李承熙,『韓溪遺稿』6,「韋君廉臣英人上帝非太極論辨」, 205~212쪽 참조.

다. 공자교운동의 관점에서 보면, 이병헌의 생애를 크게 3시기로 구분해 볼 수 있다.

첫 번째 시기는 자기 나름의 공자교 사상을 확립하던 시기로, 제1차 중국 방문 때인 1914년 3월 북경에서 출간한 「종교철학합일론宗敎哲學合一論」 속에 그의 생각이 잘 나타나 있다. 이 속에서 그는 서양과 동양의 종교와 철학을 비교하면서 서양은 종교와 철학이 미신迷信과 진지眞知라는 점에서 구분되어 있지만 동양의 종교와 철학은 합일되어 있다고 주장하고 있다. 이때 진지로 합일되어 있는 동양의 종교와 철학이란 바로 유교이다. 한편 서양의 기독교는 기본적으로 미신이라는 인식이 전제되어 있다.

이 글은 그가 강유위의 지도를 받아 본격적인 공자교운동의 길로 접어들기 전 자신의 생각을 밝힌 것이며, 조선총독부가 종교령에 따라 유교를 종교의 대상에서 제외시킨 상황에서 저술된 것이다. 따라서 어떻게든 유교의 종교성을 선명히 드러내는 것이 무엇보다 그의 급선무였다. 이에 그는 『주역周易』의 "성인聖人께서 신도神道로써 가르침을 베풀자 천하 사람들이 복종했다"(觀卦 「彖傳」)라는 구절 속의 '신도로써 가르침을 베풀다'란 말을 통해 공자가 종교가이며 유교가 종교임을 애써 밝혔으며,[19] 이에 따라 『주역』을 공자교의 으뜸 경전이라고 주장했다. 그리고 유교의 종교성은 "하늘의 주재자는 상제上帝이고, 상제는 바로 신神을 일컬으며", "태극은 상제의 대명사이고, 상제는 태극의 주옹主翁"[20]이라고 말한 대목에서 잘 나타나 있다. 여기에서 그는 태극(理)과 신神을 주재성을 가진 인격성의 상제와 연결시켰다. 그리고 다시 그는 신神과 심心의 관계를 밝히면서 "심은 곧 신이다. (중략) 신을 궁구

19) 李炳憲, 『李炳憲全集』, 「敬告域內儒林同胞」, 314~316쪽 참조.

20) 李炳憲, 『李炳憲全集』, 「天學·天之主宰」, 197~199쪽 참조.

한다는 것은 바로 심을 다함을 일컫는 것이다."[21]라 말했다. 여기에서 비로소 상제와 태극(리), 신神, 심心이 근원적 일치성을 가지면서 공자교 사상의 핵심적 내용과 체계를 이룬다. 이러한 공자교 사상은 바로 위에서 본 이승희의 것과 그대로 일치하며, 한주학파의 일원임이 분명하게 확인된다.

두 번째 시기는 강유위의 지도 아래 공자교운동을 본격적으로 전개했던 시기이다. 그는 강유위를 만나 중국 공교회의 조직과 활동 및 이론에 대해 깊이 알게 된 후 한국 지회의 설립을 도모하게 된다. 마침내 그는 1923년 중국 공교회 한국 지회로 고향인 경남 산청군 단성에 배산서원培山書院을 건립하게 되면서 그의 공자교운동은 절정에 이르게 된다. 그러나 배산서원에 공자 사당과 함께 별도로 사당을 세워 자신의 조상을 배향하는 문제가 지역 유림들로부터 큰 반발에 부딪히게 됨으로써 결국 그의 공자교운동은 실패로 끝나고 만다.

마지막 세 번째 시기는 금문경학 연구에 전념한 시기이다. 그가 금문경학 연구를 시작하게 된 계기는 1919년 「유교복원론儒敎復原論」 간행과 관계가 깊다. 이를 중국에서 간행했을 때 그는 막 중국 공교회의 영향을 받아 공자교운동을 시작할 무렵으로, 아직 중국 공교의 사상적 영향을 본격적으로 받기 전이라고 볼 수 있다. 이에 뒷날 강유위가 「유교복원론」을 읽어 본 뒤 금문경학적 기초가 빈약함을 지적하며 그에게 금문경학에 대해 연구해 볼 것을 권유하였다. 강유위는 공교운동을 전개하기 이전에 이미 금문경학의 입장에 서서 『공자개제고孔子改制考』와 『대동서大同書』 등을 저술한 적이 있으며, 이것이 그의 공교 사상에도 영향을 미치게 된 것이다. 이병헌은 중국 공교회의 한국 지회로 배산서원의 설립이 난항에 부딪히자 강유위의 권유에 따라 금문경학 연구에 여생을 바쳐 전념하였다. 그는 1924년 동경東京의 일본제국도

21) 李炳憲, 『李炳憲全集』下, 「孔經大義考·繫辭下」, 117~120쪽 참조.

서관을 출입하며 『공경대의고孔經大義考』를 저술하고, 1926년에는 강유위에게서 격찬을 받은 『시경부주삼가설고詩經附注三家說考』를 저술하는 등 수많은 금문경학 저술을 남겼다. 조선시대 유학은 주자학의 영향 아래 고문경학古文經學 일색이었기 때문에 이러한 그의 금문경학 저술은 한국유학사에서 독보적인 지위를 갖는다.

2) 서양철학 연구의 효시

대한제국 시기 겉으로 확연하게 드러난 서양의 발달 배경에는 기독교와 같은 종교가 아닌 근대적 국가체제나 더 근원적인 것으로 근대철학이 있다고 생각한 이들이 생겨난다. 이에 이들은 먼저 서양 근대국가의 학문적·사상적 기반이 되는 계몽사상과 사회진화설 등에 대해서 학습하게 된다. 특히 당시 애국계몽운동을 주도한 이들은 중국의 변법사상變法思想을 적극적으로 받아들여 우리 민족과 국가가 처한 절박한 위기의 현실을 알리는 한편 구망救亡의 방도를 찾고자 하였다. 이러한 상황 속에서 일찍이 서양과 국제 상황에 관심을 가졌던 한주 이진상의 후예들과 애국계몽운동에 뛰어든 혁신유림들은 물론 여타 몇몇 영남 유림들도 나름대로 서양 학문에 대해 관심을 가졌다.[22]

영남 유학자들의 서양 학문과 사상에 대한 직접적인 저술을 보면, 한주 이진상의 학맥에서는 이승희의 「태서격물설변泰西格物說辨」과 곽종석의「서공법회통후書公法會通後」·「서철학고변후書哲學攷辨後」·「서조중근곤언후書曺仲謹困言後」, 이인재李寅梓의 「고대희랍철학고변古代希臘哲學攷辨」, 이병헌의 「유교위종교철학집중론儒教爲宗教哲學集中論」 등이 있다. 그리고 안동 지역 정재定齋 유치

---

22) 김종석, 「한말 영남 유학자들의 新學 수용 자세」 참조.

명柳致明의학맥에서는 이상룡李相龍(1858~1932)의「진화집설進化輯說」·「합군집설合群輯說」·「격치집설格致輯說」, 유인식柳寅植(1865~1928)의「학범學範」·「태식록太息錄」, 송기식(宋基植, 1878~1949)의「현금現今의 각 종교 및 구서歐西 각 학설의 고증비례考證比例」등이 있다. 이밖에도 대구 지역에서 한주학파와 긴밀하게 학술적 교유를 가졌던 조긍섭曺兢燮의「곤언困言」등이 있다.

이상의 저술 가운데 비교적 이른 시기에, 비교적 체계적으로 저술된 것이 이상룡의 세 집설이다. 이것은 그가 상경하여 당시 유행하고 있던 애국계몽사상을 접한 뒤 사상적 전환을 겪을 무렵 저술한 것이다. 먼저 그는「합군집설」에서 루소의 '민약론民約論' 등에 관심을 갖고서 사회계약설에 따른 입헌군주제를 지지하고 있다. 이것은 혁신 유림의 모습으로, 강유위와 양계초의 변법론에 부정적 입장을 취한 곽종석이나 조긍섭 등과 좋은 대조가 된다. 이어 그는「진화집설」에서 다윈의 자연진화론과 키드의 사회진화론을 소개하면서, '우승열패優勝劣敗'나 '적자생존適者生存'과 같은 자연계의 원리가 인간사회에도 그대로 적용된다고 하였다. 그리고 이를 바탕으로 전통 유학의 호고주의好古主義적 입장을 비판하고 강유위가 제시한 거란세據亂世·승평세升平世·태평세太平世의 '춘추삼세설春秋三世說'을 지지했다. 그리고「격치집설」에서 그는『대학大學』속 유학의 대표적 격물설 내용이 너무 소략하며, 이에 대해 주희朱熹가「격치보전格致補傳」에서 추가적으로 해석한 내용 또한 불명확하다면서 베이컨과 데카르트, 칸트의 인식론을 정리하고 있다. 이것은 비록 좀 더 이른 시기(1892)에 나오긴 했지만 이승희가「태서격물설변」에서 서양의 자연과학은 인간에게 절실한 문제를 버려둔 채 요원하고 공허한 원리만 좇으며, 서양의 근대 학문은 오직 기氣의 논리에만 의존하여 근본을 상실한 채 말단만 좇고 작은 것에는 밝지만 큰 것에는 어둡다고 비판한 것과 역시 좋은 대조가 된다.

위 저술 가운데 가장 주목할만한 것은 이인재의「고대희랍철학고변」이다. 그는 한주학파 재전 제자의 일원으로 고령자치회의 설립 등 애국계몽운동에 따른 현실 활동에도 적극적으로 참여하였지만, 그가 한주학파에서 중요한 자리를 차지하는 것은 바로 서양철학 연구 때문이다. 그는 1912년 서양의 고대 그리스철학을 소개하고 비판하는 내용을 담은 「고대희랍철학고변」을 저술하였는데, 이것은 한국철학사에서 서양철학 연구의 효시로 평가할 만한 것이다. 그는 여기에서 먼저 서양이 지금처럼 홍성하게 된 까닭을 찾아가다 마침내 서양 고대철학에 관심을 두게 되었음을 밝히고 있다.[23]

이러한 이인재의 서양철학 연구는 무엇보다 먼저 서양 학문에 대한 연구가 보다 더 근본적인 곳으로 들어갔다는 데 의미가 있다. 그는 스승 곽종석에게 올린 편지에서 자신이 서양철학에 대해 관심을 가지게 된 원인을 다음과 같이 밝히고 있다. 곧 자신은 서양의 발달 배경에 정치제도가 있다고 생각하여 서양의 헌법이나 행정에 관한 책들을 구하여 읽었는데, 연구하다 보니 그것들의 뿌리가 철학에 있다는 결론에 도달하여 서양철학을 연구하게 되었다는 것이다. 그리고 서양 근대 정치의 제도와 사상이 칸트 등 서양 근대 철학자의 철학에 바탕을 두고 있다는 사실을 알게 되었으며, 다시 그 서양의 근대철학은 그 뿌리가 고대 그리스철학에 있음을 알게 되어 이에 대해 연구하게 되었음도 밝히고 있다.[24]

그는 「고대희랍철학고변」에서 탈레스 등 서양철학의 장을 연 고대 자연철학자들로부터 시작해서 소피스트를 거쳐 소크라테스와 플라톤, 아리스토텔레스까지의 철학을 소개하는 동시에 제목 속 '변辨'이라는 말에도 나타나 있듯이 그에 대한 비판적 검토를 하고 있다. 여기에서 그는 서양철학, 특히 서양 고대철학이 유학과 비슷하며, 그 중에서도 특히 아리스토텔레스의 학

23) 李寅梓, 『省窩集』, 卷2, 「上俛宇先生」 참조.

24) 李寅梓, 『省窩集』, 卷2, 「上俛宇先生三」 참조.

설이 그러하다고 보고서 이에 대해 집중적인 논의를 하였다. 본 저술이 한문으로 번역, 소개된 간접 자료를 통한 연구라는 점에서 그 한계와 기본적으로 유학에 대한 호교론護教論적 관점에 서 있다는 점에서 약간의 문제가 있을지라도, 한국철학사에서 서양철학에 대한 최초의 연구란 의미는 크게 퇴색되지 않는다고 본다.

한주학파의 관점에서 다시 정리해보면, 이승희가 1892년 누구보다 일찍이 서양철학의 인식론에 관심을 가져 「태서격물설변泰西格物說辨」을 지었는데, 이것은 서양의 발달된 과학의 바탕에 서양철학의 인식론이 있다는 인식이 반영된 것이라고 볼 수 있다. 이은 곽종석의「서공법회통후書公法會通後」는 만국공법萬國公法의 관점을 담은 브룬추리의 국제법 저술인 『공법회통』에 대한 자신의 관점을 밝힌 것인데, 곽종석과 이두훈 등 한주학파의 후예들은 1895년 을미사변 후 이 만국공법의 관점에 따라 현실 대응에 나섬으로써 재야 유림들 사이에 운동 노선의 분화가 일어났다. 이러한 나름 서양의 신학문에 대해 적극적 관심을 가지는 한주학파의 학풍과 이에 따른 애국계몽운동 참여 등 운동 노선의 변화가 마침내 이인재의 「고대희랍철학고변」과 같은 저술로 이어졌다고 볼 수 있다. 곽종석은 「서철학고변후」에서 제자 이인재의 「고대희랍철학고변」에 대해 격려와 함께 매우 긍정적 시선을 보내고 있으며, 이러한 그의 인식은 또 다른 그의 제자인 이병헌의 「유교위종교철학집중론」 저술과 말기 제자인 최익한에게 타지로 유학해 신학문을 연구하도록 권유하는 것으로 이어졌다고 볼 수 있다.

3) 파리장서사건 주도

1910년 일제 강점을 전후하여 많은 이들이 더 이상 국내에서는 독립운동이 불가능하다는 판단 아래 중국의 만주와 상해, 러시아의 연해주 일대로 망명길에 오른다. 특히 만주지방으로 떠난 이들은 독립운동기지를 건설하기 위하여 노력한다. 망명인들 가운데는 유인석·홍범도와 같은 의병장 출신과 함께 애국계몽운동을 펼쳤던 이들도 많이 포함되어 있다. 따라서 망명지에서는 무장항쟁과 애국계몽의 두 노선이 자연스레 결합하는 양상을 띤다. 1919년 4월 대한민국 상해임시정부가 수립되면서 독립운동은 단일대오를 갖추어 나가기 시작하였다. 동시에 상해임시정부는 국내 세력과도 긴밀한 연계를 맺으며 독립운동을 전개하였는데, 유림 세력들도 여기에 많이 동참하게 된다.

당시 영남 지역 유림 출신의 상황을 보면, 먼저 안동 지역에서 대한협회大韓協會 활동을 벌인 이상룡과 협동학교協同學校를 설립하여 운영하던 유인식柳寅植·김동삼金東三 등이 망명길에 올랐다. 유인식은 곧 귀국하여 다시 협동학교를 운영하는 등 국내에서 항일독립운동을 계속 벌여 나갔으며, 이상룡과 김동삼 등은 남만주 일대에서 경학사耕學社·부민단扶民團과 같은 민족자치단체를 꾸리고 신흥학교新興學校와 같은 민족교육 기관을 세우면서 독립운동기지를 마련하는 데 노력했다. 그들은 상해임시정부가 수립된 이후 서로군정서西路軍政署를 이끌며 참가했으며, 이상룡은 1925년 상해임시정부 국무령國務令에 오르기도 하였다. 성주 지역에서는 한주 이진상 학맥의 이승희와 김창숙이 망명길에 올랐다. 앞에서 살펴본 바와 같이 이승희는 노구를 이끌고 망명하여 흑룡강성 밀산 일대에서 한인촌韓人村 건설에 주력하며, 이후 한인촌의 정신적 지주를 마련하기 위하여 공자교운동孔子教運動에 뛰어들기도 했다. 김창숙은 망명 후 다시 귀국한 상태에서 3.1운동이 일어나자 파리장서 사건을 주도한 뒤 상해임시정부 요원으로 활동하며 국내 유림 세력을 연결시키는 데 주력하다 발각되어 모진 옥고를 치렀다.

일제 강점 후 국내에 남은 유림들은 향산響山 이만도李晩燾(1842~1910)[25]와 같이 죽음으로 일제에 항거한 몇몇 이들과 전우田愚와 같이 '자정自靖'의 길을 자처하며 일제와의 타협을 거부한 채 살아간 이들도 일부 있었지만, 나머지 많은 이들은 타협과 실의 속에 살아가면서 세상으로부터 잊혀진 채 비판과 비웃음의 대상으로 전락하는 양상을 보였다. 1919년 거족적인 3.1운동이 일어났을 때도 천도교와 불교, 기독교의 3교가 주도적 위치에 서게 되어 국내 유림들의 퇴락한 모습은 더욱 두드러져 보이게 되었다. 이때 3.1운동을 3교가 주도할 수 있었던 것은 1917년 일제의 종교령에 따라 이들만 종교단체로 인정을 받게 됨에 따라 조직적 기반을 가지고 있었기 때문이다. 반면 당시까지 여전히 다수를 차지하고 있던 유림들은 별다른 조직 없이 전국에 흩어진 채 무기력한 상태였다.

이러한 상황에서 국내 유림들이 떨쳐 일어나 항일독립운동의 주요 세력으로 부상하게 되는 계기로 흔히 '제1차 유림단사건'이라고 불리는 파리장서사건巴里長書事件이 일어나게 된다. 이 파리장서사건은 곽종석이 앞장서고 그의 제자 김창숙 등이 주도하였다. 일제 강점 후 망명했다 강제로 압송되어 옥고를 치른 뒤 국내에 머물고 있던 김창숙이 3.1운동의 불길이 전국으로 퍼져나가는 상황 속에서 급히 스승 곽종석을 찾아 유림들도 조직적으로 이 운동에 참여할 것을 건의하였다. 이에 그는 곽종석의 적극적인 지지와 후원 아래 전국적인 유림의 조직에 나섰다. 그는 이 일을 김정호金丁鎬와 먼저 논의한 뒤 이중업李中業·유준근柳濬根·유진태兪鎭泰와 합의를 거쳐 서울의 유준근

25) 이만도는 퇴계退溪 이황李滉의 후예이며, 23세 때인 1866년 장원급제하여 벼슬길로 나아간 뒤 공조참의工曹參議에까지 올랐다. 1882년 미국과의 수교 문제로 조정이 시끄러워지자 낙향하여 학문과 교육에 힘썼다. 1895년 을미의병 시기 향리인 예안禮安에서 창의倡義하였으며, 1905년 을사늑약이 맺어지자 상소로 항거하였다. 1910년 국치일國恥日을 맞자 단식 24일 끝에 순국하였다. 그의 아들 이중업李中業과 손자 이동흠李棟欽·이종흠李棕欽, 그리고 며느리 김락金洛까지 독립운동에 나섰다.

집에서 구체적인 계획을 세웠다.[26] 그 결과 마침 다음 달 프랑스 파리에서 열리는 만국평화회의에 참석하는 각국 대표들에게 한국 유림들의 독립 의지를 담은 진정서(원명은 유림단진정서儒林團陳情書)를 전할 것을 결정하였다. 이 파리 만국평화회의는 제1차 세계대전 후 전후처리의 문제를 논의하기 위해 소집된 회의여서, 그들은 한국 유림들의 독립 의지를 국제적으로 널리 알리는 데에 더없이 좋은 기회라고 판단했던 것이다.

파리장서의 내용은 "한국 유림 대표 곽종석과 김복한金福漢 등 137인은 삼가 파리평화회의에 참여하신 여러 각하들에게 봉서하노라."라는 말로 시작해서 "우리는 차라리 자진하여 죽을지언정 일본의 노예는 되지 않을 것이다."로 끝맺는다. 이 137인 속에는 곽종석과 장석영, 하겸진, 김황 등 한주학파의 인물들과 안동 지역의 유림들이 주축을 이루지만 김복한 등 기호 지역의 유림들도 다수 포함되어 있어서 명실공히 전국적인 참여라고 볼 수 있다. 김창숙은 이 파리장서를 윤현진尹顯振에게 영문으로 번역하게 하고 이를 직접 휴대해 상해로 가 파리에서 활동하고 있던 김규식金奎植에게 급히 보내는 한편 한문본 3천부와 영문본 2천부를 제작하여 국내외에 돌렸다. 그런데 이 파리장서는 여러 가지 사정으로 각국 대표들에게 제대로 전달되지 못해 바랐던 목적을 이루지는 못했다. 그리고 곽종석 등 이 사건에 참여했던 인물들은 취조와 옥고를 치러야 했다.

이 파리장서사건은 일차적으로 한국 유림들의 독립 의지를 만국평화회의에 참여하는 각국 대표들에게 천명하는 데 목적이 있었지만, 유림이 빠진 채 천도교와 불교·기독교 대표 33인의 명의로 발표된「기미독립선언문」에 대한 화답과 지지의 의미도 가지고 있다. 그리고 한주학파의 입장에서 보면, 이 사건은 1895년 을미사변 이후 만국공법에 호소하는 학파의 운동노선을

26) 金昌淑,『心山遺稿』, 310쪽 참조.

이은 것이라고 평가할 수 있다. 이 사건이 가지는 중요한 의미는 무엇보다 일제 강점 이후 흩어진 채 무력했던 국내 유림 세력이 조직화되고 독립운동의 대오에 본격적으로 참여하기 시작했다는 점이다. 이후 이들은 상해임시정부와 긴밀한 관계 속에 다양한 항일과 독립 활동을 이어가게 되며, 그 중심에 김창숙이 있다.

이러한 상황 속에 1926년 다시 한차례 독립운동 군자금 모금과 관련하여 국내 유림들이 대거 검거, 투옥되는 사건이 일어난다. 이를 흔히 '제2차 유림단사건'이라 부르는데, 이 사건도 김창숙이 주도하였다. 그는 상해임시정부에서 활동하던 중 중국 국민당 인사들의 지원 아래 만주 지역에 황무지 개간을 통한 대규모 독립군 기지 건설을 시작하면서 이를 위한 군자금을 모으기 위해 1925년 국내에 잠입하였다. 그는 스승 곽종석의 『면우집』 간행 비용 등을 이유로 각 문중과 부호들로부터 거액을 모금하여 1926년 3월 26일 국외로 탈출하였다. 뒤늦게 이 사실을 안 일제 경찰은 관계자들에게 모진 고문을 가하며 그 뒤를 샅샅이 조사한 결과 김창숙이 주도 인물임을 알게 되었다. 결국 김창숙은 1927년 3월 상해 공동조계共同租界의 병원에 입원해있던 중 체포되어 압송 후 14년의 형을 선고 받았다. 그는 이때의 가혹한 취조로 두 다리를 제대로 쓰지 못하는 불구가 되었다. 그가 체포되자 수사가 더욱 확대되어 다음 해까지 대대적으로 유림들이 조사받고 검거되었는데, 600명 가까운 유림들이 이 사건에 연루되었다.

4. 맺음말

한주학파 재전제자들의 활동과 그 의미를 정리하면 다음과 같다.

첫째, 이들은 정치적으로 일제 강점이라는 엄혹한 현실적 상황과 학문적으로 전통 유학이 구학舊學으로 지목 받으며 청산의 대상이 된 상황 속에서도 한주학통으로부터 내려온 성리설을 비교적 온전히 간직한 가운데 현실에 대한 적극적 대응과 신학문에 대한 개방적 태도로 다양하면서도 활발한 활동을 전개하였다.

둘째, 이들은 자신의 스승인 곽종석, 이승희 등이 1895년 을미사변 이후 의병운동과 같은 무력 항쟁의 노선 대신 '만국공법'을 중시한 운동노선을 충실히 계승하여 개명한 유학자의 길을 걸음으로써 대한제국 시기 애국계몽운동에 적극적으로 참여하였으며, 이후에도 다양한 방면으로 전개시켜 나갔다.

셋째, 이들 가운데 먼저 이병헌이 전개한 공자교운동이 주목할 만하다. 그는 일찍이 유학을 종교화하는 것이 유학의 미래나 현실 대응에 있어서 무엇보다 시급하다고 생각하였는데, 일제가 '종교령'에 따라 유교를 종교단체에서 배제하자 이에 대해 강하게 항의하였다. 이후 그는 중국을 방문하여 중국 공교회를 주도한 강유위의 지도 아래 공자교운동을 전개하였다. 그는 공교회 한국 지회로 향리에 배산서원을 설립하였으나 실패한 뒤 강유위의 권유에 따라 금문경학 연구에 여생을 바쳤다. 그의 공자교운동은 이승희의 공자교운동과 함께 한주학파의 한 특징적 면모를 보여 주며, 또한 그의 금문경학 저술은 한국유학사에서 독보적 위치를 가진다.

넷째, 이들 가운데 이인재가 지은 「고대희랍철학고변古代希臘哲學攷辨」은 한국철학사에서 서양철학 연구의 길을 연 것으로 특기할 만하다. 그는 서양이 발달한 배경에 서양 근대의 정치 제도와 사상이 있다고 인식한 뒤 그 바탕에 서양 근대철학이 있고, 다시 그 뿌리가 고대 그리스철학에 있다고 생각하여 마침내 「고대희랍철학고변」을 저술하였다. 이 저술에 대해 스승 곽종석은 깊은 관심과 함께 큰 격려를 보냈다. 사실 그가 이를 저술할 수 있었던 배경에 곽종석과 이승희 등이 일찍이 서학이나 국제 정세에 대해 관심을 가졌던 점이 영향을 미쳤을 수 있다.

다섯째, 일제강점기 한주학파의 대표적인 항일독립운동으로 1919년 3.1 운동 직후의 파리장서사건 주도를 들 수 있다. 이 사건은 일명 '제1차 유림단 사건'으로 곽종석과 김창숙이 주도하였으며, 장석영과 하겸진, 김황 등 같은 학맥의 인물들이 적극적으로 참여하였다. 이러한 한주학파의 주도 배경에는 직전과 재전을 거치며 끈끈한 학파적 유대를 형성해온 점이 있다. 역사적으로 보면, 파리장서사건을 계기로 일제 강점 이후 뿔뿔이 흩어진 채 무력한 모습을 보였던 국내 유림들이 항일독립운동의 전면에 나서게 되었으며, 그것은 1926년 김창숙이 주도한 '제2차 유림단사건'으로 이어졌다. 따라서 한주학파는 국내 유림들의 항일독립운동에서 중심적 위치에 있었다고 평가할 수 있다.

여섯째, 한주학파의 국고정리 작업과 국학연구 작업도 빠뜨릴 수 없는 사항이다. 서학이 엄습하는 가운데 유학을 중심으로 한 국학은 청산해야 할 구학舊學으로 지목되고, 특히 유학은 국망의 책임마저 뒤집어 쓴 상황 아래 한주학파의 인물들 가운데에는 묵묵히 국고정리 작업과 국학연구 작업을 이어간 이들이 있다. 이 가운데 대표적인 것으로 하겸진의 『동유학안東儒學案』 편찬을 들 수 있다. 그의 『동유학안』은 장지연의 『조선유교연원』, 정인보의 『양명학연론』과 더불어 일제강점기 이 분야의 대표적인 저술로 평가할 수 있다. 이후 이 저술들은 한국 유학이나 국학 연구의 가교와 초석의 역할을 하였다. 한주학맥의 인물로 직접 본격적인 국학 연구에 나선 이로는 일본 유학을 통해 서양 학문과 사회주의 사상을 접한 최익한이 있다. 남북 분단 후 월북해 출간한 그의 대표적 저서 『실학파와 정다산』(1955)은 뒷날 남한에서도 간행되어 실학 연구의 기초를 놓았다. 또한 김황은 비록 도학자로서 전통의 방식으로 유학을 연구하고 한주학통을 통해 내려온 학설을 고수하는 데 심혈을 바쳤지만, 그가 길러낸 제자들은 여러 방면에서 활발한 국학 연구를 진행하고 있다.

이상에서 볼 때, 일제강점기 한주학파 재전제자들에 이르러 '낙중학'과 영남유학은 풍부한 결실을 맺었으며, 전근대와 근대의 전환기 전통 지식인들이 겪은 고뇌와 모색 및 활동의 전형을 그들은 잘 보여 주었다. 이런 점에서 한주학파는 조선말에서 일제강점기에 걸쳐 당대 최대, 최고의 학파적 면모를 보였다고 말해도 지나치지 않을 것이다.

진암 이병헌의 공교운동과 금문경학

황 지 원

진암 이병헌의 공교운동과 금문경학

황 지 원

1. 머리말

개항 이후 일본의 침략이 본격화되면서 당시 우리 사회의 종교계는 새로운 전기를 맞이하게 된다. 조선 말 쇄국정책의 상징이었던 천주교 박해와는 달리 당시의 개화사상가들 사이에는 새로운 시대를 열어주는 희망으로서 기독교를 수용하고자 하는 우호적인 분위기가 형성되었으며, 이에 따라 기독교는 모든 종교가 본받아야 할 모델이자 개화문명의 화신으로 받아들여지기도 했던 것이다. 더욱이 종교가 개화문명을 이루고 공동체의 결속과 정체성을 확보하는 중요한 토대로 인식되면서 종교사회로의 편입은 근대사회의 형성에 있어서 중요한 통로가 되는 것으로 생각되었다. 이러한 시대적 인식을 배경으로 기독교가 급부상한 것을 위시하여 새롭게 불교 개혁운동이 일어났으며, 대종교大倧教와 천도교天道教 등과 같은 새로운 종교운동이 사회 전반에 활발하게 전개되고 있었다.[1] 민족주의 운동의 한 방편으로 기독교 신앙이 확산되었으며, 다양한 신흥 민족종교가 등장하였던 것이다.

이에 비해 한때 국가의 주도적 이념으로서의 위상을 자랑했던 유교는 타파해야 할 고루한 잔재라는 비판 여론 속에서 점차 설 자리를 잃어가고 있었다. 조선왕조가 몰락함으로써 국가의 지도적 이념으로서의 역할을 상실한 유교의 입장에서도 새로운 개혁의 모색이 절실한 시대적 요청이 되었다. 이런 상황 속에서 다양한 유교개혁론이 등장하게 되었다. 이 유교개혁론은 대체로 유교의 폐단에 대한 청산과 정주학程朱學에 대한 비판이라는 특징을 보인다. 여기에다 종교를 구국의 핵심적 방도로 인식하기 시작하면서 유교종교화운동도 함께 일어나게 된다. 이들은 한결같이 종교의 정치·교화적 기능에서 그 중요성을 강조하였다.

기존 연구에 따르면 유교종교화운동은 1907년 하상익河相益의 대종교大倧教, 송병화宋炳華의 태극교太極教 등으로부터 시작해서 일제강점기 내내 전개된다. 이 가운데는 친일의 전위조직으로 만들어진 것도 다수 포함되는데, 대표적인 것으로 1907년 대동학회(大東學會, 1909년 孔子教로 개명)와 1939년 조선유교연합회 등을 들 수 있다. 이러한 친일 계열의 공자교운동에서는 근대적이고 민족주의적인 요소를 발견하기 어렵지만 박은식과 장지연이 주도한 1909년의 대동교大同教와 같은 경우는 근대적, 민족주의적 성격을 쉽게 발견할 수 있다. 이승희와 이병헌의 공교운동도 이러한 역사적 맥락 위에서 전개된 것이다.[2]

일본은 조선을 강제로 병합하는 과정에서 유림의 강한 저항을 경험하였

1) 박미라. 2004.「이병헌의 孔教운동에 나타난 神道論 연구-性卽理에서 心卽神으로의 전환-」.『동양철학연구』제38집. 동양철학연구회. 360쪽 참조.

2) 홍원식. 2016.『동도관의 변화로 본 한국 근대철학』. 예문서원. 215-216쪽 참조.

다. 그리하여 유림을 무시하고는 조선을 통치하기 어렵다는 결론을 내리고, 조선의 유림들을 회유하고 이들을 이용할 목적으로 1911년 기존의 성균관을 폐지하고 대신 경학원經學院을 설치하였다. 이 경학원의 주된 활동은 석전제釋奠祭 봉행과 강연회 개최, 경학원잡지 발행 등이었다. 초대 조선총독이었던 테라우치는 적극적으로 석전제에 참석하였는데, 이를 통해 유림과 우호적 관계를 맺고, 나아가 유교의 충효관을 바탕으로 이를 일본의 식민지배에 순응하는 정신교화의 수단으로 활용하고자 하였다. 또한 경학원잡지는 총독부의 정책과 사업을 홍보하는 역할을 수행하도록 하였다. 그런데 이처럼 유교의 종교의식인 석전제를 봉행하면서도 다른 한편으로 총독부는 1915년 8월 16일에 「포교규칙」을 선포하고 종교를 '신도神道'와 '불교', 기독교로 제한시킴으로써 사실상 유교를 종교에서 제외시켜 버리는 이중적인 태도를 취하였다.[3] 물론 이 조치를 통해 유교가 직접적인 탄압의 대상이 된 것은 아니었다. 하지만 법령으로 규정된 종교 이외에는 포교布教활동을 할 수 없었고, 또 언제든 유사종교로 분류되어 해산 조치를 당할 가능성이 있었다는 점에서 이는 사실상 유교에 대한 감시와 통제를 강화하고자 하는 총독부의 의도를 담고 있는 조치였다. 뿐만 아니라 이런 조치를 통해 유교를 식민통치의 도구로 활용하고자 하는 의도를 드러내었다.

유교가 종교에서 제외되자 이병헌은 일본 내각과 총독부에 이에 대한 시정을 요구하는 서한을 1917년부터 11차례나 보냈다.[4] 그는 이 서한들에서 유교는 사회를 교화하는 데 있어 큰 이로움이 있으며, 이미 종교로서의 중요

3) 김순석. 2013. 「일제강점기 유교의 종교화운동 -眞庵 李炳憲과 海窓 宋基植을 중심으로-」 『한국민족운동사연구』 제77집. 한국민족운동사학회. 237-238쪽 참조.

4) 조선총독부에서 「포교규칙」을 선포한 것은 1915년이었으나 이 당시에는 이병헌이 미처 알지 못했던 것으로 보인다. 이병헌은 1917년경에 이르러서야 이 사실을 처음 알았고, 그해 3월에 처음 총독부에 유교를 종교로 인정해 달라고 건의하는 장서를 보냈으며, 이후 지속적으로 유림들과 연명하여 서한을 보냈다.

한 역할을 담당하고 있음을 강조하면서 유교를 정식 종교로 인정해 줄 것을 요구하고 있다. '종교'란 이병헌에게 있어 긍정적인 가치요, 관념적으로 선善이었다. 그는 종교야말로 한 국가와 민족의 정신적 기초이며, 국민의 품성을 올바르게 이끌고 사회 풍속을 바꾸는 역할을 하므로 곧바로 그 국가의 흥망성쇠에 직접적인 관건이 된다고 보았다. 아울러 원래의 유교를 복원하고 근대적 종교로 개혁함으로써 사회의 변혁을 지속적으로 추진하는 이념적 근거를 확보하고자 하였다. 이병헌은 이를 위하여 평생을 헌신하였으며, 생의 마지막 순간까지 유교야말로 가장 위대한 종교라는 믿음을 버리지 않았다.

2. 생애와 사상적 변천

진암眞庵 이병헌李炳憲의 본관은 합천陜川으로 1870년(고종 7년) 경남 함양군咸陽郡 병곡면甁谷面 송평리松坪里에서 이만화李萬華의 아들로 태어났다. 그의 집안은 일찍부터 이 지역에 정착하였으며 특히 12대조인 이원(李源, 淸香堂, 1501~1568)에 이르러 향촌의 대표적 사림으로 성장하게 되었다. 이원은 같은 연배인 이황(李滉, 退溪, 1501~1570), 조식(曺植, 南冥, 1501~1572)과 친밀한 관계를 맺으며 사림의 도학적 학풍을 주도하였다. 아울러 이들과의 학문적 교류는 가문의 학풍이 퇴계학이나 남명학 가운데 어느 한쪽에 경도되지 않고 융합적인 특성을 유지하는 토대가 되었다. 이런 영향으로 이병헌 역시 특정한 학파에 국한되지 않고 개방적인 태도로 다양한 사람들과 교유하게 된다.

이병헌의 생애를 살펴보면 크게 세 단계로 구분할 수 있다. 1단계는 1902년(33세)까지의 수학기로서 성리학을 집중적으로 공부하던 시기이다. 2단계는 사상적 전환이 일어난 1903년에서 1925년(56세)까지의 공교운동孔教

運動에 몰입한 시기이다. 그의 공교운동은 다시 1기(1904~1913)인 모색기, 2기(1914~1919)인 심화기, 3기(1920~1925)인 활동기로 나누어 볼 수 있다. 그리고 3단계는 1926년에서 1940년 71세의 나이로 임종을 맞을 때까지의 금문경학 연구에 집중한 시기이다.[5]

1) 수학기修學期

이병헌은 어릴 때는 아둔하여 글자를 제대로 읽지도 못했고, 사람들의 조소를 받기도 했지만 나름대로는 요순堯舜과 공자를 잇는 위대한 인물이 되겠다는 높은 포부를 지니고 꾸준히 독서에 매진했다고 한다.[6] 20대 중반까지는 과거를 통해 경세經世에 적극 참여하고자 하는 생각을 가지고 있었으나 급변하는 시대적 상황으로 인해 여의치 않음을 깨닫고 포기하였다. 대신 의리학義理學에 대한 연구를 통해 올바른 삶의 방식을 모색하고자 27세 때인 1896년 거창으로 가서 곽종석(郭鍾錫, 俛宇, 1846~1919)을 배알하고 그의 문하에 입문하였다. 이때부터 이병헌은 곽종석을 스승으로 모시고 수시로 찾아가거나 편지를 통해 질의와 토론을 했다. 그가 곽종석에게 질의한 주제들은 한주학파의 기본입장인 '심즉리설心卽理說'에 근거한 심설心說문제를 비롯한 인물성동이人物性同異 문제, 본연本然과 기질氣質의 성性개념, 명덕明德 개념 등이었으며, 이러한 성리설의 기본 쟁점을 중심으로 곽종석과 정밀한 토론

5) 일반적으로는 이병헌의 생애를 네 단계로 구분한다. 1단계는 1903년(34세)까지의 道學기반의 수학기이고, 2단계는 1904년에서 1913년(44세)까지의 개화사상으로의 전환기이며, 3단계는 1914년에서 1925년(56세)까지의 孔敎運動期이고, 4단계는 1926년에서 1940년 71세로 임종을 맞을 때까지 만년의 今文經學硏究期이다.(금장태. 2003. 『유교개혁사상과 이병헌』. 예문서원. 15~18쪽 참조.) 필자는 2단계 역시 공교운동과의 연관성 속에서 파악해야 하며, 따라서 공교운동을 전개하기 위한 모색기로서 공교운동기에 포함시키는 것이 옳다고 본다.

6) 『李炳憲全集』, 「我歷抄」 참조.

을 진행하였다. 이처럼 당시의 이병헌은 도학의 학풍과 의리를 계승함으로써 안심입명安心立命하는 데 관심을 두었던 것이다.[7)]

곽종석을 매개로 하여 이병헌은 이승희(李承熙, 韓溪, 1847~1916), 장석영(張錫英, 晦堂, 1851~1929), 허유(許愈, 后山, 1833~1904), 이두훈(李斗勳, 弘窩, 1856~1918) 등 한주학파의 인물들과 교유하였으며, 장현광의 후손으로 여헌학을 계승한 장복추(張福樞, 四未軒, 1815~1900)와 장승택(張升澤, 農山, ? ~ ?) 등을 방문하여 학문적 범주를 확대하였다. 이병헌은 영남지역 학자들뿐만 아니라 노사학파의 후예인 기우만(奇宇萬, 松沙, 1846~1916)이나 화서학파의 최익현(崔益鉉, 勉菴, 1833~1906) 등과 같은 기호지역 학자들을 포함하여 학파를 가리지 않고 다양한 사람들과 교유하였는데, 이런 폭넓은 교유를 통해 다양한 학풍을 접하면서 학문적 수준을 높임과 동시에 현실의 변화에 대한 적극적이고 탄력적인 대응자세를 확립할 수 있었다. 32세 때인 1901년 『성리대전性理大全』, 『주자대전朱子大全』, 『이정전서二程全書』, 『주자어류朱子語類』 등을 구입하여 마음을 다해 연구함으로써 조금의 깨우침이 있었다고 술회하고, 이듬해(1902) 도산서원을 방문하여 학문적 유대를 강화하는 것으로 보아 적어도 이때까지는 한주학통의 기본 관점에 서서 다양한 학통을 수용하면서 정통 주자학을 학습한 시기로 볼 수 있다.

2) 사상적 전환과 공교운동기

이병헌은 34세 때인 1903년 집안에 법적인 소송과 관련한 문제가 발생하여 상경했는데, 이때 중대한 사상적 전환을 맞게 된다. 그는 심란한 상태에서 남산에 올라가 서울 거리를 내려다보았는데, 전차와 전선이 연결되어

7) 금장태. 2003. 『유교개혁사상과 이병헌』. 예문서원. 18~21쪽 참조.

있고 철도와 철교가 가설되어 있는 근대적 개화문물을 둘러보면서 조선 사회의 현실이 이미 과거의 모습과는 엄청나게 변화했다는 사실에 새삼 큰 충격을 받는다. 이처럼 조변석개하는 시국을 맞이하여 전통적인 유학의 방식으로 제각기 자기 집안을 잘 지키는 것만으로는 안심입명安心立命할 수 없음을 절감하였고, 또한 도학적道學的인 사유 방법으로는 새로운 시대에 적절하게 대응할 수 없음을 절실히 깨달았다.

> 우리 유학자들은 이처럼 변화된 시국을 맞아 장차 어떻게 대처해야 할 것인가? 우리 유학은 구구하게 독선적 자세로 가계만 보살피려 할 경우 결국에는 안심입명安心立命의 경지를 얻을 수 없을 것이다. 교육과 과학에 대해 논하지 않는 사람은 더 이상 이 세상에서 활용할 재목이 될 수 없다. 배운 것을 활용함에 있어 스스로 한탄하기만 하는 현실은 지금까지 듣지 못한 일이다. 유학자가 국가의 대계를 위해 힘쓰자면 우리의 도가 아니고 무엇이겠는가.[8)]

남산을 내려온 후, 이병헌은 길거리의 서점에서 『청국무술변법기淸國戊戌變法記』라는 책을 구입하였는데, 이 책을 통해 청일전쟁 이후에 동아시아의 변화된 정치적 상황을 파악하였고, 유교를 개혁함으로써 당시의 문제를 해결하려 했던 강유위(康有爲, 長素, 南海, 1858~1927)라는 인물을 알게 되었으며, 나아가 옛 제도를 고집하고 새로운 문물을 배척하는 도학자의 위정척사론衛正斥邪論으로는 시대적 위기를 극복할 수 없다는 사실을 다시 한 번 확인하게 되었다. 이러한 깨달음은 그로 하여금 하루아침에 전통 도학자에서 개화론자로 변모하는 일대 전환을 일으키게 하였다.[9)] 이후 이병헌은 서양의

---

8) 『李炳憲全集』「我歷抄」참조.

9) 금장태. 2003.『유교개혁사상과 이병헌』. 예문서원. 26~28쪽 참조.

철학과 종교 및 국제정세에 관한 몇 권의 서적을 사들고 집으로 돌아와 유학적 사고를 전제로 하면서도 현실의 변화에도 적극 대처할 수 있는 안목을 키워나갔으며, 영어를 배우고 〈만국공보〉를 구독하는 등 중국뿐 아니라 세계정세를 파악하려는 노력을 기울였으며, 서적을 통해 간접적으로 강유위의 공교사상을 접하고 종교와 교육에 대한 관심을 심화시켜 나갔다.

1910년 일제가 우리나라를 병합하자 이병헌은 고향 함양의 송평리에 학교를 설립해 본격적인 계몽운동에 나섰다. 그는 우리 민족의 위기를 극복할 방법은 교육뿐이라는 판단에 따라 교육에 헌신할 것을 결심했다. 그리하여 한일합방에 따른 충격으로 인한 주위의 혼란과 동요에도 아랑곳하지 않고 송호서당松湖書堂에 의숙義塾을 세우고 지역 내의 아동을 모아 교육하는 데에만 모든 열정을 쏟았다. 그러나 이 교육운동마저 일본수비대의 방해로 인해 제대로 이루어지지 못했고, 결국 문을 닫을 수밖에 없었다.[10)]

교육운동에 실패한 이병헌은 큰 좌절감을 느끼고 상경하여 박은식朴殷植을 만나 통음痛飮하였으며, 그 후 유교를 종교화함으로써 사회변혁을 이끌어내는 종교운동을 모색하는 것으로 방향을 전환하였다. 여기에는 강유위의 공교사상과 서울을 왕래하면서 이미 앞서서 종교운동에 헌신하고 있던 민족종교 운동가들과의 만남이 큰 영향을 끼쳤다. 당시에 그가 만났던 사람으로는 동학의 3대 교주인 손병희(孫秉熙, 義菴, 1861~1922)를 비롯하여 천도교의 이론가였던 양한묵(梁漢默, 芝江, 1862~1919), 대종교의 핵심인물이었던 오혁(吳赫, 吳基鎬, 巽菴, 1865~1916)과 김교헌(金教獻, 茂園, 1868~1923) 등이 있는데, 이들은 이병헌보다 대략 10여 년 연상인 사람들로 그보다 앞서 종

10) 설석규. 2006.「眞庵 李炳憲의 現實認識과 儒教復原論」『남명학연구』제22권. 경상대 남명학연구소. 340쪽 참조.

교운동에 헌신한 선각자들이었다.[11] 유교를 종교화해서 공교를 건립하려는 결의에 차 있던 이병헌은 이들과의 만남을 통해 유교를 종교로 정립시키기 위한 치열한 사상적 모색을 시도했던 것이다.

이병헌은 청년시절 학습하였던 전통도학의 학풍에서 벗어나 새로운 사상적 전환을 탐색하던 시기를 맞이하여 먼저 문헌을 통해 강유위康有爲와 만났다. 그는 34세 때(1903) 『청국무술변법기淸國戊戌變法記』를 처음 읽었고, 이를 계기로 강유위의 유교개혁사상의 영향을 받아 서구의 근대문물에 의해 유교전통이 붕괴되는 시대적 상황 속에서 유교를 종교적 조직으로 재건하기 위한 공교운동의 필요성을 확고히 인식하고 그 실현을 추구하였다. 강유위는 공자를 유교의 창시자요 개혁가로 재해석하고, 공자를 교주로 존숭하며 공교를 국교로 삼고자 추진함으로써 유교개혁론의 중심축을 확립하였다. 또한 유교개혁을 기초로 변법운동의 사회제도 개혁을 추구하였으며, 이에 따라 공교보존을 국가보존의 근본으로 인식하였다. 이처럼 강유위는 종교개혁가로서의 면모를 명확하게 보여주고 있다.

이병헌은 유교개혁사상을 더욱 확고하게 정립하기 위해 1914년(2월~5월), 1916년(6월~9월), 1920년(3월~4월), 1923년(2월~9월), 1925년(2월~ 8월) 등 모두 5차례에 걸쳐 중국을 방문하였다. 그는 강유위의 각별한 관심 아래 그 문하에서 직접 지도를 받음으로써 강유위의 공교사상을 수용하고 금문경학의 체계를 자신의 공교사상의 기초로 확립할 수 있었다. 또한 곡부의 연성공부衍聖公府와 긴밀한 유대를 확보함으로써 공교운동의 방법을 구체화하여 국내에서 공교운동을 본격적으로 전개해 나갔다.

---

11) 박미라. 2004. 「이병헌의 사상과 민족종교의 관계에 대한 연구」 『한국사상과 문화』 제24권. 한국사상문화학회. 329~332쪽 참조. 이 논문에서는 이병헌의 공교사상 중에서 '대민족사관'이나 '심즉신心卽神' 개념 등이 이들 민족 종교로부터 영향을 받았을 가능성이 크다고 보고 있다.

이병헌은 공교를 지키기 위한 방법으로 문묘를 설립하여 직접 공자를 존숭하는 것으로 공교운동의 방향을 구체화하였고, 이에 따라 배산서당에 문묘를 건립하고 아울러 금문경今文經의 진본을 구입하여 비치함으로써 사람들로 하여금 공자와 유교를 우러러보게 하려는 계획을 추진하였다. 그는 이 계획이 성공하기 위해서는 도산서원의 협조가 절실하다고 생각하고 1918년 이황의 종손 이충호李忠鎬를 설득하여 배산서당培山書堂에 공자의 성상을 모시기로 협의한 후, 1920년 세 번째로 중국을 방문하였다. 이때 이병헌은 일본총독부의 밀명을 받아 비밀정탐을 위해 왔다는 오해를 받아 임시정부 요원들에게 붙잡혀 9일 동안 감금 상태에서 심문을 당하는 고초를 겪기도 하였지만 조사 과정에서 김구를 설득하면서 오히려 임시정부와 깊은 인연을 맺었다. 이 세 번째 방문에서 이병헌은 강유위를 만나 자신이 저술한 「유교복원론儒教復原論」을 선물하였는데, 강유위는 이 책이 성학聖學을 극진하게 발휘하였다고 극찬하면서 다만 위고문僞古文이 많이 인용되어 있으므로 이에 주의할 것을 당부하면서 자신이 저술한 『신학위경고新學僞經考』와 『논어주論語注』를 주었다. 이에 자극받은 이병헌은 본격적으로 금문경학 연구를 시작하게 된다.

귀국한 후 이병헌은 지역 사림들과 친족들의 뜻을 모아 배산서당을 건립하는 일에 박차를 가하였으며, 이 결과 1923년 문묘와 도동사가 차례로 준공되었다. 이에 곡부의 공자 성상을 촬영하여 모사하고, 또 다수의 금문경전을 구입해서 서당에 봉안하기 위해 네 번째로 중국 방문길에 올랐다. 우여곡절 끝에 서양기법으로 확대하여 그린 공자의 성상과 다수의 금문경전, 그리고 강유위가 쓴 「배산서당기培山書堂記」, 박은식·김구·이시영·조완구 등 상해 임시정부 인사들과 곡부의 공령준으로부터 받은 축사를 들고 귀국하였고, 많은 사람들의 관심 속에 9월 19일 배산서당의 낙성식을 거행하였다.

그러나 이병헌의 공교운동은 여기까지가 현실적 한계였다. 미처 낙성식

축사를 읽기도 전에 이병헌에 대한 지역 유림의 성토가 일어난 것이다. 이후 안락서원安樂書院과 남계서원灆溪書院 등에서도 통문을 돌려 '주자의 학문을 파괴하는 사문난적'으로 이병헌을 성토하였다. 사실 송학을 부정하고 곧바로 공자로 들어가려는 이병헌의 공교운동과 금문경학의 개혁적 성격이 보수적인 지방유림의 강력한 배척을 받은 것은 피할 수 없는 일이었다. 이병헌 역시 이런 점을 고려하여 도산서원과 퇴계 종손의 협조를 받아왔지만, 이것만으로는 보수적인 유림의 배척을 막을 수 없었다. 그에 대한 유림의 배척이 계속되고 국내에서의 공교운동이 사실상 실패하자 이병헌은 마지막으로 중국공교회의 도움을 얻고자 1925년 다섯 번째로 중국을 방문했다. 하지만 중국으로부터 어떤 도움도 받지 못한 채 결국 빈손으로 되돌아와야만 했다.

3) 금문경학 연구기

배산서당을 중심으로 조선에 공교회를 조직하고 공교운동을 전개하려던 계획이 지방유림의 배척을 받아 좌절되자 이병헌은 공교사상의 기틀인 금문경학의 연구를 심화함으로써 다음 시대에 공교운동의 토양을 제공하고자 하는 방향으로 관심을 전환하였다. 그리하여 본격적으로 금문경학 연구와 저술에 몰두하였다. 57세 때(1926) 『시경삼가설고詩經三家說考』와 『서경금문설고書經今文說考』를 저술하였고, 다음 해에는 『예경금문설고禮經今文說考』를, 그리고 1928년에는 『역경금문고易經今文考』를 저술하여 오경五經에 대한 금문경학의 관점을 체계화하고, 강유위가 미처 진행하지 못한 주요 경전에 대한 분석 작업을 마무리하였다. 특히 『시경삼가설고』를 본 강유위는 "대지에 공교가 있는 날은 곧 그대의 저술이 유행되는 날이다."라고 극찬하였다고 한다.[12] 이병헌은 1927년 신문기사로 강유위가 세상을 떠났다는 소식을 듣고, 연이어 강유위의 제자이자 공교운동의 동지였던 왕양명王良鳴의 부음을 받아 크게 상심하였을 뿐만 아니라 그 충격으로 병을 얻었음에도 저술 작업을 멈추지 않았다.

이렇게 오경에 대한 저술이 마무리된 후에도 이병헌은 금문경전에 대한 자신의 저술을 교정하는 일에 종사하며, 유교 개혁에 대한 진보적인 의식을 가지고 있는 사람들과 만나 금문경을 보급하기 위해 노력하였으나 제대로 뜻을 이루지 못했다. 또 1933년 일본의 중국침략이 본격화되자 당시 주변상황에 자극을 받아 우리 역사를 대민족주의적 관점에서 새롭게 고증하는「역사정의변증록歷史正義辨證錄」을 저술하였으나, 오히려 비판의 대상이 되기도 하였다. 이후 죽기 전까지 주로『역경』연구에 몰두하였는데, 이렇게 만년에『역경』에 몰두한 것은 시국의 변동과 자신이 추진하던 일이 한 가지도 뜻대로 되지 않음에 따라 현실을 떠나서 자연의 큰 변환질서에 의지하려는 마음이 작용했기 때문일 것이다. 결국 이병헌은 1940년 1월 아들을 불러 "다른 종교들은 미신으로 말미암은 신비종교인데, 유교는 미신이 아니라 참으로 신묘한 종교이니, …… 다른 이들과 교제할 때 반드시 이와 같이 전파하라.[13]"는 유훈을 남기고 생을 마감하였다. 그는 죽는 순간까지도 공교에 대한 절대적 신념을 포기하지 않았던 것이다.

---

12) 금장태. 2003.『유교개혁사상과 이병헌』. 예문서원. 92쪽 참조.

13)『李炳憲全集』,「我歷抄」참조.

3. 공교운동의 사상적 근거

이병헌은 당시 중국과 우리나라 유학의 흐름을 크게 네 부류로 나누고 있다. 첫째는 송宋·원元의 학문만을 진리로 받들어 설명할 뿐 교조敎祖를 전혀 염두에 두지 않는 수구설守舊說이고, 둘째는 말류의 잘못된 관습을 고친다고 하면서 오히려 교조를 배척해 버리는 혁신설革新說이며, 셋째는 서양의 미신迷信을 좋아하지 않는다고 하면서 스스로 무교無敎를 지향하는 통신구설通新舊說, 넷째는 공교孔敎의 순수지선純粹至善함을 믿고 공교를 지키고자 하며, 교敎라고 해도 충분하며, 굳이 종교라고 부를 필요가 없다는 통동서설通東西說이다. 그리고 이 중에서 이병헌 자신은 통동서설에 속한다고 말한다.[14] 그러면서 전통 도학적 사고만을 고집하고 서양을 배척하는 위정척사론자衛正斥邪論者나 반대로 유교를 배척하고 서양의 사고를 추종하는 개화론자開化論者, 그리고 전통 사상의 토대 위에서 서양의 과학만을 제한적으로 수용하려는 동도서기론자東道西器論者들과는 달리 자신의 유교복원儒敎復原은 궁극적으로 동양과 서양의 정신세계를 통합하여 관통하는 것을 지향한다고 표방하고 있다.

이처럼 이병헌의 공교운동은 서양문화를 무조건적으로 수용하려는 것도 아니고, 그렇다고 이와 반대로 위정척사적 관점에서 서양문물을 거부하는 것도 아니었으며, 전통유교를 종교화하여 이를 기초로 서양문화에 대해 개방적인 태도를 취하는 것으로서 이른바 '동도를 바탕으로 한 서도의 수용'이라는 관점에서 추진되었다. 이병헌은 기독교적인 사회윤리는 그 나름대로의 장점이 있고 또 부국강병의 토대가 되었지만 우리의 전통유교 역시 독자적인 사회윤리를 가지고 있으며, 어떤 측면에서 기독교보다 우월하다고 생

14) 『李炳憲全集』,「儒敎爲宗敎哲學集中論」 참조.

각하였다. 다만 이런 유교의 사회윤리가 제대로 작동되기 위해서는 기존의 도학적 방식처럼 학술적 토론에 치중해서는 안 되고 종교적인 신념으로 접근할 필요가 있다고 보았다.[15]

이병헌은 '유교의 복원'이라는 깃발 아래 자신의 평생을 유교개혁운동을 전개하는 데 헌신하였다. 그가 공교사상을 형성하고 공교운동을 전개한 과정은 대체로 3기로 나누어 볼 수 있다.[16] 제1기는 34세 때부터 44세 때까지(1903~ 1913)로 강유위의 문헌을 통해 공교의 성격을 인식하고, 또 민족종교의 영향을 받아 나름대로 유교의 종교적 성격을 탐색하던 시기로 공교운동의 모색기라 할 수 있다. 제2기는 45세 때부터 50세 때까지(1914~1919)로 중국을 방문하여 강유위를 만나고, 직접 공교사상과 금문경학의 지도를 받기 시작한 시기이다. 하지만 아직은 자신의 독자적인 생각이 강하게 드러나 있고, 금문경학에 대한 체계적 이해 없이 공교운동을 진행한 시기이다.[17] 제3기는 51세 때부터 56세 때까지(1920~1925)로 체계적인 금문경학 연구와 함께 배산서당의 건립을 통해 본격적으로 조선에서의 공교활동을 진행한 절정기였으며, 동시에 지역 유림의 반발에 부딪쳐 끝내 현실에서의 공교운동이 실패로 마감된 시기이다.

---

15) 김종석. 2006.「한주학파 유교종교화론의 본질과 공자교운동」.『철학논총』 제46집. 새한철학회. 59쪽 참조.

16) 금장태는 이병헌의 공교운동을 3기로 구분하면서 1기(1903~1913)를 준비기, 2기(1914~1925)를 몰입기, 3기(1926~1940)를 정리기로 나눈다.(금장태. 2003.『유교개혁사상과 이병헌』. 예문서원. 91쪽 참조.) 하지만 1919년 저술한「儒敎復原論」은 금문경학적 기초 위에서 쓴 것이 아니라는 점에서 이후의 저술과는 중요한 차이가 있으므로 시기를 구분할 필요가 있고, 또 1925년 이후는 개인적 신념과는 무관하게 이미 현실 속에서 사회종교 운동으로서의 공교운동이 마감되었으므로 공교운동 시기에서 배제되어야 할 것이다.

17) 이것은 강유위의 공교운동과 이병헌의 공교운동의 차이점에 대한 중요한 시사점을 보여준다. 즉 강유위가 금문경학적 기초 위에서 공교운동을 전개하였다면 이병헌은 공교운동을 전개하면서 필요에 따라 금문경학으로 이론적 뒷받침을 해 나갔다고 할 수 있다. 홍원식. 2016.『동도관의 변화로 본 한국 근대철학』. 예문서원. 228쪽 참조.

이병헌은 1914년 3월 북경에서 <공교회잡지孔敎會雜誌>에 실린 공교가 종교가 아니며, 공자는 종교가가 아니라는 주장을 비판하는 글을 읽다가 그 내용이 흡족하지 않아 아예 북경에 체류하면서 즉석에서 「종교철학합일론宗敎哲學合一論」을 저술하였다.[18] 그런데 이때는 아직 강유위를 만나기 전이었으며, 단지 서적을 통해 강유위의 사상을 간접적으로 이해하고 있는 정도였다. 따라서 이 책 속에는 비교적 이병헌의 독자적인 생각이 많이 들어가 있다고 볼 수 있는데, 그는 동서양의 종교와 철학을 비교하면서 서양은 종교와 철학이 미신과 진지라는 점에서 구분되지만 동양은 그것이 합일되어 있다고 말한다. 여기에서 동양의 종교와 철학이란 바로 유교를 말하며, 서양의 기독교는 기본적으로 미신이라는 인식이 전제되어 있다.[19] 그리고 1919년 저술한 「유교복원론」은 강유위의 영향을 직접적으로 받고 있는 것이기는 하지만 이 책을 읽은 강유위가 아직 금문경학적 기초가 부족하다고 충고하면서 금문경학에 대해 깊이 탐구할 것을 권고한다는 점에서 아직은 확고한 금문경학적 기초 위에서 성립된 것이 아님을 알 수 있다.

이병헌은 1914년 중국을 여행하며 처음 강유위康有爲를 만났는데, 이 자리에서 인생의 중요한 전환점을 마련했다. 처음 만난 자리에서 강유위는 이병헌에게 이렇게 말했다.

> 비유컨대 중국은 부모의 나라이고 고려는 형제의 나라이다. 지금 부모의 나라가 살길을 찾지 못하고 있는데, 형제의 국가에 대해 관심을 가질 겨를이나 있겠는가. 국가의 명맥은 민족의 정신을 단결하는 데 있

---

18) 노관범. 2012. 「1910년대 한국 유교지식인의 중국 인식-유인석, 박은식, 이병헌을 중심으로-」 『민족문화』 제40집. 한국고전번역원. 26쪽 참조.

19) 홍원식. 1999. 「한주학파의 공자교 운동」. 『한국학논집』 제26집. 계명대 한국학연구원. 36~37쪽 참조.

고, 그 민족의 정신을 유지하는 방안은 오로지 하나의 종교뿐이다. 중국과 고려 양국의 종교는 유교이다. 유교가 자국의 생명이었고, 구교救教가 구국救國의 전제가 되는 것이니 이미 망한 국가라 할지라도 희망이 있는 것이다. 영국이 인도를 다스리면서 속박이 심했지만 남몰래 정치·사상을 불교에 둠으로써 운신의 여지를 마련할 수 있었다.[20]

이는 잃어버린 나라를 구하려면(救國) 유교의 종교화를 통해(救教) 민족의 정신을 하나로 묶어내는 일이 시급하다는 점을 강조한 것이다. 이병헌이 '성리학의 수용과 해석'이라는 조선유학계의 일반적 관행에서 벗어나 유교 본래의 사상적 재정립을 목표로 하는 유교복원론의 제시와 함께 유교의 종교화를 지향하는 공교운동을 적극적으로 전개해 나간 이유가 바로 여기에 있었다.[21]

정주학을 추종한 당시의 전통유학자들이 '춘추좌씨전春秋左氏傳-고문경학古文經學'을 토대로 삼았던 것과 달리 이병헌은 강유위의 사상을 수용하여 '춘추공양전春秋公羊傳-금문경학今文經學'을 자신의 사상적 근거로 삼았다. '유교복원'이라는 말이 시사하듯 이병헌은 당시의 유교는 공자 본래의 진정한 유교가 아니라 유흠(劉歆, 기원전 46~기원후 23)으로 대표되는 한대漢代 고문학파에 의해 왜곡된 유교이며, 그것이 정주학까지 이어져 유교사상의 주류가 됨으로써 많은 폐단을 초래했다고 본다.[22] 그리하여 성리학에 의해 왜곡된 전통유교를 버리고 공자가 제창한 유교의 참모습을 복원復原하자는 주장을 펴는 것이다.

---

20) 『李炳憲全集』, 「我歷抄」 참조.

21) 설석규. 2006. 「眞庵 李炳憲의 現實認識과 儒教復原論」, 『남명학연구』 제22권. 경상대 남명학연구소. 341쪽 참조.

22) 이상익. 2007. 「'유교의 이중성'과 '근대의 이중성'-진암 이병헌의 '유교복원론'을 중심으로-」, 『한국철하논집』 제21권. 한국철학사연구회. 12~13쪽 참조.

이병헌은 강유위가 제시한 『춘추공양전』의 '삼세설三世說'과 『예기禮記』 「예운禮運」편의 '대동大同'사상을 공교사상의 이론적 기초로 받아들이고 있다. 『춘추공양전』의 삼세설三世說은 역사 발전의 방향을 제시한 것으로 거란세據亂世-승평세升平世-태평세太平世에 관한 학설을 말한다. 강유위는 공자의 시대를 태평세로 이해한 기존의 해석을 부정하고 이와 달리 공자의 시대 역시 멸망과 무질서의 시대, 즉 거란세였으며, 서양 문화의 유입으로 정치사회적인 개혁이 진행되고 있는 자신의 시대를 승평세로 규정했다. 그리고 나아가 이러한 진보가 계속 진행된다면 결국 전 세계가 단합되는 시대가 도래할 것이며, 이러한 단합이야말로 인류 발전의 최종 단계라고 할 수 있는 태평세를 실현하는 것이라고 보았다. 이병헌 역시 강유위의 이런 주장을 그대로 수용하고 있다. 그리고 『예기』의 대동사상은 천하에 대도大道가 실현되었던 시대를 설명한 것으로 본다. 즉 『예기』에서는 '천하위공天下爲公'을 대동大同으로, '천하위가天下爲家'를 소강小康으로 규정하고 있는데, 이병헌은 대동을 태평세와 같은 맥락으로 이해하면서, 태평세에 이르면 자연스럽게 대동의 사회가 열릴 것이라고 보고 있다.[23]

이병헌은 중국과 조선이 몰락한 원인이 왜곡된 유교, 특히 주자학에 있었다고 주장하며, 주자학적 유교의 상징인 '향교식 유교'로는 새로운 시대에 부응하기 어렵다고 판단했다. 이 '향교식 유교'는 공자 본래의 유교정신과도 일치하지 않을 뿐만 아니라 비민주주의적이며, 비인권적인 것이라고 하여 신랄하게 비판한다. 그에게 있어 '향교식 유교'는 청산해야 할 폐습이었고, 특히 군주 한 사람만을 위한 전제정치에 영합한 것이기 때문에 역사적인 흐름과도 맞지 않는 것이다. 그는 이렇게 말한다.

---

23) 이상익. 2007. 「'유교의 이중성'과 '근대의 이중성'-진암 이병헌의 '유교복원론'을 중심으로-」 『한국철학논집』 제21권. 한국철학사연구회. 14~15쪽 참조.

(전통) 유교의 윤리는 다만 가정이 있는 줄만 알고 국가가 있는 줄을 모르며(세상의 유자들이 다만 자신의 이름과 가문만 아낄 줄 알며, 국가를 경영하는 깊은 생각을 하는 이들이 드물다. 서양인들은 모든 사람들이 국가를 생각한다.) 이를 논하더라도 다만 국가가 있는 것을 알 뿐 천하가 있는 줄은 알지 못한다.(세상의 유학자들이 외국 사람에 대해 이적과 금수라고 말하며 천하의 보편적 원리를 진정으로 아는 사람이 드물지만 서양 사람들은 모두가 천하의 대세를 안다).[24]

여기에서 말하는 유자儒者는 향교식 유생을 말하며, 시대의 흐름을 모르는 편협한 사람들로 묘사된다. 그에 반해 서양인들은 국가는 물론이거니와 천하의 보편적 원리에 대한 사유를 하는 문명인으로 묘사된다. 이것은 곧 '향교식 유교'는 편협한 배타주의에 빠진 것으로 가족과 국경을 넘어선 인류의 보편적 사상이 될 수 없으므로 궁극적 이상인 대동사상과 어긋난다는 점을 지적하는 것이다. 이병헌의 공교운동의 기본정신은 곧 이처럼 고문경학을 바탕으로 한 종래의 보수적인 유교인 '향교식 유교'는 공자의 참된 정신이 왜곡되어 있으므로 기존의 잘못된 유교를 벗어나 공자의 본래 사상을 회복하고자 하는 것이다.[25]

이병헌에 있어서 유교의 복원이란 결국 공자의 본래 가르침을 회복하는 것을 말한다. 그렇다면 공자사상의 미언대의微言大義를 조명하는 데에서부터 시작해야 한다. 그렇다면 이병헌은 공자사상의 핵심이 무엇이라고 파악하는가? 그는 『주역』의 「관괘觀卦·단사彖辭」에서 "성인이 신도로써 가르침을 베풀었다."(聖人神道設敎)고 한 구절을 매우 중요한 논거로 활용한다. 그는 이 문장 하나를 들어 공자가 실제로는 신神을 매우 중시했고, 『중용』과 『주역』 등

24) 『李炳憲全集』, 「儒教復原論」

25) 이희재. 2011. 「일제하 이병헌의 공자교운동의 성과와 좌절」 『공자학』 제20권. 한국공자학회. 161~162쪽 참조.

에서 이 신의 이치를 밝혀놓았다고 보았다.[26] 그래서 그는 "공자가 교로 삼은 바는 신도神道로써 베푼 것이다. 그러므로 공교의 큰 근원을 연구할 때, 신神을 버리고서는 말미암을 바가 없다.[27]"라고 하였다. 즉 공자 사상의 핵심과 그 가르침의 근원이 바로 신도에 있다는 것이다. 그런데 신도를 강조하는 이병헌의 주장은 유교에 대해 '신도를 말하지 않고 오직 인도人道만을 말한다'고 주장하면서, 오히려 이런 점에서 유교의 종교적 우월성을 확보하려 했던 강유위의 사상과는 분명한 차별성을 보이고 있다.

성리학적 관점에서 본다면 신神은 음양이기陰陽二氣의 신묘한 작용을 일컫는 것으로, 결국 기氣에 종속된 개념이라고 할 수 있다. 이에 비해 리理는 만물을 지배하는 궁극적 실재로서의 지위를 가지며, 기보다 더 근원적인 것으로 설정된다. 그런데 이병헌은 오히려 리와 기의 상위개념으로 신神의 위상을 정립하고 있으며, 리를 형이상학적 본체가 아니라 신의 덕德을 형용하는 말로 이해함으로써 그 의미를 축소시켜 버렸다.

> 신神은 형기形氣의 위에 자리하면서 형기의 가운데에서 운행한다. 그 반복하고 왕래함이 찬연하게 드러나니 그 단서를 볼 수 있고 맥락을 살필 수 있는 것을 일컬어 리理라고 한다. 그러나 그 마땅한 본체에 의거해 말한다면 리가 신이라고 할 수는 없으니, (리는) 신의 덕을 형용하여 나타낸 것일 뿐이다.[28]
>
> 신이란 리와 기의 중심에 자리하고, 헤아릴 수 없는 신묘함을 갖추어서, 천지만물의 주재자가 된다.[29]

---

26) 이상하. 2010.「진암 이병헌의「경설」에 나타난 종교적 성향」『동양고전연구』제41집. 동양고전학회. 393쪽 참조.

27) 『李炳憲全集』「儒教復原論」

28) 『李炳憲全集』「心與神異名同義論」

29) 『李炳憲全集』「經說·中庸說」

이렇게 되면 신은 기를 넘어서는 초월적 존재가 되며, 최고의 절대자이자 주재자로서의 지위를 차지하게 되고, 성리학의 최고 범주였던 리理도 신의 속성이나 하위개념으로 전락하게 된다. '헤아릴 수 없는 신묘함'이란 인간으로서는 그 실체와 양상을 예측할 수 없는 신비한 속성을 말한다. 신은 이 예측불가능함으로 말미암아 인간의 이성을 넘어서는 초월적 의미를 부여받게 되고, 결국 주재자로서의 성격으로 연결되어 종교의 대상이 된다.

나아가 이병헌은 '인간의 심이 곧 신'(心卽神)이라고 선언한다. "마음은 신이다. …… 신을 다한다는 것은 마음을 다하는 것을 말한다.[30]", "신은 하늘에 있으면 상제가 되고, 사람에 있으면 천군이 된다.[31]" 이병헌은 상제나 심은 모두 다 같은 신이며, 심이 바로 신이라고 하였다. 심즉신의 논리에 의하면 주재자는 인간의 영역 밖에 존재하는 특수한 존재가 아니라 인간의 마음 속에 내재해 있는 보편적 존재가 된다.[32]

원래 이병헌이 「유교복원론」에서 상제上帝·천天·태극太極 등 유교에서 제시한 궁극적인 실재의 문제를 언급하지 않은 것을 보면, 적어도 공교사상을 형성하는 초기 단계에서 그에게 이런 문제는 별로 중요하지 않은 것이었음을 짐작할 수 있다. 공자는 우주의 생성이나 변화의 문제를 태극과 연결시켜 언급하지 않았고, 이병헌 역시 성리학에 구애받지 않고 오로지 경서經書를 통해서만 유교를 이해하고자 했다. 따라서 그의 유교사상에서는 태극의 문제가 별로 중요하지 않았을 것이다.[33] 그러나 이병헌은 '상제(上帝, God)'는 태

---

30) 『李炳憲全集』「孔經大義考·易經繫辭下」

31) 『李炳憲全集』「心與神異名同義論」

32) 박미라는 '心卽神' 개념에 대해 천도교의 영향을 받았을 가능성이 있다고 본다. 박미라. 2004.「이병헌의 孔教운동에 나타난 神道論 연구-性卽理에서 心卽神으로의 전환-」『동양철학연구』 제38집. 동양철학연구회. 365-366쪽 참조.

33) 이연승. 2015.「이병헌의 유교론: "비미신적인 신묘한 종교"」『종교문화비평』 제27권. 한국종교문화연구소. 238-239쪽 참조.

극보다 앞서 태극을 만든 자이며, 지각과 영명한 지혜를 가진 존재라고 주장하는 윌리엄슨의 논리를 비판하면서 유교의 궁극적 실재에 대해서도 언급하게 되는데, 여기에서 그는 태극과 상제가 리와 같다고 말한다.

> 리에는 혼연하고 빛나는 듯 밝은 본체가 있고, 그렇게 하도록 하고 그렇게 할 수 있는 작용이 있다. 따라서 결국 주재의 신묘함을 다 갖추게 되는 것이다. 형과 기를 갖춘 것이 그에 앞설 수 있는 것이 아니다. 상제는 목소리도 없고 냄새도 없으며, 시작도 끝도 없고, 있지 않은 곳이 없는 참된 신이며, 진실로 형상도 없고, 특정한 방소도 없으니, 이름을 붙이자면 리라고 하지 않고서는 어찌 이름을 바르게 할 수 있겠는가? …… 만약 먼저 형질을 갖춘 참된 신이 있은 연후에 형상도 방소도 없는 리를 낳았다고 한다면, 그 형질이 있는 것은 과연 어디에서 생겨난 것인가?[34]

비록 이병헌의 관심이 리기론에 있었던 것은 아니지만 위의 인용문에는 리와 기가 각각 체용을 이루는 것이 아니라 리 자체에 체와 용의 두 측면이 있음을 강조했던 이진상의 리기론이 반영되어 있다고 볼 수 있다. 리에 주재의 신묘함이 다 갖추어져 있다고 하면서 리의 주재성을 강조하는 대목을 보면 무엇보다 리의 주재성을 중시했던 한주학의 성격을 공유하고 있다고 볼 수 있는 것이다.[35]

이병헌이 공교사상의 핵심으로 신神을 내세운 이유는 신이 바로 종교의 표본이라고 생각했기 때문이다.[36] 곧 종교의 본질적인 요소가 바로 신이라

---

34) 『李炳憲全集』, 「山齋漫錄」

35) 이연승. 2015. 「이병헌의 유교론: "비미신적인 신묘한 종교"」. 『종교문화비평』 제27권. 한국종교문화연구소. 243~244쪽 참조.

36) 『李炳憲全集』, 「經說·易說」 참조.

는 것이다. 아무리 주재성을 강조한다 하더라도 인간 이성의 근거이자 관념적인 원리인 리理를 강조하는 성리학적 사유에서는 유교를 종교라고 하기가 어렵다. 이병헌이 인간의 이성을 뛰어넘는 초월적 주재자로서 신을 강조하는 의도는 바로 유교가 종교임을 밝히기 위한 것이었다. 이것은 일제가 '유교는 인격적인 절대신의 관념이나 종교적인 의례가 약하다'는 명분을 내세워 1915년 내린 '종교령 포교규칙 1조'에서 유교를 종교에서 제외시켜 버린 상황에서 이를 바로 잡기 위한 이론적 노력으로 국한시켜 이해할 수도 있다. 이는 신도를 매우 강조하면서도 다른 한편으로 미신적이고 신비적인 색채를 극도로 경계하려는 태도에서도 확인할 수 있다. 이병헌은 공자가 만세를 구원할 구세주요, 석가나 예수와 같은 교주라고 하면서도 그의 공자 숭배는 신비화로 이어지지 않으며, 천제의 숭배로 이어지지도 않는다. 오히려 이러한 신격화나 종교적 의례에 대해서는 특별한 의미를 부여하지 않는다.[37] 공자가 신도로써 가르쳤고, 또 공교의 근원이 신에 있다고 강조했음에도 불구하고 이병헌은 이 신도가 자칫 미신으로 흘러 백성들로 하여금 쉽게 미혹에 빠지게 할 수 있음을 경계한다. 바로 이런 점 때문에 공자는 평소에는 신도에 대하여 별로 언급하지 않았다는 것이다.[38]

이병헌은 진리를 획득하는 종교만이 오래도록 존속할 뿐만 아니라 멀리 전파되기 마련임을 전제하면서, 공교가 세상에서 최후까지 존속하는 종교가 될 것임을 확신한다. 그리고 이에 대한 세 가지 근거를 제시한다. 첫째, 공자는 미신파迷信派가 아니라 진지眞知를 위주로 하고 있다는 점, 둘째, 공자는 자존파自尊派가 아니라 예양禮讓을 위주로 하고 있다는 점, 셋째, 공자는 배외파

---

37) 박미라. 2004.「이병헌의 孔教운동에 나타난 神道論 연구-性卽理에서 心卽神으로의 전환-」『동양철학연구』제38집. 동양철학연구회. 370~371쪽 참조.

38) 『李炳憲全集』,「心與神異名同義論」

排外派가 아니라 대동大同을 위주로 하고 있다는 점이다. 즉, 세계의 문명이 진보하고 사람들의 지혜가 밝아진 다음에는 당연히 진지의 가르침을 따를 것이며, 세계의 경쟁 체제가 종식되고 평화와 발전이 이루어진 다음에는 당연히 예양의 가르침을 따를 것이며, 인간 세계에서 국가의 경계가 점차 소멸되고 모든 민족이 하나가 된 다음에는 당연히 대동의 가르침을 따를 것이기 때문에 인류 역사의 발전에 따라 공교가 최후의 종교가 된다는 것이다.[39]

이병헌의 공교사상에 나타나는 또 다른 특징은 민족주의적 성격이 두드러진다는 것이다. 사실 이것은 '중국의 성인인 공자의 가르침을 왜 우리 민족이 받들어야 하는가?' 하는 문제를 해결하기 위한 것이었다. 그는 우리가 유교를 받들어야 하는 당위성을 다섯 가지로 제시하고 있다. 첫째, 유교가 우리나라에서 나온 종교라는 것(儒教爲自國產出之教). 둘째, 유교가 천하에 유일무이하며 지극히 선하여 상대가 없는 최선의 종교라는 것(儒教爲天下唯一無二至善無對之教). 셋째, 유교에는 국가의 정수가 깃든 국민정신의 핵심이 있다는 것(儒教爲國粹所寓之教), 넷째, 유교는 다른 종교들을 통섭할 수 있고 철학이나 과학과 합치할 수 있는 포용성과 합리성을 갖고 있다는 것(儒教可統諸教, 而又能合哲學科學), 다섯째, 유교야말로 오늘날에 적합하고 또한 세계에서 최종적으로 우승할 수 있는 종교라는 것(儒教適合於今日, 又當爲世界最終優勝之教)이다.[40]

여기에서 주목해야 할 것은 유교를 우리나라에서 나온 종교로 제시하고 있다는 점이다. 즉 유교의 근원은 복희와 순임금에게서 시작되는데, 이들은 조선 사람이므로 유교는 사실 우리 민족의 종교이기도 하다는 것이다. 심지어 "사람들이 공자가 중국의 성인임은 알면서도 우리나라의 동족임은 알지

39) 『李炳憲全集』,「儒教復原論」 참조.

40) 『李炳憲全集』,「歷史正義辨證錄·吾族當奉儒教論」 참조.

못하고, 공교가 중국의 종교인 줄은 알면서도 우리나라의 종교임을 알지 못하는 것은 미처 생각하지 못한 것이다.[41]"라고 하여 공자가 우리나라 사람이라고까지 하였다. 이것은 이병헌이 우리나라의 영토 범위와 민족 개념을 새롭게 해석하고 있음을 의미하는데, 그는 대민족사관에 입각하여 우리 민족의 개념을 몽고족과 거란족, 그리고 만주족까지 포함시켰으며, 이를 토대로 우리 민족이 중국을 네 차례나 지배한 경험이 있다고 주장하였다.[42]

이병헌은 이런 대민족사관을 통해 보수적 유교전통으로부터의 적대적 반응을 완화시키고자 하였으나 역사적 사실에 대한 고증을 가볍게 여기고, 설화적 내용을 역사적 사실로 구체화시켜 종교적 신앙의 대상으로 바꿔버리는 태도는 민족적 자존심을 회복하는 데 있어서 실제적인 효용성이 의심스러울 뿐만 아니라 당시의 유림들에게도 그다지 적극적인 호응을 얻지 못했다.

4. 금문경학에 대한 이해

청말淸末 격동의 시기에 현실 문제의 해결을 위해 새로운 사상을 찾았던 중국의 학자들이 관심을 둔 것은 한대漢代 초기의 유교경전에서 성현의 미언대의微言大義를 밝혀 시대의 요구에 부응하는 것이었으며, 이는 곧 금문경학의 학문방법론이었다. 이들은 금문경전 중에 공자의 미언대의를 잘 밝히고 있는 것은 『춘추·공양전』이라고 보았다. 그래서 금문경학파를 달리 '공양학파'로 칭하기도 한다. 이들은 『춘추·공양전』의 주석서인 동중서董仲舒의 『춘추

41) 『李炳憲全集』, 「蹈海叢談」

42) 금장태. 2003. 『유교개혁사상과 이병헌』. 예문서원. 166~168쪽 참조.

번로春秋繁露』와 하휴何休의 『공양해고公羊解詁』를 주요 근거로 하여 성현의 미언대의를 밝히고자 하였고, 이로써 새로운 시대의 요구에 부응하는 통치이념을 찾으려 하였다.[43)]

이병헌이 강유위로부터 배운 금문경학의 핵심 역시 바로 공양학의 삼통설三統說과 삼세설三世說을 근거로 한 개혁 사상이었으며, 이 금문경학의 체계는 경전에 담긴 공자의 미언대의를 밝히는 것에서 시작하므로 이병헌은 무엇보다 유가 경전, 특히 오경五經에 대한 엄밀한 주석 작업에 심혈을 기울였다. 그는 "공자의 도는 그 범위가 우주에 펼쳐 있고 삼세를 조종하며, 신도로 교화하고 시대에 맞게 드러나는 것이니, 세상을 치료하는 좋은 약이 금문의 오경에 갖추어져 있다.[44)]"라고 하여 공자의 도가 금문의 오경에 담겨 있음을 역설하였다.

이병헌이 네 번째로 중국을 방문하여 공자의 성상을 모사하고, 금문경전을 구입하고자 했을 때, 강유위는 이병헌을 위해 금문경학 연구를 위해 구입해야 할 기본 서적 20종을 제시해 주었다. 이 도서 목록을 보면 금문경전으로서 쟁점이 되거나 유의해야 할 것으로는 『시경』·『서경』·『역경』에 집중되어 있음을 알 수 있다. 또한 『예경』의 금문경은 『의례』가 기준이요, 『춘추』의 금문경은 『공양전』이 기준이라는 점을 명백하게 확인하고 있다.[45)]

이병헌의 금문경학 연구업적을 개괄하면 1920년대 초반에 공교사상을 접하면서 강유위의 『신학위경고新學僞經考』를 공부하던 시기의 독서록인 「독위경고讀僞經考」(1920)에서 출발하여 사서와 『주역』에 관한 저술인 「경설經說」(1922)과 『시경』·『서경』·『예경』·『악경』을 금문경학적 입장에서 개괄한 「공경

43) 오만종·진유애. 2011. 「구한말 유학자의 시대 고민 -진암 이병헌의 시경해석을 중심으로-」. 『중국인문과학』 제47집. 중국인문학회. 306~307쪽 참조.

44) 『李炳憲全集』, 「儒教爲宗教哲學集中論」

45) 금장태. 2003. 『유교개혁사상과 이병헌』. 예문서원. 179~181쪽 참조.

대의고孔經大義考』(1924)를 저술함으로써 일차적인 이해를 마무리하였다. 이어서 1920년대 후반에는 『시경』·『서경』·『예경』·『춘추』·『역경』을 각 경전별로 주석하여 금문경학 연구를 나름대로 체계화하여 마무리하였다.

이병헌은 「독위경고」의 첫머리에서 "금문이란 공자 문하에 전해진 진실한 옛 경전이요, 고문이란 유흠이 거짓으로 새롭게 만들어 낸 학문이다.[46]" 라고 하여, 금문은 참된 경전이고 고문은 거짓된 학문이라는 주장을 분명하게 드러내었다. 또한 「공경대의고·총론」에서는 '공경孔經'을 공자가 정한 육예六藝의 경으로 정의하고, 그 명칭과 순서를 『시경』·『서경』·『예경』·『악경』·『역경』·『춘추경』으로 확인함으로써 경전의 명칭과 순서를 바로잡고자 하였다.

또한 이병헌은 「경설」에서 사서에 대한 견해를 밝히고 있는데, 『대학』과 『논어』, 『맹자』에 대해서는 극히 단편적인 논설을 제시한 데 비해, 『중용』에 대해서는 상세한 해석을 하고 있다. 이로 볼 때, 이병헌의 경학 체계는 오경 가운데 『주역』에 가장 큰 비중을 두고 있는 것처럼 사서에서는 『중용』을 중심으로 삼고 있음을 알 수 있다.[47] 이는 그가 추구하는 첫 번째 과제가 공자를 교조로 높이는 것이고, 또 교조로서 공자의 지위를 확인하는 데 경전 해석의 초점을 맞추고 있음을 확인할 수 있게 해 준다.

이병헌의 금문경학 사상에서 중요한 특징 가운데 하나는 성리학에서 중시한 리理나 경敬과 같은 개념을 버리고 대신 신神과 성誠을 특히 중시한다는 점이다. 또한 『대학』과 『중용』에 대한 이해에서도 주희의 장구를 배제하고 주로 고본古本의 체제를 따르며, 학설에 있어서도 정현鄭玄의 해석을 많이 따르는데, 이 또한 주자학적인 해석을 벗어나려는 것으로 이런 생각이 집약되어

---

46) 『李炳憲全集』, 「讀僞經考」

47) 금장태. 2003. 『유교개혁사상과 이병헌』. 예문서원. 184쪽 참조.

있는 곳이 「경설·중용설」이다.[48] 그는 경전해석에 있어서 기본적으로 정주학의 학풍을 비판하고 직접 공자로 돌아갈 것을 주장했다.

> 일종의 기괴한 일이 있다. 비록 공자의 경전, 공자의 말씀일지라도 주자의 정론에 조금이라도 어긋나면 마음대로 꾸짖고 배척하니, 이것이 과연 어떠한 기상인가?[49]
>
> 송원 이후로 육경을 밀쳐내고 사서를 존숭하였다. 그러나 사서의 정밀한 뜻을 알려면 오경을 공부하지 않을 수 없다. 오경 중에서도 특히 『주역』과 『춘추』는 공자의 대도를 천명한 것이니, 배우는 사람이 세밀하게 살피지 않을 수 없다.[50]

이처럼 이병헌은 사서보다는 오경(육경)을, 정주학보다는 직접 공자를 학습할 것을 주장한다. 이병헌은 오경을 공자의 저술이라고 보고, 이 오경을 통해서 직접 공자의 미언대의微言大義를 찾아야 한다고 생각한 것이다.[51] 이병헌은 주희가 『중용』을 33장으로 나눈 것을 따르지 않고, 자신의 기준에 따라 16단락으로 구별하고 있으며, 특히 16장(鬼神章)에 대해 "『중용』 전체의 중심축이요, 공교의 두뇌이다. 성대하도다 신이여! 지극하도다 성이여![52]"라고 하여 중심적 위치를 강조하면서 그 핵심 개념으로 '신神'과 '성誠'을 부각시키고 있는데, 이것은 무엇보다 종교의 교주로서 공자의 위치와 유교의 종교적 성격을 부각시키고자 한 것이다.

---

48) 이상하. 2010. 「진암 이병헌의 「경설」에 나타난 종교적 성향」 『동양고전연구』 제41집. 동양고전학회. 392쪽 참조.

49) 『李炳憲全集』, 「經說·中庸說」

50) 『李炳憲全集』, 「經說·中庸說」

51) 이상하. 2010. 「진암 이병헌의 「경설」에 나타난 종교적 성향」 『동양고전연구』 제41집. 동양고전학회. 400쪽 참조.

52) 『李炳憲全集』, 「經說·中庸說」

이병헌이 그의 금문경학 이해에서 가장 중요하게 생각했던 것은『역경』이었다. 그는「경설·역설」(1922)에서 "육경이 모두 공자의 경이지만,『역』은 더욱 첫머리가 된다.[53]"고 언급하였고,『역경』연구를 체계적으로 정립한 저술인「역경금문고」(1928)를 통해 오경에 대한 금문경학적 저술을 마무리하였으며, 그 후에도 만년에『역경』연구에 몰두하여 10여 차례『역경』을 읽은 기록을 남겼으며, 이 기록을 묶어「역과소전합고易課小箋合考」(1938)를 남겼다. 이처럼 그가『역경』연구에 특별히 많은 공을 들인 것은 곧 그의 공교사상이『역경』에서 그 귀결처를 찾았음을 말해 주는 것이다.[54]

이병헌은 육경 중에서도『시경』이 모든 경전의 입문에 해당한다고 보았다. 그래서 "『시경』은 감흥을 일으켜 교화하는 것으로, 고무시켜서 신명을 다 발휘하는 도를 이루는 것이요, 실로 인재를 양성하는 첫걸음이고 모든 경전의 입문이다."라고 규정하였다. 이것은 사람을 감동시켜 마음을 흥기興起하게 하는 시의 교화적인 역할을 중시했기 때문이다. 이병헌은 보수적 유림들의 배척을 받아 공교운동이 좌절되자 문을 닫아걸고 금문경학의 연구에 몰두하였으며, 가장 먼저『시경부주삼가설고詩經附注三家說考』(1926)를 완성하였다. 그는 이것을 곧바로 강유위에게 보내어 가르침을 청하였는데, 강유위는 "대지에 공교가 있는 날은 바로 그대의 저서가 유행하는 날이다."라고 하면서 아낌없는 칭찬과 격려를 보냈다. 다만 문장 가운데 고문경전인『모전(毛傳, 毛詩)』을 많이 인용한 것은 금문을 연구하는 사람들로 하여금 의심을 갖게 하므로 특별히 주의할 것을 당부하였다.

그런데 이병헌은 시를 해석함에 있어서 기본적으로 금문경학의 해석을 중시하지만 그렇다고 해서 고문경학의 해석을 완전히 배제하지는 않고 있

53) 『李炳憲全集』,「經說·易說」

54) 금장태. 2003.『유교개혁사상과 이병헌』. 예문서원. 189~190쪽 참조.

다. 그는 "모시毛詩 또한 삼가三家의 설을 어지럽힌 부분이 지극히 많지만, 삼가설을 계승하여 수용한 부분도 적지 않다. 그러므로 독자는 마땅히 깊이 살펴보아야 한다.[55)]"라고 하여 제한적으로나마 모시毛詩를 수용할 것을 제안한다. 근본적으로는 금문경학이 기초로 삼는 삼가의 설을 바꾸고 어지럽혔지만, 그 가운데는 삼가의 설을 그대로 보존하고 있는 부분도 적지 않으므로 신중하게 취사선택하여 유실된 삼가의 설을 보완해야 한다는 것이 이병헌의 입장인 것이다. 그는 고문경학에 대한 금문경학의 우위성을 가리기 위한 학술적인 논쟁보다는 시대상황에 부합하는 사상을 밝히는 데 더 큰 관심을 보이고 있으며, 이것이 공자의 미언대의와도 일치한다는 점을 밝히고자 했다.[56)] 이런 까닭에 강유위가 모시설을 배제해야 한다고 권고한 뒤에도 여전히 자신의 입장을 견지했던 것이다.[57)]

금문과 고문의 쟁점이 가장 뚜렷한『서경』의 경우 이병헌은 금문경전으로 전한시대 복생伏生이 전한『서경』28편만을 인정하였다. 특히 금문과 고문을 구별하면서 "금문이란 유흠이 거짓 종정鍾鼎에 가탁하여 '고문'을 창작한 이후에 공자 문하에서 전해진 경전을 지목하여 '금문'이라 하였으니, 실지에 의거해서 말하면 '금문'이 진짜 '고문'이다.[58)]"라고 하여, 유흠에 의해 가짜 고문이 만들어진 다음에 진짜 고문을 금문이라 일컫게 되었음을 밝히고 있다.

이상에서 살펴본 바와 같이 이병헌의 유교개혁론은 기본적으로 금문경학에 경전적 근거를 두고 있으며, 그 기본과제는『역경』의 신명론神明論,『중

---

55) 『李炳憲全集』「詩經孔學考」

56) 오만종·진유애. 2011.「구한말 유학자의 시대 고민 -진암 이병헌의 시경해석을 중심으로-」『중국인문과학』제47집. 중국인문학회. 313~314쪽 참조.

57) 이병헌은 삼가의 자료가 완전하지 못하여 모시설의 설명을 제거해 버리면 초학자들이『시경』을 이해하기 어려운 현실적 난점을 강조하면서 수정본에서도 모시설을 선택적으로 활용하고 있다.

58) 『李炳憲全集』「孔經大義考」

용』의 배천론配天論, 『춘추·공양전』의 삼세설三世說, 『예경』(예기)의 대동설大同說로 제시되고 있다.[59] 그는 체계적인 금문경학 연구를 통해 공교사상의 이론적 근거를 확립하였으며, 강유위의 금문경학과는 차별화되는 자신만의 독자적 특성을 지니게 되었는데, 이는 신神 개념을 통해 유교의 종교적 성격을 더욱 부각시키고자 하는 의도에서 비롯된 것이라고 볼 수 있다.

5. 맺음말-한주학과의 연관성

한국근대사상사에서 이병헌은 무엇보다 독보적인 금문경학 연구자로서의 위상을 지닌다. 하지만 그에게 있어 금문경학이란 공교사상의 이론적 근거와 정당성을 제공하기 위한 필요에 따라 비롯된 것이므로 우선순위는 어디까지나 공교운동에 있었음을 분명하게 할 필요가 있다. 또한 이것은 강유위와 이병헌의 공교운동이 가지는 본질적인 차이이기도 하다. 이런 차이 때문에 이병헌은 강유위가 인도人道를 강조한 것과 달리 신도神道를 공교의 핵심으로 파악할 수 있었고, 금문경학 체계에 있어서도 『주역』과 『중용』을 가장 중요한 경전으로서 중심에 위치시켰던 것이다. 이것은 그가 한주학을 통해 입문한 것과도 무관하지 않다. 그렇다면 이병헌의 공교운동은 한주학파와 어떤 연관성을 가지는 것일까?

결과적으로 보았을 때, 이병헌은 강유위의 금문경학을 적극 수용하였고, 공교운동을 전개하는 과정에서 심지어 성리학을 배척하는 모습까지 보이고 있다. 그러나 이런 배경에는 곽종석과 이승희 등과 같은 한주학파 학자들의 진보적인 사상을 먼저 접할 수 있었던 사실이 놓여 있다. 즉 한주학파의 심

59) 『李炳憲全集』, 「儒敎復原論」

설과 리일원적 사상이 토대가 되었기 때문에 강유위의 사상을 상대적으로 쉽게 수용할 수 있었다는 측면을 간과해서는 안 된다는 것이다. 물론 이병헌의 저술에서 정통 한주학의 이론체계는 드러나지 않지만 적어도 그의 사상이 형성되는 데 있어서 한주학이 소중한 자양분의 역할을 하고 있음은 분명하다. 특히 공자가 특별히 언급하지 않았던 신神이나 리理 등과 같은 형이상학적 문제에 대해서는 이병헌 역시 성리학의 심성론 체계에 의거하여 설명하고 있는데, 이때 한주학파의 이론적 특성을 다분히 드러내고 있다.

이병헌이 한주학의 정통계승자라고 말할 수는 없겠지만 적어도 사상적 영향 관계가 지속되고 있음은 이병헌의 심설心說을 통해서도 확인할 수 있다. 즉 이병헌이 곽종석과 교류하면서 접했을 한주학의 핵심은 한마디로 '심즉리설心卽理說'로 집약되는데, 기독교와의 소통 가능성을 모색했던 이병헌은 기독교의 상제上帝와 신神 개념에 관심을 두고 그것을 유교적인 맥락으로 연결하고자 했다. 곽종석은 스승 이진상의 심즉리설에서 특히 심이 '본심本心', '진심眞心'이자 '주재의 심'이라는 것을 강조했는데, 이병헌은 이 심을 주재하는 것이 신이라고 여겼다. 그리하여 이병헌은 공자가 말한 입신入神이란 바로 마음을 통해 의리를 정밀하게 살피는 것이고, 조금씩 진신盡神과 궁신窮神의 경지에 접어들게 되면 마음이 신과 온전하게 일치된다心卽神고 하였다.[60] 이런 점에서 이병헌이 '심즉신'이라고 말한 것은 바로 한주학의 '심즉리설心卽理說'로부터 마음의 주재성이라는 점을 적극적으로 수용한 결과라고 할 수 있다. 이처럼 이병헌의 공교사상의 핵심은 그가 비판했던 주자학설, 그것도 리의 요소가 가장 강화된 한주학설의 변용으로 이루어져 있는 것이다. 이렇게 됨으로써 이병헌 또한 한주학통과의 연결성 속에 이해할 수 있는 영역이 생기게 된다.

60) 『李炳憲全集』「儒敎復原論」

성와 이인재의 철학 지평과 실천

이 행 훈

성와 이인재의 철학 지평과 실천

이 행 훈

1. 한주학 계승

화서 이항로(1792~1868), 노사 기정진(1798~1979)과 더불어 조선후기 3대 성리학자로 꼽히는 한주 이진상(寒洲 李震相, 1818~1886)은 일찍이 자신의 학문과 철학의 근원을 주자학과 퇴계학으로 삼았다. 그러면서도 퇴계의 '리기호발理氣互發'설이나 율곡의 '기발이승일도氣發理乘一途'설과 달리 '이발일로理發一路'라는 독창적인 리기론을 수립했다. 이는 사단칠정론과 인물성동이론 그리고 주자학을 검토하면서 리와 심을 주재성의 측면에서 일치시켜 체계화한 심즉리설과 함께 한주 성리학의 핵심이다. 61세에 22권으로 집대성한 『리학종요理學綜要』는 리생기理生氣의 관점에서 주기설을 비판하고 주리설을 확립한 것이다. 한편, 49세 때 저술한 『묘충록畝忠錄』은 국가의 고식과 병폐를 해결하기 위한 일종의 국정개혁안으로서 그의 학문이 이념을 넘어 실천을 지향했음을 보여준다. 그의 학설을 계승한 한주학파의 대표적 문인으로 이승희李承熙, 곽종석郭鍾錫, 허유許愈, 이정모李正模, 이두훈李斗勳, 윤주하尹

胄夏, 김진호金鎭祜, 장석영張錫英은 주문팔현洲門八賢으로 불리며, 재전제자로 이병헌李炳憲, 이인재李寅梓, 김창숙金昌淑, 장지연張志淵, 하겸진河謙鎭, 최익한崔益翰, 김황金榥 등이 손꼽힌다. 이들은 한주의 학문을 계승하여 후학을 양성하는 한편 국권 회복을 위한 외교적 활동에도 가담하였다. 한주학파는 당시 유행하던 만국공법에 주목하고, 외교적인 방안을 동원하여 주권 회복과 독립운동을 펼쳤다는 점이 특징이다. 1905년 국권 상실 이후 이러한 운동의 방향은 더욱 확고해졌다. 논의를 주도한 이는 곽종석과 이승희였다. 곽종석이 강조한 공법은 당시 동아시아에도 널리 소개된 블룬칠리(Bluntschli, Johann Caspar, 1808~1881)의 『공법회통公法會通』을 유교적인 입장에서 이해한 것이었다. 천하의 나라들이 도륙하는 것은 천의의 공법이 아니라고 규정하고, 『공법회통』에서 지적하고 있는 것처럼 '인의'에 근본을 두어야 한다고 하였다. 곽종석은 1896년 이승희, 이두훈 등의 동문과 각국 공사관에 「포고천하문」을 보내 일본의 침략을 만국공법에 근거하여 규탄하였다.[1] 의병 투쟁에 대해서는 역부족이라는 판단을 내려 쉽사리 거병에 동의하지 않고, 만국공법에 근거해 일제의 침탈을 외교적으로 해결하려 한 것은 전통적인 유림과 다른 대응이었다. 대의명분과 공법에 의지한 외교적 노력은 유교적 의리론을 기반으로 한 서양 정치제도에 대한 이해에서 발현한 것으로 볼 수 있다.

이진상은 '주리主理' 두 글자는 천고의 성인이 서로 전해 온 심법心法이라고 주장하였다. 이진상과 곽종석은 '심합리기설心合理氣說'을 철칙으로 삼아 온 영남 학계에 '심즉리설心卽理說'을 과감하게 제출하고, 기호 학계의 '심즉기설心卽氣說'을 비판하는 한편 서양 학문을 극복하는 이론으로 재정립하려 했

1) 김도형. 2014.『근대 한국의 문명전환과 개혁론-유교 비판과 변통-』. 지식산업사. 399~401면 참조.

다.[2] 성와 이인재(1870~1929)는 경북 고령 출신으로 어려서는 재종질인 이두훈에게 배우다가 20세 때인 1889년 형 이인표와 함께 거창 다전茶田에 은거하던 면우 곽종석(俛宇 郭鍾錫, 1846~1919)을 스승으로 모시고 수학했다. 이인재는 리의 동정動靜 때문에 기가 비로소 동정한다는 '리주기자理主氣資'설을 계승하였다.[3] 곽종석과 주고받은 「별지역의문목別紙易疑問目」, 「상면우선생예의문목上俛宇先生禮疑問目」 등은 이인재가 역학과 예학에도 상당한 조예가 있었음을 보여준다. 이외에도 많은 서간에서 스승과 제자의 학문적 교류를 확인할 수 있다. 특히 이인재가 43세 때 지은 『고대희랍철학고변古代希臘哲學攷辨』(1912)과 이를 검토한 곽종석의 「서철학고변후書哲學攷辨後」는 성리학의 관점에서 서양철학을 어떻게 이해했는지 보여주는 초기의 자료로 사상사적 의미를 더한다. 이를 두고, "도학자로서 서양철학을 처음 체계적으로 논변한 것"이자 "성리학의 입장에서 서양철학사를 일관성 있게 이해하고 평가"했다는 점에 의미가 있다고 보았는데[4], 이인재에 관한 선행연구 대부분이 『고대희랍철학고변』에 주목한 사정도 이와 관련된다.[5]

---

2) 권오영. 2012. 『근대이행기의 유림』. 돌베개. 176면.

3) 『省窩集』 권 3. 「太極動靜說考證」.

4) 금장태·고광직. 1984. 『儒學近百年』. 박영사. 498면.

5) 이인재 연구는 박종홍, 「思想史的으로 본 人物論 - 李寅梓論」(『韓國思想史論攷 - 儒學篇』, 서문당. 1977)이 시초이다. 이후 금장태·고광직, 「寒洲學派 - 李寅梓」(『儒學近百年』, 박영사, 1984)에서 간략한 사상과 행적을 소개하였고, 본격적인 연구는 김종석에 의해서다. 김종석, 「李寅梓의 사상과 역사적 의의: 서양철학 전래 초기 유학계의 동향에 관한 일고찰」(『철학회지』 제17집, 1992); 「韓末 嶺南 儒學者들의 新學 수용 자세(Ⅰ·Ⅱ)」(『退溪學報』 제94·95집, 1997.6, 9); 「성와 이인재의 서구수용론과 新學에의 관심」(『한국학논집』 제26집, 1999); 「19·20세기 초 영남 퇴계학파의 사상적 대응에 관한 철학적 고찰: 신사조 수용과 관련한 퇴계학의 변용」(『철학논총』 제20호, 2000); 「성와 이인재의 유교개혁사상」(『퇴계학과 한국문화』 제43집, 2008). 이외에도 이현구·김주일, 「동서윤리론의 기저 비교와 융합 가능성 모색: 성와 이인재의 『희랍고대철학고변』을 중심으로」(『시대와 철학』 제19호, 2008)은 이인재의 서양철학 수용을 이해의 정확도가 아니라 해석자의 태도에 초점을 두었다는 점에서 의미가 있고, 임종진, 「성와 이인재의 성리사상-「고대희랍철학고변」에 대한 분석을 중심으로-」(『퇴계학과 유교문화』 제53집, 2013)은 서양철학 논변에 일관되게 반영된 그의 성리사상에 초점을 둔 연구로 주목할 만하다.

여기서는 먼저 이인재의 성리사상이 한주학의 정통 주리론을 계승하고 있음을 살펴볼 것이다. 더불어 당대 신구학 논쟁과 그의 신학문에 관한 입장을 통해 서양철학을 연구하게 된 배경을 확인하고, 다음으로 유학적 관점에서 서양철학을 이해한 수용 초기의 양상을 번역의 다층적 과정과 주체의 선택적 전유라는 관점에서 파악해 보려 한다.

2. 리와 심의 주재성 확립

이인재의 성리설을 이해하기 위해서는 이진상의 성리학설을 짚고 넘어갈 필요가 있다. 44세 때 이미 이진상은 "심즉리 3자는 실로 천고의 성인이 서로 전한 적확한 요결이다.[6]"라고 하였고, '리선기후理先氣後', '리유동정理有動靜', '리생기理生氣'를 주장하여 철저한 주리론을 확립했다. 그는 왕양명의 심즉리설은 사실상 심즉기설이라 비판하고 정감으로 드러난 심과 발현하기 전의 심 본체를 엄격히 구별하였다. 사단칠정四端七情에 대해서는 성발위정性發爲情이므로 성과 정이 하나의 리임을 전제하고 사단과 칠정이 실상에서는 리가 발동한 것이지 기가 발동한 것이 아니라고 하였다. 이진상의 주리적 관점은 "發者는 理요 發之者는 氣이다"라는 언급에 집약되어 있다. 이는 이이李珥가 "發之者는 氣요 所以發者는 理이다."라고 한 것과 구분되는 논리이다. 이인재에게서도 발견되는 이러한 주장은, 발동의 주체는 어디까지나 리이고, 기는 발동의 자료[資具]가 되어 현상한다는 것이다. 이는 리에서 현상을 설명하는 순추順推의 연역적 방법과 기의 현상에서 리를 밝혀내는 역추逆推의 귀납적 방법을 구분한 것이다. 리의 근원과 주재 및 발현의 문제는 22권에

6) 「心卽理說」(1861): "心卽理三字, 千聖相傳之的訣也."

달하는 『리학종요』 저술에서, 천도天道, 명命, 성性, 심心, 정情 등 전체 항목에 걸쳐 중요한 논제로 다뤄졌다. 곽종석도 스승을 쫓아, 왕양명은 기가 유행하고 응결된 것을 심이라고 하였으니 사실 심즉리설이 아니라 심즉기설이라고 비판하면서, 인의예지의 성이 통합된 것이 심이라고 주장했다. 또한 스승의 십정설十情說을 이어 「사단십정경위도四端十情經緯圖」를 지어 사단칠정론을 재구성하였다.[7]

이인재는 조긍섭(曺兢燮, 1873~1933)과 진행한 논변에서 리의 주재성을 핵심으로 하는 성리설을 펼쳤다. 이미 조긍섭은 17세 때 곽종석을 찾아가 태극·성리 등을 토론했고, 20세 때에는 이진상의 「심즉리설心卽理說」을 17개 조목으로 비판한 「독심즉리설讀心卽理說」을 발표했으며, 서양의 문화와 제도를 비판적으로 논의한 『곤언困言』을 짓기도 하였다. 일정한 스승을 두지 않았던 조긍섭은 이인재의 죽음에, "침착한 재능과 큰 학문은 벗들 가운데 뛰어나니, 동서양의 학문을 하나로 꿰려고 하였네[8]"라고 평하면서 더불어 학문을 논할 사람이 세상에 없게 된 아쉬움을 한탄했다. 이인재는 조긍섭과 여러 차례 서신을 교환하며 성리 논변을 펼쳤는데, 당시 학문하는 세태에 대해서 근래 학자들이 사장詞章을 조금 익히면 경솔히 리기理氣를 논하는 세태를 두고 분수分殊로부터 들어가지 않고 무턱대고 일본一本을 탐구하는 꼴이라고 비판했다.[9] 또 성리학 이론에 대해 서로 이견이 있을 수 있고 자신이 배운 것을 각기 존숭하기도 하지만, 그 근원을 궁구해 보면 주자朱子와 퇴계退溪의 근본 가르침을 익히고자 하는 것을 넘어서지 않으니 각 학파의 주의나 주장이 완전히 다르지 않다면 서로 배척하는 것을 능사로 삼아서는 안 된다고 했다.

---

7) 금장태·고광직. 1984. 『유학근백년』. 451~461면. 463~472면 참조.

8) 『巖棲集』 권 6. 「挽李汝材寅梓」: "沈才碩學出朋倫, 擬把東西合作緡."

9) 『省窩集』 권 2. 「與曹仲謹」. 178면.

주자와 퇴계의 본래 가르침에 충실히 하고자 했던 이인재는 양명학에 대해서만큼은 철저히 변파하면서, "양명이 비록 양지良知를 천리天理로 여겼으나 우리 본성과 사물의 이치를 둘로 나누었으니 둘로 나누면 국한되고, 국한되는 것은 리理라고 말할 수 없으니 기氣를 리理로 여긴 게 분명하다.[10]"고 논박하고, 주재하는 것은 기가 아니라 리임을 강조했다.

이처럼 기를 리로 오인하는 것認氣爲理을 양명학의 병폐로 인식하고, 리와 기의 차이를 분명히 구분하는 관점을 견지하였음을 다음의 논쟁에서도 확인할 수 있다.

> 대개 리기理氣는 결단코 두 가지 물이나, 후세에 기를 리로 인식하고 리기는 두 가지 물이 아니라고 하니 본령이 어그러진 것이다. 요천堯泉의 '하나이면서 둘이고 둘이면서 하나'라는 말은 리기가 나뉘고 합하는 사이에서 불리부잡不離不雜의 묘함을 얻는다는 것이니, 근원적으로 통철하고 명쾌하다고 여겼다. 그러나 천으로 말하면 리가 주재가 되고 심으로 말하면 기가 주재가 된다는 것은 대본이 둘이 있게 되므로 의심하지 않을 수 없다. 대개 기가 모여 형체를 이루고, 리와 기가 합함으로써 지각할 수 있게 된다. 미발에는 지각할 수 있으나 지각할 바가 없는 것이니 지각할 수 있는 것[能]은 체이고 지각할 대상[所]은 용이 된다. 이발에는 지각한 바가 심의 리이고 지각할 수 있는 것은 기의 령이니, 지각할 대상이 체가 되고 지각할 수 있는 것이 용이 된다.[11]

---

10) 『省窩集』 권 2. 「與曹仲謹」. 179~180면: "陽明雖以良知爲天理, 而判吾性與物理而二之, 二之則局, 局不可以謂理, 則其認氣爲理也明矣. 且知妙衆理, 而妙是主宰之意, 則主宰者, 卽此理非朱子之言乎. 若以主宰而屬之氣, 則未知其如何也."

11) 『省窩集』 권 2. 「與曹仲謹」. 179~180면: "盖理氣決是二物, 而後世有認氣爲理, 而謂理氣非二物, 則本領舛矣. 堯泉之一而二二而一之說, 於理氣分合之際, 實得不離不雜之妙, 故竊以爲源頭之洞徹昭晰也. 但其言天則理爲主宰, 言心則氣爲主宰, 大本有二, 故竊以爲不能無疑也. 夫氣聚成形理與氣合便能知覺. 其未發也, 但有能知覺, 而未有所知覺, 能爲體而所爲用也. 其已發也, 所覺者心之理, 能覺者氣之靈, 所爲體而能爲用也. … 然則理爲知覺之主, 氣爲知覺之資."

> 이른바 양지란 밝은 거울을 말하는 것과 같다고 한다. 밝은 거울이 곱고 미운 게 아니라 밝은 거울이 비추는 바가 곱고 미운 것이다. 대개 거울은 본연의 밝음을 지녀 곱고 미움을 비춰 드러내니 마음이 변별하는 지각을 지닌 것과 같다. 그러므로 능히 지각하여 뭇 이치를 묘응하는 것이다. 즉 밝음은 리의 본체이고, (거울에 비친) 곱고 미운 것은 리의 분수이다.[12)]

서간에 보이는 이인재의 성리학의 견해는, '태극동정太極動靜'과 '명덕明德'에 관한 여러 학설 고증, 리의 주재主宰, 심본체心本體, 허령지각虛靈知覺, 귀신지위덕鬼神之爲德, 미발전기질성변未發前氣質性辨, 천지사상天地四象 등 논의를 통해 심층적으로 전개되었다. 대체로 중국과 한국의 앞선 성리학자들의 견해를 소개하고 자신의 의견을 덧붙이는 방식으로 기술하였는데, 이를 통해 이인재의 학문과 철학이 한주학의 핵심적인 성리 사상을 계승하고 있음을 알 수 있다.

「태극동정설고증太極動靜說考證」은 리의 능동성을 주장하기 위해 태극이 동정한다는 여러 학설을 모아 고증한 글이다. 먼저 주돈이(周敦頤, 1017~1073)가 말한 태극의 동정은 리가 동정한다는 의미라는 점을 전제한다. 이는 태극이 동정하는가 아니면 음양이 동정하는가에 대해 리가 동정한다고 답한 주희의 견해를 이인재가 이어받은 것이다.[13)] 이인재는 리가 동하여 기가 생겨나는 것을 선후로 구분할 수 없으나 발생의 근원을 추적하면, 기는 리에서 생겨난다고 하고, 리에 동정이 있으므로 기에 동정이 있다는 주희의 말을 들어, 만약 리에 동정이 없으면 기가 어찌 스스로 동정하겠느냐며 리

---

12) 『省窩集』 권 2. 「與曹仲謹」 181~182면: "所謂良知者, 猶言明鏡也. 明鏡非姸媸也, 明鏡之所照爲姸媸. 夫鏡有本然之明, 故能照見姸媸, 猶心有辨別之知, 故能知妙衆理, 則明者理之本體也, 姸媸者理之分殊也."

13) 『朱子語類』 「太極圖」: "問動靜是太極動靜, 是陰陽動靜. 曰是理動靜."

의 주재성과 능동성을 강조했다.[14]

『통서通書』의 동정을 풀이하면서도, 기의 동정은 반드시 리의 신묘함에서 말미암으나 리의 동정은 기에 얽매이지 않는다고 주장했다. 왕양명과 나정암의 학설이 급기야 동방에 밀려와 원기는 상존하고 불멸한다는 논의가 창궐하여 화담 이래로 리에는 동정도 선후도 없다는 설이 번지면서 주기설이 반복되었다고 진단한다. 덧붙여 퇴계의 태극동정론을 소개하면서, 리의 동정은 스스로 동정하는 것이니 기를 기다리지 않고, 기의 동정은 바로 리가 시켜서 동정한다는 것으로써 리기동정理氣動靜의 묘리를 남김없이 다 밝힌 것으로 평가했다. 그러나 이이는 양동음정陽動陰靜은 기틀이 자연히 그렇게 할 뿐 그러하게 시키는 자가 없다고 하여 퇴계와 상반된 논리를 펼쳤으니, 이렇게 보면 동정도 선후도 없게 되며 리기를 하나의 물一物로 인식한 것이라고 비판했다.

또 동정하는 것은 기이고 동정하게 하는 소이는 리라는 주장은 발하는 것은 기이고, 발하게 하는 소이가 리라는 이이의 주장과 상통한다고 경계하면서, 요즘 사람들이 발현의 용을 모두 기에 귀속시키고 소이연 절반만을 리의 지위로 인정하는 추세는 체용體用을 단절적으로 인식하는 문제가 있다고 비판했다. 이상의 분석을 거쳐 이인재는 리가 기를 낳으니 리기는 결단코 두 가지 물이라는 게 공자, 주돈이, 주희, 이황이 서로 전한 종지라고 결론 내린다.[15]

「명덕설고증明德說考證」에서는 주희의 「대학장구」를 인용하고, 허령불매虛靈不昧는 마음이고, 뭇 이치를 갖춘 것은 성性이며, 만사에 응하는 것은 정情

14) 『省窩集』 권 3. 「太極動靜說考證」 223면: "朱子曰, 理有動靜故氣有動靜. 若理無動靜, 氣何自而有動靜乎."

15) 『省窩集』 권 3. 「太極動靜說考證」 223~236면.

이며, 명덕은 이 마음이 성정을 통합한다는 것이고, 성과 정은 다만 하나의 리라고 보았다. 문제는 세상 사람이 명덕이 리기를 포함한다고 생각하는 점이다. 그는 이에 관해 마음의 리가 비록 기를 자구로 삼으나 허령한데, 그 허령한 것이 바로 리의 본색이고 기가 아니라고 주장한다.16) 또 “기품과 물욕에 얽매여 때때로 어둡게 되지만 그 본체의 밝음은 쉼이 없다”는 구절에 대해서, 본체本體는 지극히 은미해서 잃기 쉽고 형기形氣는 제어하기 어렵다는 점을 이유로 들고, 양심의 바름이 일용日用 사이에서 발현하는 것을 천리의 자연이라고 해석했다. 여기서 나아가 사단은 리가 발현한 것이고, 덕은 기가 있어야 품수되나 품수된 것은 리이며, 하늘의 명과 인간의 덕을 똑같은 리로 보았다.17) 이처럼 성과 정이 다만 하나의 리라거나 명덕에서 리의 순전함을 강조한 것은 모두 리의 절대적 가치를 확보하려는 의도를 담고 있다.

「주재설主宰說」에서는 사단과 칠정이 발현할 때, 리는 주재가 되고 기는 다만 자료임을 강조했다.18) 「심본체설心本體說」은 마음의 본체는 기에 즉해 있기 때문에 위태로울 수 있으나 기에 섞여 있는 것은 아니라는 점을 분명히 함으로써 심이 이와 기의 합이라는 인식에서 비롯된 심 본체에 악의 소지가 있다는 오인을 제거하려 했다.19) 「허령지각설虛靈知覺說」의 주지는 리의 신명神明을 부여받은 사람의 마음 즉 허령지각이 만사에 대응하는 주재가 된다는 것이다. 그는 인의예지신과 같은 영명함을 예로 들어 허령지각의 실체성을 강조함으로써 리의 실체성을 확보하였다. 심과 성은 리일理一의 관점에서는 하나이고 분수分殊의 관점에서는 둘로 나눠 볼 수 있으나, 인의예지신 각각의

---

16) 『省窩集』 권 3. 「明德說考證」, 236~237면.
17) 『省窩集』 권 3. 「明德說考證」, 238~240면.
18) 『省窩集』 권 3. 「主宰說」, 240면: “理爲主宰氣爲資具, 實俟百不惑之論.”
19) 『省窩集』 권 3. 「心本體說」, 241~244면.

심의 허령지각 외에 다시 성의 허령지각이 있는 건 아니라고 했다. 아울러 리기가 합해졌다고 지각이 있는 건 아니고 신명이 있어야 지각할 수 있으니 심에는 지각이 있으나 기에는 지각이 없다는 점을 강조했다.[20] 이 또한 기에 대한 리의 우위를 주장한 일관된 논리로 이해할 수 있다.

「귀신지위덕설鬼神之爲德說」에서는 성誠은 진실무망한 것으로 하늘로 말하면 실리實理이고, 인간으로 말하면 실심實心이니 즉 하나의 이치一理이고, 그 체體로 말하면 덕德이고 그 용用으로 말하면 도道라고 했다. 귀신의 덕이란 곧 이 리가 기를 타고 물에 체가 되는 것으로써 천도天道와 인도人道, 소덕小德과 대덕大德 그리고 소리도 냄새도 없는 극한에 이르기까지 모두 실리의 유행과 출입出入의 묘용妙用이 아님이 없음을 가리킨다. 천명의 실리가 만물을 화생하는 것과 같고, 귀신은 기의 굴신屈伸이지만 그 덕은 천명의 실리라는 주희와 퇴계의 언급을 재차 인용하여 도덕적 실천의 근거를 제시하고자 했다.[21]

성리학은 물욕에 얽매여 마음의 본체를 잃기 쉽기에 부단한 수양을 강조한다. 그런데 만약 천부의 기질로 인해 악의 위험성이 이미 정해진 것이라면 도덕 실천의 동기가 원천적으로 차단되고 만다. 「미발전기질성변未發前氣質性辨」에서는 "천리의 온전한 체가 사람에게 부여되어 성이 되니 성은 하나이다. 리성理性과 기성氣性의 두 가지 명칭은 대개 단지單指와 겸지兼指의 차이에 달려 있다. 마음은 리기를 합한 것이니 악의 가능성을 면하기 어려운 듯하나, 처음 마음이 미발할 때로 말하면 다만 리일 뿐이니 어찌 악이 있겠는가. 이렇게 보면 주자가 미발 앞에 선은 있어도 악은 없다고 한 말이 적합하다[22]."

20) 『省窩集』 권 3. 「虛靈知覺說」, 244~246면.

21) 『省窩集』 권 3. 「鬼神之爲德說」, 247~250면.

22) 『省窩集』 권 3. 「未發前氣質性辨」, 250~254면.

라고 하여, 미발의 순선무악純善無惡함을 강조함으로써 주체의 수양과 도덕 실천의 토대를 마련했다.

이처럼 이인재는 리의 능동성과 주재성을 강조한 퇴계학과 한주학의 충실한 계승자이다. 그의 성리학적 논점은 모두 리의 실체성을 강조하는 데에 모아졌다. 태극의 동정을 입증하여 리동설理動說을 확립했고, 명덕明德을 리기의 합으로 보는 것을 문제 삼아 리의 순전함을 강조했다. 또한 사단과 칠정이 발현할 때 리가 주재가 되고 기는 다만 자료가 된다고 보고, 심이 비록 리와 기가 합한 것이지만 심의 본체는 순선무악임을 강조했다. 마음이 지각할 수 있는 근거로 인의예지신의 신명을 제시하거나 천도와 인도로부터 세상만사가 모두 실리의 유행이자 묘용이라고 주장한 것도 리의 실체성을 확보하여 도덕실천의 근거를 마련하려는 철학적 지평을 반영한 것이다.

3. 구학문과 신학문 절충

서양 문명의 충격은 전통 지식체계에 대한 회의를 불러일으켰다. 김택영은 중국인들이 자신들의 오랜 문화 전통인 유학을 비하하면서, "공자의 도道는 전제적이고 공화적이 아니라고도 하고, 공자도 마땅히 다른 교敎와 동등하게 대우하고, 따로 높여서는 안 된다고도 하고, 공자의 도는 철학이고 종교가 아니라고도"[23] 하는 현실을 개탄한 바 있다. 한국 근대 전환기에 전개된 전통개신론과 문명개화론은 신구학문 논쟁으로 첨예하게 대립했는데, 전통

23) 김택영. 『韶濩堂集』 권 5. 「泗陽書室記」: "嗚呼. 于斯之世, 雜教之與孔子爲敵者, 李耳如來之外, 又不可勝數. 故見今中國, 以民而主天下之議論者,大抵多雜教之人, 或以爲孔子之道專制而非共和, 或以爲待孔子宜與他教等而不可獨尊, 或以爲孔子之道哲學而非宗教, 或以爲闕里之祠可毀. 吾道之存者, 只如一髮, 而闕里數畝之宮, 殆哉其岌岌."

지식체계를 바라보는 시각에는 양자 사이에 다소 차이가 있다. 전통 지식체계 구축과 변용 과정에서 문명개화론자에게 '구舊'는 단순히 과거의 '지나간', '오래된' 것이 아니라 파괴하고 제거하지 않으면 안 될 신문명 건설의 장애물이었다. 반면 전통개신론자에게 '구舊'는 '온고지신溫故知新'의 가치와 '신新'으로 거듭날 가능성을 이미 그 안에 내장한 것이었다. 그러나 구학의 신학화를 위해 감당해야 할 몫은 작지 않았다. 근대 지식체계로 진입하는 과정에서 성학聖學의 위상과 종교적 전통 또한 약화할 수밖에 없었다.

20세기 전후 발간된 다종의 근대 매체는 신구학문 논쟁의 다층적 전개 양상을 여실히 보여주는데, 동양이 뒤처진 원인을 주리학主理學, 서양이 앞선 원인을 주기학主氣學에서 찾기도 했고, 서양은 실학을 하고 동양은 무용한 장황설일 뿐이라는 비판이 난무하는 가운데 서양의 기예로 불리던 것이 어느새 '서유西儒의 학'으로 명명되었으며,[24] 동양은 『대학』에서 격치格致를 중시하고 백가百家의 서적이 비록 무성하지만 대개 음양감여陰陽堪輿의 설로 혹세무민하는 데 불과하다고 혹평하기도 했다.[25] 한편 구학문과 신학문을 가르는 기준으로 '실학實學' 개념이 부상한 점도 눈여겨볼 대목이다. 이 당시 실학은 대체로 서양에서 건너온 신학문을 지칭했다. 따라서 전통개신론자들은 문명개화론이 독점하다시피 했던 '실학'의 의미를 재해석하여 재전유를 시도하였다. 개념을 둘러싼 일종의 의미론적 투쟁을 지속하는 가운데, 전통개신론의 부단한 자기 변혁은 '동도서기東道西器'가 지닌 근본적인 모순과 문명개화론의 탈주체적 한계 사이를 부침할 수밖에 없었다.[26]

이인재는 당시를 "지금 시대는 천고에 없던 변국變局이다. 국세의 강약은

---

24) 김사설. 「學問體用」 『대동학회월보』 제1호. 1908년 2월 25일, 41~42면.

25) 김문연. 「學界一班」 『대동학회월보』 제1호. 1908년 2월 25일, 29~32면.

26) 이행훈. 2016. 『학문의 고고학』. 소명출판. 99~105면 참조.

오로지 선비 기운의 성쇠에 있고, 선비 기운의 성쇠는 학문의 우열에 달려 있다."[27]고 하면서, 이용후생에는 옛적과 지금이 다른 것이 있으니, 마땅히 다른 학문도 연구하고 응용의 방법을 받아들여야 한다고 주장했다. 남형우에게 보성고등학교에서 발행한 법률·정치 관련 신서적을 부탁한 일이나 대구 우현서루에 있던 김광진과 주고받은 서신에서 신학 수용 태도를 살펴볼 수 있다. 그는 학계가 세도의 오융과 민족의 성쇠를 가르는 관건인데 아무런 실효도 없이 신구만 따지는 것은 마치 상자를 사고 진주는 버려두는 셈이라고 탄식하기도 했다. 또 학문은 문호가 많은 것을 걱정할 게 아니라 주의가 없음을 걱정해야 한다고 하면서 문호가 많은 것은 진보에 방해되지 않으나 주의가 없으면 산만해지고 퇴화하게 된다고 보았다.[28] 여기서 이인재가 말하는 일관된 '주의'는 유학이고 성리학이다. 서양의 신학문을 수용하되 그 수용의 준거는 자신의 역사와 문화 속에 이미 갖춰져 있다고 인식한 것이다. 다음에 언급한 물리와 인심에 관한 견해는 세계사적 변화에 대응하는 근본적 방책이 성리학적 사유에서 멀리 떠나지 않았음을 보여 준다.

> 천하의 일은 모두 사람이 마땅히 할 바이니, 사람이 어찌 물을 끊겠는가. 학문하는 이치는 물리와 인심에 본래 간격이 없다. 진실로 내 마음을 밝히면 마음을 외물로 미루어 감에 자연히 순응하게 된다. 응대함이 이미 순하면 움직여도 마음이 일정하게 되니 일을 쉬어 마음이 안정되기를 기다릴 필요가 없다. 만약 주재가 서지 않으면 문득 외물에

27) 『省窩集』 권 2. 「答南聖敏」. 190~191면: "今時代卽千古所未有之變局, 國勢强弱專在士氣之盛衰, 而士氣之盛衰, 又在乎學問之優劣."

28) 『省窩集』 권 2. 「答金光鎭」. 193~194면. "學界者, 實世道汚隆之樞紐, 民族盛衰之關係, 而於新於舊, 其無實得, 如此則買櫝遺珠之歎極矣. 大抵學不患多門戶, 而患其無主義. 多門戶則或不妨競駕進步之地, 而無主義則便至散漫退化之歸矣. 日新日舊不可執迹而設畛. 惟其主義確是則峨冠博帶不害爲自新, 如無主義則氈帽洋服亦不免陳腐矣."

이끌려서 비록 정좌하고 책을 마주해도 역시 면하지 못한다.[29]

한편으로는 "이른바 신학이 대세라고 온 세상이 들썩이는 듯하나 과와 등급이 있고, 비록 치용의 도구를 갖추었다 하나 그 본령은 순전히 공리의 습속이라 경쟁의 첩경이 될 뿐이다."[30]라고 하고, 또, "신구학은 교술教術이 이미 판이하니 그 흐름의 근원을 거슬러 탐구하면 의와 리로 나뉜다. 근일 백과의 설은 이용상에 채용할 만한 것 같으나 본령은 그렇지 않다."[31]고 하여, 신학문이 이용후생의 방도로 유익하고 정밀한 점에서 구학문보다 나은 점이 있으나 그 본령은 공리에 있음을 경계하였다.

그는 보국·보종·보교를 당면한 시대적 과제로 인식하였고,[32] 이를 위해서 먼저 근래 서양 문명이 발달하게 된 원인을 찾는 게 시급하다고 판단하였다. 그 결과, 서양의 행정과 정치제도가 먼저 그의 눈에 들어왔다. 흥미로운 점은 서양의 정치사상, 강대한 문명, 헌법, 선거제도를 두루 살피는 사이를 관류하는 유학적 지식인의 선이해이다. 기실 모든 새로운 실상에 대한 인식은 선이해 위에서 이루어질 수밖에 없다. 따라서 아전인수나 몰이해로 치부해서는 안 되고, 문화교류의 자연스런 양상으로 받아들여야 한다. 그렇게 볼 때, 근대로 이행하는 과정에서 전통 지식체계를 온존하고 있던 유교적 지식인이 어떻게 새로운 문명을 수용하였느냐라는 문제의 실마리를 찾을 수 있

29) 『省窩集』 권 2. 「答陳夏卿」 208면: "天下事, 皆人所當爲, 人豈有絶物. 爲學之理, 物理人心本無間隔. 苟明吾心則推之外物, 自當順應. 應之旣順, 則動亦心定, 不必待事歇而心定也. 苟或主宰不立, 忽忽爲外物牽去, 則雖靜坐對書亦不免."

30) 『省窩集』 권 2. 「答金光鎭」 196면: "所謂新學大勢所驅擧世靡然, 而各科課級, 雖有致用之具, 而其本領純是功利之習, 適足爲競爭之捷徑矣."

31) 『省窩集』 권 2. 「答陳夏卿」 209면: "新舊之學, 敎術旣判異, 溯流究源, 便是義利之分矣. 近日百科之說, 於利用上似有可採, 而但本領不是."

32) 『省窩集』 권 5. 「漫錄」 415~416면: "日保國也, 保種也, 保敎也. 此三者, 在天下則天下之所同憂也, 在一國則一國之所同憂也, 在一身則一身之所當憂也."

을 것이다.

> 도는 비록 예나 지금이 변함이 없으나 제도는 때에 따라 손익이 없을 수 없다. 제도를 의논하고 법을 고안하는 것은 본래 위에 있는 일이지만 풀어 밝혀야 초야의 선비도 분수를 넘지 않게 된다. 하물며 지금은 동서가 교통하고 헌정을 하나의 버금가는 학과로 삼음에랴. 자유국민은 밤낮으로 정밀히 탐구하지 않음이 없어서 정치사상이 이로 말미암고, 치안과 강성함도 또한 여기에 근원한다. 살펴보건대 정치를 행함은 사람에게 있고 사람을 얻는 것은 바른 선거에 있다. 그런 사람을 얻지 못한 까닭에 정치 또한 때때로 쉬게 된다. … 대개 헌법이란 인심이 함께 하는 바에서 나오고, 인심이 함께 하는 바는 곧 천리의 공공함이다. 옛적에 군주가 허물이 있으면 하늘로 경계를 삼고, 또 천명의 유무가 인심의 향배에 있다고 했으니 바로 이런 의미이며 다만 일정한 법을 만들어 드러내지 못했을 뿐이다. 이는 이일분수理一分殊가 본래 함의한 것이다. 원수는 일본이고 만민은 분수이다. 상하가 서로 교호하면 일본이 분수를 함유하는 것이고, 상하가 격절하면 분수가 일본과 분리되는 것이다.[33]

'헌법이란 인심이 함께하는 바', '인심이 함께하는 바가 천리의 공공'이라는 구절에서 서양 정치제도의 강점이 헌법에 있음을 강조하였음을 알 수 있다. 아울러 군신 간의 직분에 따른 권리를 서로 침해함으로써 정치가 혼란해지는데 서구 정치제도는 헌법에서 이러한 경계를 엄격히 규정하는 한편, "군

---

33) 『省窩集』 권 2. 「上俛宇先生」. 164면: "道雖亘古今無變, 而制度則不能無隨時損益. 議制考法, 固在上之事, 然講而明之, 雖草茅之士, 非踰分也. 況今東西交通以憲政爲一副學科. 凡自由國民, 莫不日夜精究, 故政治思想由於是, 治安强盛亦源於是矣. 竊惟爲政在人, 得人則政擧, 然人未必得故政亦有時而息也. … 大抵憲者, 出於人心之所同然, 人心之所同然, 卽天理之公也. 古者, 君有過稱天以儆戒, 又天命之存否在人心之向背者, 卽此意而特未著之爲定法爾. 此夫理一分殊, 本相含意. 元首者一本也, 萬民者分殊也. 上下相交卽一本涵分殊也, 上下隔塞 卽分殊離一本也."

신 상하 간에 천연의 구분이 없을 수 없으나 그 구분 안에는 또한 누려야 할 권리가 없을 수 없다. 만약 서로 침범하면 곧 분란에 이르게 될 것이다."[34] 라고 한 점에서, 권력의 분립 내지 독립성을 헌법으로 보장한 것에 주목하였음을 알 수 있다. 부연하자면, 밭의 경계가 명확하지 않으면 서로 침범하여 분란이 일어나는 것과 마찬가지이므로 먼저 그 경계를 바로 잡는 일이 필요하다고 보고, 한 나라에서 이러한 경계를 확정하는 가장 근본적인 준거로서 헌법을 강조했다. 또한, 인심의 향배를 국사에 반영하는 데에 의회제도代議士가 장점을 지닌다고 보았다. 이처럼 그의 신학 수용 목적은 국가를 보존하는 데에 있었고, 서양 문명의 외형만 모방할 것이 아니라 국민의 재주를 다하고 마음을 합하며, 민권을 존중하고 선거公擧를 시행할 것을 주장했다. 실제로 그는 향약제도를 서양의 자치제와 유사한 것으로 파악하여, '지방공익도달地方公益之導達', '행정방법건의行政方法之建議', '인민폐막교구人民弊瘼矯捄', '교육보급敎育之普及', '권리보호權利之保護', '환난상구患難之相救' 등 6조의 강령을 제정하고 자치민의회를 조직하였으며, 공사립학교를 세워 덕행과 기예를 가르치고 특히 서양의 법률을 연구해야 한다고 강조했다. 이처럼 신학문과 구학문을 절충하는 인식과 구체적 실천은, "오늘날만 근거하여 옛것을 배우지 않으면 피부처럼 얕아 본원에 도달하지 못하고, 옛것만 따르고 오늘 것을 참작하지 않으면 점점 멀어져 사정에 합치되지 못한다."라는 학교교육 방향 설정에서도 확인할 수 있다.[35]

헌법 제정, 대의제 실시, 선거, 민권 등 서양의 정치와 법률제도 등이 서양 문명을 발달시킨 구체적인 요인이라면 정치제도의 발달 원인은 철학에

34) 같은 곳. 165면: "君臣上下莫不有天然之分, 於其分內亦莫不有應享之權利. 苟或相侵, 便至紛亂."

35) 『省窩集』 권 5. 「自治民議會趣旨書」 「漫錄」 「學校警告文」

있다고 보았다. 그는 스승 곽종석에게 보낸 편지에서 자신이 서양철학을 연구하게 된 까닭과 이해의 어려움을 토로하면서 검토를 요청했다.

> 태서가 흥한 데는 반드시 그럴 만한 이치가 있습니다. 그 근원을 탐구하려면 정치를 살펴보는 것만 한 게 없습니다. 헌법·행정 등의 서적을 둘러보니 그 원류는 모두 철학에서 나왔습니다. 정치는 잠시 두고 먼저 철학을 살폈는데, 재주와 지식이 노둔하여 그 돌아가는 취지를 회통하지 못했습니다. 철학은 우리 도와 서로 가깝고 아리스토텔레스의 학설은 더 많은 점에서 서로 합치합니다. 천지가 재주를 내리는 게 중화만이 아니라면 어찌 태서를 내칠 수 있겠습니까.[36)]

여기서 '철학'은 고대 그리스철학을 가리킨다. 앞서 지적한 바와 같이 이인재는 서양의 학문과 정치제도의 발달 원인을 철학에서 찾았다. 그런데 서양철학에 주목한 근본적인 이유는 우리 유교의 가르침과 크게 다르지 않고 오히려 상통한다고 보았기 때문이다. 아리스토텔레스를 특별히 언급한 까닭도 그의 윤리학설이 유교의 학문적 지향과 맞닿는다고 생각해서이다. 따라서 이인재가 『고대희랍철학고변』을 저술한 것은 과학기술로 표상되는 서양문명의 외피가 아니라 그 내면의 오랜 역사와 문화적 전통으로서 철학의 힘을 확인하고, 그 힘이 바로 우리 유학에도 있음을 재발견함으로써 유학의 현재적 가치와 보편성을 주장하기 위한 것이라고 할 수 있다.

이에 곽종석은, 서양에서 과학기술이 발달할 수 있었던 바탕에 철학과 종교가 있었다는 인식을 공유하면서, 이인재가 이미 서양학술 관련 서적을 두루 섭렵하여, "저들 과학은 철학에서 갈려 나간 것이며 철학은 본래 공리功

---

36) 『省窩集』 권 2. 「上俛宇先生」. 162면: "泰西之興, 必有其致, 欲求其根, 莫如攷其政治, 故略玩憲法行政等書, 則其源流皆從哲學中來. 因姑閣政治先辨哲學, 而才鈍識魯無以會其歸趣. 惟哲學與吾道相近, 就中亞氏學說尤多相合處. 天地降才不必中華, 則豈可以泰西而擯之乎."

利의 사심私心을 가지고 있던 것이 아니라, 단지 물질세계의 변화를 아는 것만을 진리로 여긴 것임을 알아서 그 가려진 것을 열어 깨우칠 수 있는 길을 열 수 있었다."[37]라고 평가하였다.[38]

4. 중역된 '철학'과 논변

이인재의 『고대희랍철학고변』은 유학자에 의해 이루어진 서양철학 수용 초기 양상을 확인할 수 있는 자료로 주목할 만하다. 동시대 서양학술을 번역 소개한 글들이 대개 전거를 제시하지 않은 데 비해 발췌한 원문마다 전거를 제시함으로써 서양철학의 수용 경로를 확인할 수 있다는 점도 특징이다. 특히 서양철학에 대한 최초의 체계적인 서술로서 단순 소개에 그치지 않고 초역抄譯에 역자의 논변을 덧붙임으로써 상호 문화 전유의 양상을 파악할 수 있다. 활자화된 텍스트는 독자에 의해 새롭게 해석되며 여기서 발생하는 저자와의 거리는 '텍스트의 의미론적 자율성'의 관점으로 접근해야 한다.

이인재는 이노우에 엔료井上円了의 『철학요령哲學要領』(1888), 프랑스인 이기약(李奇若, Ligneul, François-Alfred-Désiré, 1847~1922)과 마에다 초우타(前田長太, 1867~1939)가 함께 펴낸 『철학논강哲學論綱』(1897), 천펑陳鵬이 번역한 『희랍삼대철학가학설希臘三大哲學家學說』(1903) 그리고 량치차오(梁啓超,

37) 『省窩集』 권 4. 「書哲學攷辨後」 378면. "知彼之科學乃哲學之派分者, 而哲學者初非有功利之私心, 只認得氣化爲眞理, 可以開其蔽而論之道也."

38) 이황직은 주리파의 철학이 지닌 이존기비의 경향은 물질을 낮추어보는 대신 순수한 이념의 세계를 높이며, 한편으로 자신의 삶을 주재하는 리의 능동성을 통해 욕망에 흔들리기 쉬운 기를 통제해야 한다는 인식을 확립하여 자기 바깥의 이익을 좇는 움직임에 맞서 싸울 수 있는 의리 중심의 비타협적 태도를 발전시켰다고 보았다. (이황직. 2017. 『군자들의 행진』. 아카넷. 147면 참조)

1873~1929)의 『음빙실문집飮氷室文集』에서 서양철학을 소개한 여러 「학설」을 두루 참고하여 『고대희랍철학고변』(1912)을 지었다.[39] 여기에는 탈레스廷禮, 아낙시만드로스亞那機曼的, 아낙시메네스亞那機蔑尼, 아낙사고라스亞那機沙哥拉, 피타고라스畢達哥拉, 크세노파네스質諾非尼, 파르메니데스扒蔑尼的, 제논質諾, 레우키포스柳西扒斯, 프로타고라스歇拉里他, 소크라테스瑣格拉底, 플라톤栢來圖, 아리스토텔레스亞里斯多德, 스토아 제논士多亞質諾에 이르기까지 서양 철학자들을 소개하고 각각 「변辨」을 달아 논평했는데, 특히 소크라테스, 플라톤, 아리스토텔레스 3인에 많은 지면을 할애했다. 소크라테스의 '신神' 개념을 '천리', '기의 영묘함', '천리자연의 묘' 등으로 해석했고, 플라톤의 이데아는 개물個物에 갖추어진 리와 그것을 있게 한 리를 분리하여 결국 두 개의 리가 있게 된다고 비판했다. 이러한 해석과 비판은 성리학의 우수성과 유학의 학문적 보편성을 입증하려는 의도에서 비롯된 것이다. 하겸진이 서문에서 태서철학의 원위를 구명하고 잘못을 바로잡았다고 한 평가도 같은 맥락에서 서 있다고 할 수 있다.[40] 이인재는 다음과 같이 철학을 정의하였다.

> 철학에는 실로 셋이 있으니, 하나는 논리학이고 둘은 형이상학이며 셋은 윤리학이다. 비룡소비아飛龍少飛阿란 원래 희랍말로 예지睿知

---

39) 량치차오의 서양 철학자와 그 학설에 관한 소개는 대체로 나가에 초민(中江兆民, 1847~1901)의 『理學沿革史』를 참고하여 발췌·주해한 것이다. 「近世第一大哲康德之學說」도 그러하다. 량치차오는 일본 망명 시절 나가에 초민의 『이학연혁사』 제4편 근대의 이학 제8장 「제18세기 일이만의 이학 칸트」를 발췌 번역하면서 불교적 관점에서 주해하였다. 그런데 『이학연혁사』는 프랑스 알프레드 푸리에(Alfred Jules Émile Fouillée, 1838~1912)의 *Histoire de la philosophie*(1879)를 번역한 것이다. 량치차오를 매개로 한 서양 학설의 수용은 푸리에에서 초민으로, 다시 량치차오를 통해 한국에 수용되는 삼중역의 경로를 거치게 된다. 자연히 출발언어가 지닌 의미는 이러한 유통경로를 거치면서 왜곡·변질할 가능성이 크다. 그러나 이러한 왜곡과 변질이야말로 번역에서 불가피하게 발생하는 일이며, 동시에 번역 주체가 지닌 가치와 인식의 반영을 확인할 수 있는 자료가 된다.(이행훈. 2016. 『학문의 고고학』. 소명출판. 165~192면 참조.)

40) 『省窩集』「省窩文集序」: "其論泰西哲學, 悉能究其原委而訂其謬妄."

를 좋아함, 예지를 좋아하는 사람을 가리킨다. 지금은 이를 번역하여 철학이라고 하니 삼라만상의 법리를 연구하고 사물의 원리 및 존재를 찾아 풀어내는 것이다. 과학 같은 것은 곧 만상萬象 가운데 일리一理를 연구하여 그 실용을 찾는 것이다. 백과百科의 학이 어찌 철학에 기반을 두지 않겠는가.41)

『고대희랍철학고변』에서 이인재는 성리학의 '하나이면서 둘이고, 둘이면서 하나(一而二, 二而一)', '천리지묘天理之妙'로 유신론과 무신론, 일원론과 이원론, 전체와 부분 같은 철학적 쟁점을 변론했다. 그리하여 그리스철학의 주요 흐름이 물질세계와 근원적 존재의 관계를 이원화하고, 전체와 개체의 관계에서 전체에 치우친 논리로 일관했다는 비판적 시각을 드러냈다. 「사론史論」에서는 철학, 명학名學, 수학, 천문학, 심리학, 윤리학, 생계학生計學, 정치학 등을 근대 학문으로 소개했다. 명학은 논리학이고 생계학은 지금의 경제학을 의미한다. 백과의 학문 가운데 서구 문명을 태동시킨 힘을 철학에서 찾은 이인재는 희랍을 유럽의 어머니로, 아리스토텔레스는 근대 학문의 비조로 높이 평가했다.42) 주목할 점은 고대에 융성했던 동양철학은 희랍을 넘어서며 동양 문명이 희랍보다 앞선 것도 역사가 충분히 증명한다는 주장이다.

그러나 현실은 역전되었다. 사론의 문제의식은 철학과 기독교에 대한 역사적 이해에서 분명하게 드러난다. 서양 중세에 사상과 자유를 막았던 기독교는 근대에 들어서 쇠퇴하고 철학이 다시 부흥했지만, 동양에 들어온 기독교는 왕성하여 동양철학의 부흥을 기대하기 어렵게 만들었다는 것이다. 이런 감계는 유교적 지식인이었던 이인재의 현실 인식을 여실히 보여준다. 서양철학에 대해서는 다소 우월한 입장을 견지하면서도 기독교에 대해서는

41) 『省窩集』 권 4. 「古代希臘哲學攷辨」 385~386면.

42) 같은 곳. 381~384면

패배적인 이유는 무엇 때문일까. 사실 유학자 대부분은 신학문의 수용에 대해 찬·반, 절충으로 갈려 만학과 경쟁해야만 하는 사태를 경계했다. 그래도 신학문은 이용후생에 재료로 삼을 지식의 영역에 속했으나 기독교의 확장은 가뜩이나 약화한 유교의 종교적 기능을 위협할 것으로 인식했기 때문이다.[43]

성리학에 사상적 뿌리를 둔 이인재는 리의 주재성, 능동성, 완전성을 주장함으로써 현상 이면의 본질을 인식하려 했고, 신학과 구학의 갈림도 그 지향이 의리에 있는가 아니면 이익에 있는가에 의해 나뉜다고 보았다. 그런데도 신학문인 철학에 주목하여 『고대희랍철학고변』을 저술한 까닭은 서양 과학기술을 위시한 각종 학문과 정치제도의 발달이 철학에서 비롯되었고 그 철학이 바로 유학의 본질과 다르지 않다고 여겼기 때문이다.

물밀듯 하는 서양 학술 속에서 이익과 효용을 좇기보다 그 이면에서 문명을 이끄는 힘을 발견하고자 했기 때문에 이런 결론에 도달했을 것이다. 서양에서 철학은 본래 학문 일반을 지시했으나 근대에 들어 과학이 분리되어 나가고, 논리학, 형이상학, 윤리학만 남았다. 과학이 사물의 한 가지 이치만 탐구하여 이익 실현을 최우선의 가치로 삼지만, 철학은 우주와 인간의 근본 원리를 규명하는 데에 목적이 있으므로 철학이야말로 인간의 길을 밝히고 참된 문명을 건설할 수 있는 힘의 원천이라고 본 것이다.

5. 해석과 전유

조선후기 명덕리기심성明德理氣心性 논쟁은 주자 성리학의 한국적 수용과

43) 이행훈. 2016.『학문의 고고학』. 소명출판. 147~151면 참조.

심화를 보여준다. 한주학파는 리의 실체성과 능동성을 강조한 퇴계학을 계승하면서 심이 리와 기의 합이라는 인식의 문제점을 지적하고 심의 본체가 곧 리라는 점을 들어 심즉리설을 새롭게 주장하였다. 양명학은 물론이고 성리학 내부의 이른바 주기론 계열 논리에도 반대하면서 마음의 주재성을 확립하였다. 한주학파의 주장은 성선에서 나아가 미발 심체의 순선을 기저로 하는 주체의 도덕 실천 토대를 마련함과 동시에 행위의 책임을 담보한다는 점에서 엄중하다. 이처럼 양명학과 다른 차원에서 진행된 성리학의 심학적 변용을 시대 상황에 비추어 이해해 볼 수 있다. 마음의 주재성을 강조하는 사상적 경향에 대해, "국가와 사회의 토대가 붕괴되어서 의지할 대상이 사라졌을 때 순수화한 마음의 논리는 외부의 강한 적 또는 그 유혹에 맞서 주체의 책임성을 보존하여 악의 세력과 대결하는 데 필요한 힘을 제공할 수 있는 사실상 유일한 근거였다.[44]"라는 분석도 철학과 현실의 상호 긴장 관계 속에서 한국 유학이 전개되었음을 파악한 것이라 하겠다.

유교 지식인의 현실 인식과 대처는 인간의 본질을 묻고 인간다움을 구현하는 데서 출발한다. 한주학파의 후예인 이인재의 철학 지평과 그 실천을 돌아보면 유교 지식인의 현실 인식과 대응의 전형을 발견하게 된다. 일제를 위시한 제국주의 침탈로 국가와 민족의 위기가 점증하면서 보국, 보종, 보교를 시대적 과제로 자임한 이인재는 서양 학문을 수용하여 유교의 쇄신을 시도했다는 점이 특징이다. 서양의 자치제도에서 얻은 영감은 향약을 자치민의소로 발전시키는 동기가 됐다. 그가 시대적 급무로 인식한 국가와 민족과 국교의 보전은 일제에 대한 저항에서 출발했지만, 배타적 국수나 국가민족주의로 나가지 않는다. 유교를 옹호하지만, 중화주의에 갇히지 않는다. 인류 역사와 문명에 대한 이해를 통해 유교의 보편적 가치를 주장한다. 과학기술

44) 이황직. 2017. 『군자들의 행진』. 아카넷. 298면.

의 효용성을 인정하나 사욕으로 기울 위험성을 경계하고 인간의 참된 도덕 실천을 본위로 하는 문명 건설을 지향한다.

서양이 발달한 원인을 정치제도를 넘어 철학에서 찾은 것은 수시변통하는 기의 차원이 아니라 시대의 흐름에도 변함없는 리를 추구했던 사상적 지평에서 기인한다. 서양의 철학에 비해 과학은 이익을 추구한다는 점에서 경계한 것도, 여러 서양 철학자의 이론 가운데 유독 아리스토텔레스에 주목한 까닭도 같은 맥락에서 이해해야 한다. 우주의 근원과 생성에 관한 서양철학의 질문과 해답은 인간의 본질에 관한 탐구보다 우선시 될 수 없었다. 오히려 우주 만물 가운데 인간이 지닌 본래 특성을 정립하려는 사상 마련에서 이들은 부차적인 것이었다.

이인재의 논변은 서양 학술문화의 전파와 수용이라는 단선적 도식이 아니라 주체의 선택적 전유로 독해할 때 그 의의를 올바로 평가할 수 있다. 20세기 초반 중국의 근대화를 '번역된 근대'로 명명한 리디아 리우는 번역론에서 사용해 온 '출발언어(source language)'와 '도착언어(target language)'라는 용어를 '주인언어(host language)'와 '손님언어(guest language)'로 대체했다. 이언어 간 번역에서 발생하는 번역 주체의 의미 전유와 해석을 새로운 관점에서 볼 수 있는 시각이다. 이렇게 보면 『고대희랍철학고변』은 위기의 시대에 해법을 모색한 이인재의 고민을 담은 것으로서, 서양철학에 대한 오독이 아니라 주체적인 재해석으로 독해해야 할 것이다.

중재 김황의 심즉리설 옹호와 활동

김 낙 진

중재 김황의 심즉리설 옹호와 활동

김 낙 진

1. 시대와 환경

중재重齋 김황金榥(1896~1978)은 단절의 시대를 살았다. 어릴 적부터 배운 학문이 조롱거리가 되고, 외적에게 국권을 강탈당했으며, 민족이 사분오열하다가 끝내 총부리를 들이대는 비극이 전개되었고, 유교적 강상과는 다른 이념으로 대체된 조국을 경험하였다. 한국사에서 가장 지난했던 격변기인 지난 100여 년의 와중에서 살았던 사람이 중재이다. 이때 현명했기 때문이든 아니면 영악하였기 때문이든 재빨리 새로운 말로 갈아탔던 지식인도 많았건만, 그는 자신이 배웠던 구학舊學의 관점에서 세상을 이해하고 활동하였으며, 그런 세계를 후대에 물려주고자 하였다,

본래 진주 사람이던 매서梅西 김극영金克永(1863~1941)은 갑오농민전쟁(1894)을 계기로 합천군陜川郡 궁소면宮所面 어촌리漁村里(현재 의령군宜寧郡 궁류면宮柳面 운계리雲溪里)로 이주하여 중재를 낳았다. 진주가 서부경남의 행정 · 문화 · 교육 · 상업의 중심지로서 외부 영향에 쉽게 노출되는 곳이었다

면, 의령은 전통의 분위기가 늦게까지 남아 있던 곳이다. 십대 초반에 사서삼경四書三經을 독파할 정도로 조숙하였던 중재는 이곳에 있던 박씨의 침천재枕泉齋, 표씨表氏의 관내정款乃亭, 여주이씨驪州李氏의 광명재光明齋, 월성이씨月城李氏의 문산정文山亭, 부친의 삼호재三乎齋 등 고풍스러운 서숙書塾에서 공부했다. 그가 장가 든 의령남씨宜寧南氏 집안도 이 지역의 명문가였다. 15세가 되던 1910년은 한일합방이 있던 해이다. 보고 싶지 않은 세상을 피해 매서는 황매산 기슭의 깊은 산골인 단성丹城 만암晩巖마을(현재 산청군山淸郡 차황면車黃面 상법리上法里)로 이주한다. 부근의 성지곡聖智谷에 성지정사聖智精舍를 짓고 그는 두 아들 하산河山 김건金楗(1894~1963)과 중재를 데리고 스스로 취식하면서 유교경전을 공부한다.

어린 시절부터 남달리 총명하였던 중재의 학문 성취와 세계 인식에 큰 영향을 미친 사람은 아버지였다. 전형적인 보수 유생으로 평생 유교 학습과 교육에 종사한 사람이 매서이다. 삼호재, 성지정사, 신고당信古堂 등의 서숙을 열어 다수의 학생들을 가르쳤던 그는 1933년 도산서원陶山書院 원장으로 취임하였다. 구한말의 심설논쟁이라는 틀에서 보면, 그는 퇴계退溪 이황李滉의 심합리기설心合理氣說을 가장 완전한 것으로 여기면서도 한주학단의 관점을 긍정하였고, 면우俛宇 곽종석郭鍾錫(1846~1919)에게 경도되어 있었다. 유학이 붕괴되는 상황에서 광란狂瀾을 되돌리고 떨어지는 실마리를 미래로 연장시킬 수 있는 사람은 면우뿐이라고 존중한 그는 두 아들을 면우에게 취학시켰다.[1)]

중재 형제는 1912년 삼가 병목幷木마을(현재 합천군)에 살던 항재恒齋 송

1) 金克永의 퇴계학과 한주학적 성향은 『信古堂遺輯』 권 2에 실린 「隨記」와 「問答閑話」를 참조. 金克永. 「上郭徵君鍋書. 壬子(1912)」. 『신고당유집』 권 1. "洪水滔天. 民胥昏墊. 吾道之危. 凜如一髮. 回狂瀾於既倒. 延墮緖於無窮. 門下而雖欲不自任. 得乎?"

호곤宋鎬坤(1865~1929)에게 잠시 배운 뒤 거창의 다전茶田으로 면우를 찾아가 집지執贄한다. 틈틈이 면우를 방문하여 수업을 들었던 그는 스승을 따라 파리장서운동에 가담하였다. 32세(1927)에는 산청군 신등면 내당으로 이거하고는 아웃마을인 법물의 이택당麗澤堂에서 삭망 때마다 강의하였다. 이곳은 만성晩醒 박치복朴致馥(1824~1894)과 물천勿川 김진호金鎭祜(1845~1908)가 강학하던 곳이니, 스승의 동문인 물천의 유업은 중재에게로 이어졌다. 63세 되던 해부터는 진주에 건립한 섭천정사涉川精舍로 간간이 내려와 구학을 후대인들에게 전수하였다. 일제강점기에 유림儒林의 독립운동에 참여하기도 하였으나 주력한 일은 교육이었다. 또 한주학단의 마지막 거장으로서 한주寒洲 이진상李震相(1818~1886) 이래의 중요 이론을 정교하게 가다듬었다.

그러나 그가 어린 시절부터 익숙했던 학문은 시대적 유용성이 의심되고 있었다. 중재는 면우와 이런 이야기를 나눈 적이 있었다.

내(김황)가 물었다. "사람들이 모두 지금 세상에 (옛날) 책을 읽는다는 것은 첫째가는 사업이 아니라고 합니다. 이것이 과연 첫째가는 사업인지 아닌지 모르겠습니다."

선생이 한참 답을 하지 않다가 말했다. "괴이하구나, 물음이! 어쩌다가 이런 생각까지 하게 되었는가?"

내가 말하였다. "사람들이 말하길 '지금 세상에 모든 일들이 이전과 다르고, 할 일도 많다. 성현의 책을 읽는 일은 좋은 일이긴 하나, 사람들이 또한 믿지 않으니 어쩌겠는가?'라고 합니다."

선생이 또 답을 하지 않고 오래 있다가 말하였다. "이제 젊은 사람들이 모두 떠나는데, 그대 또한 떠나겠구나. 떠나면 또한 각기 자기 뜻을 좇을 뿐이지."

내가 놀라서 두려운 마음으로 말하였다. "아닙니다. 그런 말이 아닙니다. 다만 남들의 말이 더욱 의혹을 일으키는데 변론할 수 없었습니다. 그래서 말을 해 본 것이지, 어찌 감히 다른 뜻이 있을 것이며, 또 어찌 떠나겠습니까?"

선생이 말하였다. "지금은 떠나지 않는다 해도 자네 마음속에 이미 스스로 거리를 두었으니, 마치 가옥이 이미 남의 소유가 되었는데 옛 주인이 한쪽에 붙어서 거처하는 꼴과 같다. 어찌 오랫동안 마음을 변치 않는다고 보장할 수 있겠는가?"…[2]

삼일운동이 일어나기 직전, 돌아가는 사정을 알기 위해 서울에 갔던 중재는 불편한 경험을 한다. 신학문을 하던 함안咸安 사람 조만제趙萬濟나 안의安義 출신의 동문 임유동林有棟은 복벽復辟을 부정하고 유학의 진부함을 조롱하였다. 신학교에 다니던 임유동은 고종의 인산因山을 보러 왔다는 중재에게 "시골사람들이 임금을 무겁게 보는데 이 습속이 제거되지 않으면 국운을 회복할 수 없다"고 타박하였다. 또 서점에서 고서를 사던 중재를 빤히 바라보던 소년들이 "쯧쯧! 오늘날이 어떤 시절인데, 저 소년은 고서를 보려고 산다 말이야. 불쌍도 하지"라고 비난하는 소리를 들어야 했다.[3] 면우만한 선생과 중재만한 제자가 나눈 대화에 그들의 시대가 익숙했던 것과의 단절을 요구하고 있기에 절망감으로 암담했던 심정이 묻어난다.

그를 마지막 유종儒宗이라고 부르는데, 그가 기른 제자의 수와 저술의 질과 양이 압도적인 것이 사실이다. 평생 1,000여 명의 학생을 길렀으니 전통학문을 현대에 전승해준 업적이 있다. 1978년 내당정사內塘書舍에서 83세로 고종하였을 때 회장자는 3,000여 명, 문인으로 복을 입은 사람은 300여 명이었다고 한다. 허권수 교수에 의하면 그가 남긴 운문은 2,496편, 산문은 4,051

---

2) 김황. 「茶上所聞」 『중재선생문집』 5책. 1998. 중재선생기념사업회. 58쪽. (이하 『중재집』)

3) 김황. 「己未日記」 『중재집』 13책. 26쪽 및 37쪽.

편인데, 우리나라 역사상 산문에서 가장 많은 작품을 남겼다.[4] 본고는 이 저술 중 주로 심설 논쟁과 관련된 부분에 관심을 기울인다. 그를 통해 20세기 한주학단이 처한 상황과 분위기를 엿보고, 중재가 심설 논쟁에 기여한 점을 알아보며, 상이했던 심설들의 역사적 역할에 관한 기존의 견해를 검토해 본다. 마지막으로 중재가 관여하였던 여러 지역적 분쟁들을 고찰함으로써 유교의 몰락양상을 살펴보려 한다.

2. 동유심학약도

「동유심학약도」는 중재가 자기 판단에 따라 조선 심학心學의 전수 계통을 그려낸 지형도이다. 성리학은 보는 관점에 따라 성학聖學, 도학道學, 심학, 이학理學 등 여러 명칭으로 불린다. 지향점을 표현한 개념이 성학과 도학이라면, 그 목표를 달성하기 위해서 심성을 이해하고 마음을 다스리는 방법(심법心法)을 찾아 실천하려는 학문이 심학이다. 그 목표와 과정을 리기론理氣論으로 분석하여 기를 극복하고 리理를 실현하려고 하였기에 이학이라고도 부른다. 조선 유학사의 대미를 장식한 논쟁적 주제가 심설心說이었음에 알 수 있듯이, 그의 시대에 중요성을 더했던 개념이 심학이다.

그는 조선심학의 연원을 퇴계에게서 찾는다. 그에 따르면 퇴계의 학문이 안동 중심의 합리기파合理氣派, 한주의 주리파主理派, 율곡栗谷 이이李珥(1536~1584)를 계승한 주기파主氣派로 분파되어 온 것이 조선의 심학이었다. 또 한강寒岡 정구鄭逑(1543~1620)로부터 미수眉叟 허목許穆(1595~1682), 성호星湖 이익李瀷(1681~1763) 등에게 전수되어 간 근기남인 실학파를 별도의 학

4) 허권수. 2007.「중재 김황의 생애와 학문」『한국인물사연구』7. 한국인물사연구회. 302~303쪽.

맥으로 인정하고 있는데, 이것이 심학과 어떻게 관련되었는지는 분명하게 설명하고 있지 않다. 면우는 반계磻溪 유형원柳馨遠(1622~1673)과 다산茶山 정약용丁若鏞(1762~1836)을 높이 평가한 바가 있었고, 중재가 반계와 성호를 함께 거론하면서 '경제經濟'로 규정하고 있음을 보면, 이들은 심학보다는 경국제세의 학문에 전문성이 있다고 여겼을 가능성이 있다.[5]

퇴계를 조선 심학의 출발점으로 보면서 주리와 주기의 학맥을 좌우 양쪽으로 분산 배치한 것에는 심설논쟁을 어떻게 이해할 것인가에 관한 면우학단의 관점이 개입되어 있다. 중재의 말을 들어보자.

> 평범하게 심을 말하면 진실로 리와 기를 합한 것이다. 그러므로 위의 성현으로부터 심을 말하면 혹 리로부터 말한 곳이 있고, 혹은 기로부터 말한 때가 있었으니, 각기 그 입장(지두地頭)에 따라 보는 것이 마땅하고 서로 병통으로 여기면서 하나를 폐하면 안 된다. 그러나 리는 마음의 주재이고 기는 마음의 도구이다. 그 주재하는 것으로부터 말하는 것이 직지直指이고, 그 도구로부터 말하는 것이 편지偏指이다. 이것이 가장 자세히 구분하지 않으면 안 되는 것이다.[6]

심합리기가 모든 논의의 전제이다. 그러나 이것은 평범하게 보는 것, 또는 종합해서 보는 관점(통설統說)일 뿐이다. 이로부터 주재자인 리를 중심으로 보는 관점과 도구에 불과한 기를 중심으로 보는 관점으로 나뉜다. 평범하게 말한다는 표현에서 알 수 있듯이 그는 이것을 심법 전수의 정수가 아닌 출발점으로만 여긴다. 한주학단은 퇴계가 심합리기를 말함에 그치지 않았고, 심통성정心統性情 중도中圖에서 심즉리설의 기원이 되는 의견을 밝혔다고 확

5) 김황. 「다상소문」 37쪽 및 「青深齋詠史詩小批」 『중재집』 5책. 367쪽.

6) 김황. 「寒洲心卽理說田艮齋條辨辨」 『중재집』 5책. 293쪽.

東儒心學畧圖

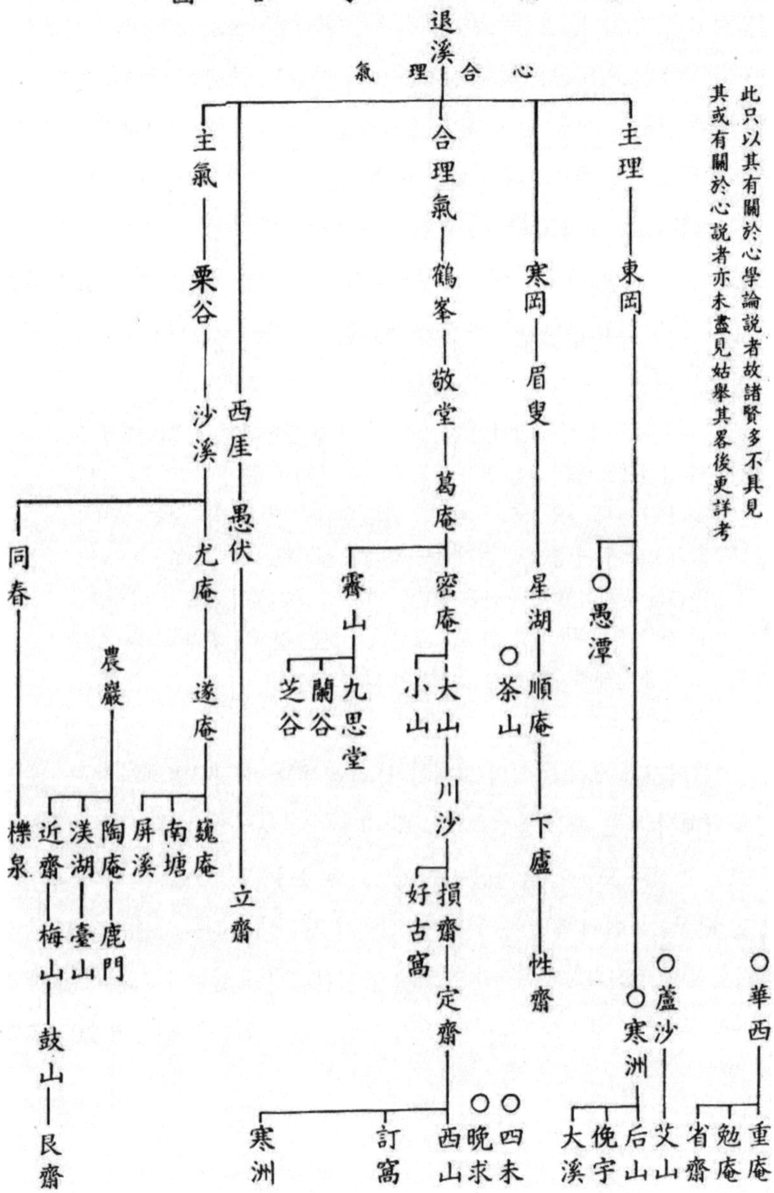
退溪
心合理氣
主理
合理氣
主氣
東岡
寒岡
鶴峯
栗谷
西厓
眉叟
敬堂
沙溪
葛庵
愚伏
尤庵
同春
密庵
霽山
星湖
愚潭
遂庵
農巖
大山
小山
九思堂
蘭谷
芝谷
茶山
順庵
川沙
巍庵
南塘
屛溪
陶庵
渼湖
近齋
櫟泉
下盧
損齋
好古窩
立齋
鹿門
臺山
梅山
性齋
定齋
蘆沙
華西
寒洲
鼓山
艮齋
四未
晩求
西山
訂窩
寒洲
大溪
俛宇
后山
艾山
省齋
勉庵
重庵
此只以其有關於心學論說者故諸賢多不具見
其或有關於心說者亦未盡見姑擧其畧後更詳考

신한다. 중재는 심합리기설을 추종하는 안동 중심의 계승이 정통 해석이 아니라고는 명언하지 않지만, 리를 직지直指한 한주가 퇴계 학문의 진수를 이었다고 생각한다.

이에 비해 기를 편지偏指한 기호의 주기파는 심법을 가장 잘못 이해한 경우였다. 그래서 그는 율곡과 우암尤庵 송시열宋時烈(1607~1689)을 원조로 삼고 있음에도 불구하고, 주리학으로 전향하였다고 본 화서華西 이항로李恒老(1792~1868)와 노사蘆沙 기정진奇正鎭(1798~1879)의 학맥을 별도로 취급하면서 한주 쪽에 가깝게 배치하였다. 또 노사의 정통 후계자를 애산艾山 정재규鄭載圭(별호는 노백헌老伯軒, 1843~1911)로 보고 있는데, 주리학主理學에 높은 가치를 부여한 한주학단의 시각을 반영한다. 노사의 문인인 애산은 삼가지역을 터전으로 영남 우도에서 활동하였고, 한주와 지각知覺의 해석 문제를 토론하면서 한주학에 접근하여 간 인물이다. 노사가 주리론을 분명하게 주장하지 못하고 망설였음에 비해, 보다 분명하게 입장을 밝힌 사람이 애산이라는 면우의 견해를 이어받은 중재는 그를 현창한다.[7)]

또 한주를 정재定齋 유치명柳致明(1777~1861)의 계승자로만 보지 않고, 동강東岡 김우옹金宇顒(1540~1603)과 우담愚潭 정시한丁時翰(1625~1707)의 매개적 역할도 인정하였다는 점이 눈에 띈다. 원주에 거주한 퇴계학자 우담은 문하가 번성한 것도 아니었지만, 갈암葛庵 이현일李玄逸(1627~1704)의 도우로서 영남좌도의 학자들과 이미 접촉하였고, 산림학자로서의 명성이 있었기에 단편적으로나마 관심의 대상이었다. 그는 갈암과 여러모로 비교된다. 둘 다 퇴계의 호발상수설을 지지한다. 그러나 갈암이 리기분개理氣分開를 강조

---

7) 애산이 한주에게 경도되었음은 정재규. 2012.「祭李寒洲文」『老伯軒集』 한국문집총간. 93상b~하a를 참고. 노사가 리기론에서 주리론를 확실히 밝히는 데 주저하였다면, 애산은 보다 분명하였다는 면우와 중재의 대화는「다상소문」 42쪽. "先生曰…但蘆沙之於理氣. 猶多依違不決. 名雖主理而實則帶氣處却多. 厚允(鄭載圭의 字)則比其師. 又更明淨…."

하였음에 비하여 우담은 모든 현상은 이발理發 현상이라는 통합(혼륜渾淪)의 관점을 강조하였고 더해서 이주기보理主氣輔라는 명제를 제시하였으니, 한주와 유사한 견해를 미리 밝혔던 학자이다. 이미 한주가 그의 저술에 주목한 바 있었고, 당쟁의 여파로 사장私藏되었던 초고를 1911년 문집으로 간행되도록 감수한 사람이 면우였다. 그에 관한 상당한 정보를 가지고 있었던 중재가 그를 한주의 선구자로 꼽은 것은 이해할 만한 일이다.

이보다 상식적으로 받아들이기 어려운 주장이 동강을 퇴계의 계승자이자 한주의 선구자로 파악한 부분이다. 중재의 선조인 동강은 남명南冥 조식曺植의 제자이기에 중재는 그를 남명의 적전嫡傳으로까지 본다. 그런데도 중재는 다시 동강을 퇴계의 계승자이자 한주의 선구자로 그려내고 있다.[8] 그가 든 증거는 동강이 쓴 「천군전天君傳」의 한 구절이다. "천군의 초명初名은 리理이나, 이미 사람에게 봉封해지고는 다시 심心이라고 이름 하였다(천군초명리天君初名理, 기봉어인旣封於人, 갱명왈심更名曰心)"는 말을 들어 "이것은 리기를 합한 가운데에서 그 주재하는 본체를 곧바로 가리킨 것이니, 이것이 곧 이른바 주리의 학문이다"라고 해석하였다. 이런 동강의 학문이 소수의 사람에게만 전해지다가 같은 고향(성주) 사람이자 외예外裔인 한주에 의해 다시 창도되었다고 한다.[9]

이것은 자기 조상인 동강을 높이려는 의도로 볼 수 있으나, 상상력을 제

---

8) 김황. 「謹書天君傳後」. 『중재집』 5책. 463~464쪽. "謹按東岡之爲是傳也. 要皆壹遵南冥之指.…於此而可以見南冥之正法眼藏. 密切授受. 有非凡他及門之所傳與者也.…寒洲李氏. 起於同鄕. 又其外裔. 乃能据其主本. 而倡爲心卽理之說. 世多以其創聞而疑之. 然其義則固傳自東岡. 而東岡之於退溪. 的有承受. 不可謂無稽也." 남명 적전설의 자세한 설명은 김황. 「(應辨)後識」. 『중재집』 5책. 399쪽을 참고.

9) 「謹書天君傳後」. 463~464쪽. "若原東岡之意. 則必專以心爲理. 故其見於此傳者. 曰天君初名理. 旣封於人. 更名曰心. 此乃於合理氣之中. 而直指其主宰本體而言. 是卽所謂主理之學也."(「천군전」은 金宇顒의 『東岡集』 권 16에 수록되어 있다.) 한주의 어머니가 동강의 후손이기에 외예라고 하는 것 같다.

공한 것은 그의 앞 시대에 전개된 강우 유학의 한 흐름, 즉 한주의 저서들이 출판되면서 발생한 파란에 대한 대응들이다. 한주의 아들 한계韓溪 이승희李承熙(별호는 대계大溪, 1847~1916)는 한주를 비난한 상주 도남서원의 통문에 맞서 조변條辨을 작성한 적이 있다. 한주 학설의 타당성을 증명한다고 해석한 중국의 정주程朱와 공맹孔孟, 강절康節 소옹邵雍, 동래東萊 여대림呂大臨, 서산西山 진덕수眞德秀의 글을 제시한 뒤에 조선 유학자들의 선구적 발언들을 예시하였다.

> …한훤당寒暄堂(김굉필金宏弼)과 일두一蠹(정여창鄭汝昌) 두 선생이 심을 논하여 "마음은 있지 않은 곳이 없고 또한 있는 곳이 없다"(곧 태극은 형체가 없으면서 지극한 형체이고, 방소方所가 없으면서 지극한 방소라는 것)고 하였고, 정암靜庵(조광조趙光祖) 선생은 "사람 마음의 동정하는 이치는 천지의 동정하는 이치라"고 하였고, 남명 선생은 "심은 리가 몸을 주재하는 것"이라고 하였고, 동강 선생은 "천군의 초명은 리이나 이미 사람에게 봉封해지고는 다시 심이라고 이름 하였다"고 하였고, 여헌旅軒(장현광張顯光) 선생은 "그 공공公共의 이름은 리라고 하고, 그것이 각기 형체의 주재가 되면 마음이라"고 하였으니, 모두 이 마음이 곧 이 리임을 밝힌 것이다. 이로부터 구하면 심즉리 세 글자는 또한 성현들의 진결眞訣이다.[10]

이들이 모두 심즉리 즉 주리의 심법을 주창했던 선배들이었다는 한계의 주장이 바로 중재가 심학 전수의 대략적인 그림에 동강을 넣을 수 있었던 근거였다.[11] 다만 그는 한계가 거론한 사람들을 그림에 모두 삽입하고 있지 않

---

10) 李承熙.「道南通文條辨」『韓溪遺稿』6. 1979. 국사편찬위원회. 204쪽.

11) 면우도 "天君傳. 首發天君. 初名理. 既封於人. 更名曰心. 先生年少. 已見得大原. 分明如此."(『다상소문』, 24쪽) 및 "吾東先輩中. 惟事君則致其身. 爲國則不顧家. 公平正直. 無所係累者. 吾知東岡爲第一而已矣."(같은 곳, 18쪽)라 하여 동강을 높이 평가하였다.

은데, 심학에 관한 논설을 남긴 사람에 한정하였으므로 모든 학자들을 망라하지 못했고, 또 심설에 관해 견해를 남긴 사람들도 모두 살펴보지 못하였기에 대략만을 들었다[12]고 그는 설명하였다.

이리 되면 위의 그림은 중재의 주관적 판단이 크게 개입된 것이긴 하지만, 또한 당시 한주학단의 학자들이 지녔던 의식과 깊은 관련성이 있다. 한주의 저술들로 인해 일어난 물의에 대응하였던 그들은 심즉리설과 유사하다고 여겨지면 단편이라도 끌어 모아 그 주장의 타당성을 증명하려고 하였다. 그 결과 학계의 흐름에 대한 새로운 인식이 성립한다. 심즉리의 주리학에서 멀고 가까움에 따라 한 학자의 소속이 다시 파악되고, 정통과 비정통이 새롭게 분배된다. 이를 통해 대상자의 본래 면모와는 무관하게 일정한 정도 왜곡된 상이 만들어지기도 하였다. 그 대표적인 사례가 남명에 대한 인식 변화이다.

한주학설의 선구자 중 한 사람으로 남명을 보고자 한 이들의 바람은 남명 집안이 가지고 있던 소망과 맞아떨어져 새로운 남명상이 만들어진다. 남명의 후손이자 한주의 제자였던 복암復庵 조원순曺垣淳(1850~1903)과 그의 아들로서 면우의 제자였던 현재弦齋 조용상曺庸相(1870~1930)은 자기 조상을 기절氣節의 선비로 여긴 전래의 견해를 불쾌해 하면서 중용을 실천한 도학의 현인으로 그리고자 하였다. 이 일에 적극 가담한 이들이 한주 문인인 후산后山 허유許愈(1833~1904)와 면우, 이들과 친화 관계에 있던 노사 문인 애산, 계남溪南 최숙민崔琡民(1837~1905)들이었다. 이들이 사용한 방법은 한주학설의 관점에서 남명을 재해석하는 것이었다. 후산의 「신명사도명혹문神明舍圖銘或問」(『후산집后山集』 수록)과 면우의 「남명조선생묘지명南冥曺先生墓誌銘」(『면우

12) 김황. 「東儒心學略圖」. 『중재집』 5. 466쪽. "此只以其有關於心學論說者. 故諸賢多不具見. 其或有關於心說者. 亦未盡見. 姑擧其略. 後更詳考."

집俛宇集』 수록) 등이 그 결실이다.

여기에는 과정이 있다. 1877년 이진상은 자작시 「산천재山天齋」에서 "남명과 퇴계의 정학正學 우리나라에 아울러 있으니, 사단칠정의 진전眞詮은 약속하지 않았어도 같았다![13]"고 읊어 두 사람의 학설에 횡간법橫看法상의 동일성이 있다고 발언하였다. 후산에 이르면 한 단계 비약한다. 복암과 긴밀히 상의하면서 남명의 저술을 재해석한 후산은 「신명사도명」의 태일군太一君을 마음의 본체라고 설명하고 남명이 주정主靜적 본원 함양을 중시하였다고 풀이하였다. 수간법竪看法적 마음 체험 즉 한주가 말한 심즉리의 차원을 지향하였다고 이해한 것이다. 심즉리설의 원형을 퇴계에게서 발견할 수 있다는 것이 한주의 생각이었으므로, 이제 남명과 퇴계는 횡간법을 넘어 세계와 마음의 본원을 체득하는 수간법적 인식과 실천에서도 동일한 경지에 이르렀던 사람들이 된다.[14]

이런 판단들에 의거하여 중재는 "(남명)선생은 퇴계와 비록 기상과 규모가 조금 다르지만, 그 심법은 같다고 하지 않을 수 없다"고 단언한다.[15] 양인의 횡간, 수간적 동일성이 확보되었기에 퇴계와 동강의 동일성을 주장하는 것은 그리 어렵지 않다. 그러나 동강의 「천군전」은 남명의 「신명사도명」을 부연 설명한 글이므로, 남명의 정신이 반영된 글로 보는 것이 자연스럽다. 그럼에도 중재는 남명을 심학 전수도에 넣는 대신, 퇴계와 한주의 매개자로 동강을 파악한다. 어떻게 이런 일이 가능했을까? 남명이 인조반정 이후 뚜렷한

---

13) 李震相. 『寒洲全書』1. 1980. 아세아문화사. 56쪽. "冥陶正學竝吾東. 四七眞詮勿約同." 이런 판단의 근거가 된 것은 남명의 다음 글이다. 조식. 오이환 편. 『南冥集四種』. 2000. 남명학연구원출판부. 314하a. "理 發爲四端 四者正情亦無不善; 氣 發爲七情 喜怒哀樂愛惡欲 中節者善 不中節者惡"

14) 김낙진. 2012. 「19세기 후반~20세기 초반 진주 지식인들의 남명 인식」. 『경남권문화』21. 진주교대 경남권문화연구소.

15) 김황. 「神明舍圖辨說」. 『중재집』 5책. 117쪽.

독자적인 문파를 유지한 학자가 아님에서 한 가지 이유를 찾을 수 있다. 또 남명의 위상을 높이려는 집안의 의도와 한주학의 위상을 제고하고자 하는 제자들의 의도가 합치—그 공통분모가 한주 문인 조원순과 면우 문인 조용상이다.—하여 남명을 한주학의 선구자로 해석해 냈으나, 남명은 남(퇴계)과 다른 개성(차이성)을 갖지 못한 학자가 되었으므로, 얼마든지 삭제가 가능한 사람으로 전락한 것도 이유로 꼽을 수 있다.

3. 심즉리설 변호

「동유심학약도」는 자신의 학통이 정주와 퇴계 심학의 정통을 계승한다고 자부심을 표출한 그림이다. 그런 그가 한주의 심즉리설을 확신하는 데에는 고통의 시간이 있었다. 본래 정주와 퇴계의 학설을 정통으로 여기면서 공부하던 그는 면우를 사사하면서 한주의 학설을 알게 된다. 하지만 신이新異한 그 학설을 배척하는 학자들이 많았으므로 스스로도 확신하지 못하였다고 하는데, 그가 겪었을 고통이 느껴진다. 혼돈 속에서 여러 해를 공부한 뒤에야 정주와 퇴계의 심학을 참되게 이해한 이가 한주임을 깨달은 그는 집지한 시간이 부족하여 핵심정신을 직접 자세히 배우지 못하였기에 스승의 유집을 공부하면서 그 가치를 알게 되었다.[16]

심즉리설에 대한 믿음은 자득에 더해 타 학자들의 비판에 대응하는 과정에서 깊어진 것으로 추측된다. 특히 그는 간재艮齋 전우田愚(1841~1922)와 심재深齋 조긍섭曺兢燮(1873~1933)의 한주 및 면우 비판에 맞서 심즉리설을 옹호하면서 자신의 견해를 드러낸다. 선배들이 퇴계학자들에 맞서 한주학설

16) 김황, 「與夏靈峯」, 『중재집』 3책, 249쪽.

을 방어하는 데 주력하고 간재에 대한 대응이 미미했다면, 그에 와서는 간재가 주된 반박 대상이 된다. 간재 문집은 1925년경 진주에서 초간初刊되는데, 이에 앞서 진주사람 회봉晦峰 하겸진河謙鎭(1870~1946)이 「성사심제변性師心弟辨」 상上·하편下篇(1915)과 「심위자모설心爲字母說」(1919)을, 20대 중반의 중재가 「전간재서쇄변田艮齋書瑣辨」(1922)을 지어 반박한다.[17] 산서山西의 이씨李氏 친구로부터 자료들을 받은 중재는 『간재집』의 잡저뿐 아니라 서간문까지 검토한다. 1948년에는 「한주심즉리설전간재조변변寒洲心卽理說田艮齋條辨辨」과 「변전간재답학자서辨田艮齋答學者書」를 저술하였다.

1928년에는 퇴계학파에 속한 심재에 대한 반박도 시작한다. 「달성조장논면우집대질達城曺丈論俛宇集對質」이 첫 작품이다. 1933년에는 심재의 「심문心問」상·중·하편을 단락으로 나누어 반박한 「심문단변心問段辨」을, 1948년에는 「서조심재독심즉리설후書曺深齋讀心卽理說後」를 작성한다. 편수로 보면 비슷하지만 밀도는 간재에 대한 변론이 훨씬 깊다. 퇴계학자들에 대해서는 노골적인 반박보다는, 이전에 한계韓溪가 그리 했던 것처럼, 자파의 학설에 부합하는 것이 있다면 편언척구라도 들추어내어 활용하고 중요 인물의 글을 자기 입장에 유리하게 해석한다. 만성晩醒의 문집을 대상으로 1928년 작성한 「서만성집부록書晩醒集附錄」과 1940년 작성한 「고정정재명덕설攷定齋明德說」이 이에 해당하는 사례다. 이외에도 한주의 「심즉리설」을 훈고한 「마감록磨勘錄」(1948)이 있다.

그의 공격 대상은 크게 둘로 나뉘지만 주제는 동일하다. 간재와 심재는 이구동성으로 한주의 학설이 육왕학陸王學의 주장과 다르지 않다는 비판하였기에 이에 대응해야 했다. 간재의 말을 들어보자. "육왕은 심이 곧 리라고

---

17) 김황의 「다상소문」 45쪽에 나오는 '田臺檢本'에서 檢本이 문집 간행을 위한 원고의 검토본으로 보면 이들은 이미 면우가 사망(1919)하기 전에 간재의 원고를 보았다.

말하였는데, 이것은 심과 성이 동일한 존재라는 주장이다. 이와 같다면 모두 마음은 있는데 성이 없고, 마음은 있는데 리가 없다. 마치 왕王·패霸를 뒤섞고 의義·리利를 뒤섞으면, 패霸는 있으나 왕王이 없고 리利는 있으나 의義가 없는 것과 같다. 영남파는 육왕의 이론과 같다.[18]" 심재는 면우에게 학문을 묻기도 하였으나, 심즉리설에 대한 반감은 대단하여 심시기설보다 못한 것이라고 여겼다.[19]

인간의 마음이 여러 층위의 정신들로 구성되었음은 주지의 사실이다. 유학은 만물을 포용하면서도 정의를 추구하는 도덕성의 마음(도심)과 자기 보존과 번영을 위한 욕망(인심)으로 마음을 크게 나누고 도심이 인심을 주재하기를 바란다. 그러나 대부분의 인간은 사사로운 욕망과 사심의 상태에 있어 도덕성을 항시적으로 발휘하지 못한다. 자기이익 내지 가치를 추구하는 욕망 때문에 발생하는 일이기는 하지만, 궁극적으로는 타고난 기질의 편벽함에서 그 원인이 찾아진다. 시간과 공간, 개체에 관계없이 동일한 본성과 달리, 기질은 시공과 개체에 따라 다르기에 서로 상이한 심신이 구성된다. 이 차이는 성질이 다르다는 의미에 그치지 않고 지적 도덕적인 우열이 있음을 뜻하니, 그 차이는 다름이 아니라 틀림의 뜻을 내포한다. 그래서 정주학은 기질의 변화를 중시한다.

간재와 심재는 마음을 경계한다. 기질을 변화시키는 것도 마음이지만, 우선 마음의 부정적 속성을 간과할 수 없었다. 마음에 본성이 부여되었음을 믿음에도 불구하고 마음을 전적으로 신뢰하지 못하는 것이다. "마음의 본체

---

18) 김황.「田艮齋書瑣辨」. 93쪽.(田愚.「答黃瓚奎 戊午」.『艮齋集』Ⅲ. 2004. 한국문집총간. 308하a.) "陸王曰心卽理. 是心性一物之說也. 如此皆有心而無性. 有心而無理. 如混王伯雜義利者之有伯無王有利無義. 嶺派如陸王之論."

19) 曺兢燮.「心問中」.『巖棲集』. 2005. 한국문집총간. 255하b~256상a. "或曰子以心是氣爲無取. 然則心卽理之說固勝與. 曰何爲其勝也."

(곧 성)는 진실로 성범聖凡의 다름이 없다. 다만 그 작용(곧 기의 작용)에 순망純妄의 구별이 없을 수 없다"고 본 간재는[20] 마음을 기(심시기心是氣)로 파악한다. 퇴계를 따라 사단이 이발理發임을 인정한 심재이지만, 그 이상으로 마음의 선함을 긍정할 수 없었기에 합리기라는 균형 있는 시각을 유지한다. 이들은 마음이 곧 리라고 하는 것(심즉리心卽理)은 마음의 주관적이면서도 사사로운 감정과 욕망을 본성의 발산으로 오해하게 만드는 이론이라고 판단한다. 그런 오류를 실제로 범한 것이 육왕학이라고 보기에 동일한 언명을 내세우는 한주의 주장에도 질겁한다.

중재는 '마음의 작용에 순망의 구별이 없을 수 없다'는 간재의 말에 동의한다. 동시에 육왕에 대한 부정적인 인식을 그와 공유하는 중재는 자신들의 견해가 육왕과는 다르다고 변명한다.

> 이 조목에서 말한 것은 서로 생각이 가장 가깝다. 다만 모름지기 마음의 본체를 자세히 살펴보아야 하니, 성범의 다름이 없는 까닭은 무엇인가? 순망의 구별은 진실로 마땅히 (마음이) 발용發用하는 곳에서 보아야 한다. 그러나 본체가 순수하면 용도 순수하니 그 망령된 것은 객용客用이다. 우리 마음이 보존하는 것, 발용하는 것이 리에 어긋나지 않음은 또한 이 본체의 온전함을 잃지 않기 때문이며, 본심 밖에서 어떤 것이 더해지는 것이 아니다.[21]

중재는 사람마다 마음에 순망이 다름이 있음을 긍정하면서도 순수한 본

---

20) 김황,「田艮齋書瑣辨」98쪽.(전우,「答黃鳳立 戊午」『艮齋集』Ⅲ. 132하b.) "心之本體. 固無聖凡之殊. 但其用則不能無純雜之別. 昔陳明仲. 自謂其心與孔孟無異. 則晦翁謂其言之過而不自知也. 今吾輩學人. 須將聖賢之言. 反求諸心. 驗其所存所發果能不悖於理. 然後孔孟之心. 始可得而識矣."

21)「田艮齋書瑣辨」99쪽. "此條所言. 最爲近之. 但須審覈心之本體. 所以無聖凡之殊者. 是何也? 純妄之別. 固當於用處見之. 然體純則用亦純. 其妄者客用也. 吾心之所存所發. 不悖於理. 亦以其不失此本體之全耳. 非有加於本心分外者."

질적인 마음의 본체와 작용이 있음을 부각시킨다. 즉 망령된 마음의 상태인 객용을 초월한 순수한 도덕심이 체용에 걸쳐 있다는 것이다. 이에 한주의 심즉리설과 육왕의 그것은 문자적으로 동일할지 모르지만, 속 내용은 다르다고 구별한다.

> 육왕 학술의 잘못은 심을 리라고 여긴 데 있는 것이 아니라, 본심의 체를 알지 못하고 다만 정신수습精神收拾(육)과 음양의 취산운동聚散運動(왕)을 마음이라고 여긴 데 있으니, 그들이 말하는 심은 인의예지의 본심이 아니며, 리라는 것은 단지 기의 조리에 지나지 않는다. 그렇다면 그들이 선학禪學이 되는 실상은 바로 지금 심즉기心卽氣를 말하는 사람들이 주재하는 본체를 포기하고 오로지 작용상에 나가서 마음을 보는 것과 동일한 논리이다. 한주와 면우 두 선생은…본체가 일신을 주재하고 만화를 포괄하며 성이 되고 정이 되는 실상을 곧바로 가리켜 심즉리라고 말하였다.[22)]

중재가 정신 또는 기의 운동이라고 지목한 마음은 편벽한 기질에 영향을 받는 주관적인 마음이다. 이와 달리 개체 초월적인 순수한 마음, 즉 본심의 체와 용이 있음에 주목하는 것이 한주학단의 심즉리설이다. 중재 역시 기 없는 리의 존재와 작용이 없으며, 기가 리를 제약할 수 있음을 부인하지 않는다. 그럼에도 리가 주재하고 기가 도구로서 역할 하는(이주기자理主氣資) 마

22) 「田艮齋書瑣辨」 93~94쪽. "陸王學術之忒. 非在於以心爲理也. 在乎不識本心之體. 而只以精神收拾(陸)陰聚陽行(王)者當之. 則其所謂心者. 非仁義禮智之本心. 而所謂理者. 只是氣之條理而已. 然則其爲禪之實. 正與今之言心卽氣者抛却主宰之體而專向作用上去者. 同一條貫矣. 寒洲俛宇兩先生. 生心學幾晦. 氣說濁塞之際. 見世之言心者. 只知有作用之氣. 而不知有本體之理; 只懲陸王之有心卽理之名. 而不知從上聖賢言心者. 莫不以理而爲主也. 於是始直指本體之主一身該萬化爲性情之實. 而曰心卽理."

음의 차원을 보자고 한다.[23] 리가 저절로 발현하는 현상을 있게 하는[24] 마음의 본체를 밝히는 것이 심즉리설의 존재 이유이다. 이것이 왜 필요한가?

> 본심이 리가 됨을 알지 못하면 사람들이 모두 요순堯舜이 될 수 있다는 것은 그렇게 할 도리가 없게 된다. 마음이 기를 도구로 삼음을 알지 못하면 성찰省察과 교정(교유矯揉)의 공부를 베풀 곳이 없다. 심이 리를 본구함에 성인이 진실로 일찍이 의지하지 않았으나, 마음은 리가 아니라고 성인이 또한 일찍이 말하지 않았다. 전씨의 이 주장[25]은 만약 학자가 방심放心을 구求하고 인욕을 막는 곳으로부터 말하면 진실로 해가 없을 듯하나, 만약 이로 인해 마음은 본래 리를 본구하지 않으며 마음은 본래 리가 아니라고 여기게 되면 외물이 (마음을) 어지럽고 혼탁하게 함(교탁攪濁)을 보고 드디어는 근원이 일찍이 청정한 적이 없었다고 의심하는 것과 같으니, 어찌 본연本然의 심을 더불어 논할 수 있겠는가[26]

사람마다에서 발견되는 보편적이고도 순수한 마음을 체험함으로써, 그 마음을 주재자로 삼아 공부를 해야 한다는 것이 한주학단의 생각이다.[27] 이

---

23) 한주「심즉리설」의 논리와 관점을 되새긴 김황의「田艮齋書瑣辨」. 94~95쪽을 보라.

24) 김황. 「寒洲心卽理說條辨辨」. 『중재집』 5책. 313~314쪽. "陽明謂忠孝的理. 只在此心. 心無私欲. 卽是天理. 其語自無病.…. 其曰忠孝的理只在此心. 則心之天理. 固自在也. 特爲私欲所蔽而不能全有耳. 若無私欲則這心自然發見. 壹是天理.…"

25) 간재가「答李敎明」에서 "愚. 常言聖人不恃心之具理. 只怕心之違理. 故學者. 當治心以循理. 勿認心以爲理也."(김황. 「田艮齋書瑣辨」. 92쪽.)라고 한 말을 가리킨다. 그런데 한국문집총간에 채택된 龍洞本 『간재집』이나 『艮齋私稿』에는 이 글이 없다. 다른 판본을 더 검토해 보아야 하겠으나, 검토본에 있던 이 글을 간행할 때는 삭제했을 가능성이 있다.

26) 「田艮齋書瑣辨」. 92쪽. "不知本心之爲理. 則人皆可以爲堯舜者. 無其道矣. 不知心之資氣. 則省察矯揉之功. 無所施矣. 心之具理. 聖人固未嘗恃. 然心之非理. 聖人亦未嘗言. 田氏此說. 若從學者求放心遏人欲處言之. 固若無害; 若因此以爲心本不具理心本非理. 則是猶見水之攪濁而遂疑眞源之未嘗淸淨也. 惡可與論夫本然之心哉?"

27) 張橫渠가 제시한 '心統性情'의 統에 대해 性師心弟를 주장하는 간재는 統合의 뜻으로만 해석한다. 반면 중재는 통합(兼包) 이외에도 統率(主宰)의 뜻이 있다고 본다. 따라서 성사심제를 부정하는 대신, 성을 주재할 수 있는 자격을 갖춘 심의 차원인 본심을 역설한다. 그 대비적

것의 체득을 유도하지 못하는 심시기설은, 육왕학을 경계한 것과는 모순되게, 육왕학과 마찬가지로 정신혼백의 작용에서 드러나는 일관된 현상(조리), 또는 사사로운 욕망의 현상을 인간의 보편적이고도 본질적인 마음으로 간주할 위험이 있다고 중재는 우려한다. 그는 기질과 분리되지 않되 그것을 초월하는, 리가 주재하는 마음의 차원을 보는 것에서 자파의 정체성과 장점을 찾고 있다.

중재의 변호하는 글들은 한주와 면우의 글을 조술한 것이 대부분으로 독창적인 것이 아니다. 다만 그는 육왕학에 대한 비판을 강화한다는 점에서 스승과는 다른 모습을 보인다. 양명학의 관점에서 『명유학안明儒學案』을 쓴 황종희黃宗羲를 비판하였고, 육왕과 강유위康有爲, 양계초梁啓超를 비판한 중국학자 하진무夏鎭武 부자와 서신을 주고받으면서 유대를 도모한다. 자파의 학설이 육왕학과 같다는 공격에 맞서 결백을 증명해야 했으므로 비판자의 자세를 보이려고 했던 것 같다.

4. 심설과 실천

중재는 일제강점기간 중 유림단儒林團 독립운동에 참여한다. 제1차 세계대전의 종전을 계기로 개최된 파리평화회의에 장서長書를 보내 독립을 호소하려 한 제1차 유림단 운동에서는 면우의 명을 받고 진주 일대 유림의 서명을 받았다. 1925년 독립운동기지 건립을 위한 자금모금을 위해 비밀리에 입국한 심산心山 김창숙金昌淑(1879~1962)을 도왔다. 이 일이 발각된 후 크게 고초를 겪고 9개 월 동안 옥중에 갇혔던 일은 제2차 유림단 운동의 한 장면이

관점은 「寒洲心卽理說條辨辨」, 309~310쪽을 보라.

다. 이는 당시 유림들의 행태와 대비되는 모습이다. 망국이후 일부를 제외한 유림들은 자정自靖을 표방하면서 체념상태에 있었기에 자신만을 생각하고 국가의 존망을 돌아보지 않는 유림들을 국민들은 미워하였다.[28] 이 공을 기려 대한민국 정부는 1995년 광복절을 맞이하여 국민훈장 애족장을 추서追敍하였다.

독립운동 및 이전에 있던 의병운동의 사상적 기반이 무엇일까라는 의문은 우리 학계가 공유하는 관심사이다. 혹 심설논쟁의 한 축이었던 심즉리설과 관련이 있을까? 여기서 참고할 만한 선행 연구가 금장태 교수의 글이다. 한말에 각축하였던 다양한 심설들 중 어느 한쪽이 일방적으로 이론적 정당성을 가지는 것은 아니라고 보는 그는 다음과 같은 제안을 하면서 심설 사이의 차이점을 추정하였다.

> 상반된 주장이 지닌 그 시대사회에 대응하는 양상의 차이를 확인함으로써 서로 충돌하는 심설이 지닌 특성을 더욱 분명하게 이해할 수 있을 것이다. 곧 심주리설心主理說이 마음의 주체적 도덕성을 강조하여 인간의 도덕적 책임을 각성시키는 의미가 있다면, 간재의 성존심비설性尊心卑說은 인간의 자의성을 견제하고 도덕규범의 객관적 표준에 순응하기를 요구하는 규범주의적 성격을 지닌 것으로 이해할 수 있다.

그가 보기에 간재의 심설은 화서・한주의 심주리설보다 좀 더 보수적이고 엄격성이 강한 특징을 지닌다. 그는 장서운동 참여 권유를 거절하면서 "선비가 순도殉道하는 의리는 실로 머리 깎은 사람의 복국復國운동과는 상관이 없다"고 거절하였는데,[29] 두발 보존을 중시하는 모습은 그의 심시기설과

28) 김황.「기미일기」 37쪽.

29) 金昌淑.「벽옹73년회상기」『국역 심산유고』2. 1979. 국역심산유고발간위원회. 705~706쪽.

맞물려 보수적 이미지를 생산한다. 이에 반해 심의 주체적 능동성을 강조한 경우에는 화서학맥의 의암毅菴 유인석柳麟錫(1842~1915)이나 면암勉庵 최익현崔益鉉(1833~1906)처럼 급변하는 시대에 맞서 적극적으로 투쟁의지를 발휘하거나, 한주학맥의 성와省窩 이인재李寅梓(1870~1929)처럼 시대변화에 주체적으로 대처하여 신문물에 능동적 관심을 보이거나, 창해滄海 최익한崔益翰(1897~?)처럼 신학문으로 전환하기도 쉬워진다는 사실을 확인할 수 있다고 하였다.30)

그의 견해는 특정 인물들만을 대상으로 삼아 추출된 것으로서 타당성이 있음을 부정할 수 없다. 면우와 중재의 독립운동 참여와 간재의 위도라는 보수성이 대비될 수 있는 것이다. 다만 이 견해가 일반화되어 심주리론자들은 주체적 능동적으로 시대의 문제에 대응하였고, 심주기론자들은 보수적이었다고 일반화해서는 안 될 것이다. 일반화된 주장의 타당성은 표본 집단 선정 범위의 적절성 검토와 가설검증을 통해 확인되어야 할 것이다. 여기서는 다만 면우와 중재의 보수성, 즉 간재와 크게 다르지 않은 측면을 지적하는 데 그치고자 한다.

마음을 부정시不淨視하고 객관적 규율의 습득에 우선권을 부여하는 간재의 입장은 보수적 노선을 선택하기에 적합한 것임은 틀림없다. 그러나 면우와 중재가 파리장서운동에 적극 가담하였더라도 이들의 의식과 활동에도 매우 보수적인 측면이 있었다. 면우의 실천은 자정과 위도衛道에 치우쳐 있었고, 이로 인해 비난의 대상이 되었음을 스스로도 알고 있었다.31) 그래서 매

30) 이상은 금장태. 2003.『한국유학의 心說』. 서울대학교 출판부. 162~163쪽. 좀 더 진전된 논의는 최영성. 2010.「한주 이진상의 철학사상과 그 현실적 구현」『한국학논집』 40. 계명대 한국학연구원)을 참고.

31) 간재는 파리장서에 서명하지 않음으로써 海史 金丁鎬(1882~1919)로부터 腐儒의 오명을 들었고 이것이 후일 心山과 간재문하생들의 다툼으로 비화되었으나(이영호. 2015.「심산과 간재 문인들의 출처시비논쟁을 통해 본 일제하 유교지식인의 초상」.『대동한문학』 42. 대동한

천梅川 황현黃玹(1855~1910)이 『야록野錄』에 써놓은 면우 관련 기록은 조롱에 가깝다. 또 그는 배우는 사람들에게 신학문을 공부하라고 하였지만, 도덕보다는 사공事功을 앞세우는 신학교를 부정적으로 보았다.[32] 도덕성으로 모든 것을 통제해야 한다는 보수적인 태도를 견지하고 있었던 면우는 본고의 머리말에서 인용한 중재의 고민에 대해 이렇게 충고하였다.

> 군자는 마땅히 만세의 도모를 해야지, 일시적으로 좋은 것이나 하면 안 된다네. 일시적으로 좋은 일을 하기 위해 그 잡았던 것을 갑자기 바꾼 사람이 비록 불세출의 명성과 하늘을 울리는 공이 있다고 하더라도 군자가 취하는 바가 아니라네. 또 그대들은 사업 두 글자를 말하면 이미 좋아하지 않는데, 육경六經의 도는 천지의 상경常經이니, 사람에게 하루라도 없을 수 없는 것이 있다네. 이 책들을 읽는 것은 우리 도를 다하기를 바라서일 뿐이네.[33]

육경의 도를 천지의 상경으로 보면서, 만세의 도모를 권장하는 태도는 위도의식을 중시하는 것이다. 중재가 일제강점기부터 1978년 타계할 때까지 유교 교육에 전념하였고, 해방 후에도 신학교에 다니는 제자들이나 동네 어린아이들에게 더욱 정성을 기울여 가르치면서 "이 사람들이 후일 유학을 성취하는 것은 진실로 꼭 그렇게 된다고 단정할 수 없으나 혹시 이로 인해서 책 몇 권이라도 해독하고 도리道理를 조금이라도 알면 나보다 어진 사람이 되지

문학회.), 면우 역시 의병에 불참함으로써 면암 문인과 안동 유생들로부터 유사한 오명을 들은 바 있다.

32) 학생들에게 外國圖誌의 학습 등 서양학문을 공부하라고 권유한 면우에게 동문인 勿川 金鎭祜가 이의를 제기하였음은 김진호. 「與郭鳴遠」. 『勿川集』상. 1989. 아세아문화사. 499쪽을, 이에 대한 면우의 답서는 곽종석. 「答金致受 丙申(1896)」. 『俛宇集』1. 아세아문화사. 1983. 488하a를 참조.

33) 「다상소문」. 59쪽.

않을까?”[34]라고 기대한 것은 이 위도의식의 실천이다.

과연 무엇을 의도하였는가가 중요하다고 논자는 생각한다. 신학문 권유가 결과론적으로는 적극적으로 역사의 파랑을 헤쳐 나올 수 있는 계기를 마련해 주었다고 평가할 수 있겠으나, 면우의 보수적인 의중을 본다면 창해 또는 위암韋庵 장지연張志淵(1864~1921) 등의 활동이 의도한 바라고 볼 수 있는지는 의심스럽다. 면우가 이런 일을 의도하였는지의 여부는 심주리설 또는 심즉리설의 내포와 관련하여 중요한 문제인데, 의도성의 측면에서 보면 역설적으로 창해나 위암은 심즉리설의 위험성을 성토한 사람들이 걱정한 바가 실제로 나타난 실패의 증거로 볼 수 있다. 심즉리설이 본래 적극적인 활동을 꾀하기 위해 창안된 학설이 아님을 중재의 다음과 같은 이야기를 통해서도 유추할 수 있다.

그는 상기한 면우에 대한 매천의 기록을 반박한 바가 있었다. 1955년 황현의 『매천야록梅泉野錄』이 국사편찬위원회 한국사료총서 제1집으로 간행된다. 면암勉庵 최익현崔益鉉(1833~1906)을 존경하고 면우를 낮게 본 매천은 면우가 을사년에 상소로 시국을 논한 후 물러간 것을 두고 “일찍이 중망을 업고 있었는데, 이때에 이르러 의리에 처함이 분명치 못하여 영남사람들이 그의 행동을 더욱 부끄럽게 여겼다[35]”고도 하였다. 그러나 중재가 보기에 면암의 의병활동이나 면우의 참여 거절은 수시처의隨時處宜하는 중용의 선택일 뿐이었다. 중재에게는 심즉리설이 심시기설보다 적극적인 활동을 유발한다는 생각 자체가 없었다.[36] 주체적 실천성을 목표하였다고 할지라도 심주리설은

34) 金丙秀.「重齋先生行狀」『중재집』14책. 439쪽.

35) 황현. 2005.『역주 매천야록』하. 임형택 외 옮김. 문학과지성사. 284~285쪽.

36) 의병과 자정이 수시처의라는 생각은「(看梅泉野錄)再書」『중재집』5책. 383쪽. “嗚呼. 天下之事. 元非一槪. 而天下之理. 終歸中正. 屬當末造. 人皆悅於苟難. 所謂公議者. 只以一死爲上乘. 而不知其間輕重之權趣舍之宜…”

개인이 자기 가치를 자유롭게 선택할 수 있다는 자유의지를 발상한 것이 아니다. 영원불변한 도덕성이 마음에 뿌리를 두고 있기에 그것을 체득하고 실천해야 한다는 주장인데, 심시기설이나 심합리기설의 지지자들은 그것과는 전혀 다른 생각을 하였다고 볼 수는 없다.

파리장서운동이 적극적 실천의 증거이고 심시기설이 보수 성향의 이론이라면, 이 운동에서 호서를 대표한 지산志山 김복한金福漢(1860~1924)은 어떻게 해석해야 할까? 그는 동향(홍성) 선배인 남당南唐 한원진韓元震(1682~1751)을 매우 존경하였는데, 남당은 한주가 심시기를 주장한 근세 유학자로 지목한 사람이었다. 의병 및 독립운동에 열성을 보인 지산은 율곡학 계열의 학자로서 심시기를 명언하지 않았지만 그것으로 해석될 수 있는 발언을 남기고 있다.

> 사람마다 같은 것은 성이고, 다른 것은 심이다. 성은 선하지 않음이 없고 마음에는 선악이 있다. 이는 다름이 아니라, 실로 품수한 것(기질)이 앞에서 구속하고 욕망이 뒤에서 가림에서 말미암는다. 성범의 구분은 단지 이것에 있다.37)

성범의 같고 다름에 관한 그의 발언은 간재의 것과 다를 바 없으니, 그 또한 심을 기라고 여겼을 가능성이 크다. 지산의 문하에서 백야白冶 김좌진金佐鎭(1889~ 1929)이 공부하였으며, 매헌梅軒 윤봉길尹奉吉(1908~1932)은 재전제자라고 한다. 이들이 한학에 어느 정도 소양이 있었는지, 그들의 독립운동을 이끈 사상이 유학이었는지를 논자는 알지 못하나, 어릴 적에 배운 학문이 무의식에 남아 역할을 한다는 점을 고려하면 성리학 공부가 그들의 인격 형

---

37) 金福漢.「書筵說」.『志山集』권2. 국립중앙도서관DB. 123쪽. “人之所同者性也. 所不同者心也. 性無不善異心有善惡. 是無佗. 實由乎稟. 拘於前. 而欲蔽於後也. 聖凡之分. 只在於此.”

성과 운동에의 의지를 다지는 데 영향을 주었다고 추정하지 못할 까닭이 없다.[38] 자정을 택하고 장서운동에 참여하지 않은 것은 간재의 선택이지 심시기설의 결과인 것은 아니다.

심즉리설과 심시기설은 정주학에서 나온 심법 중의 하나들이다. 심시기설이 그 원조인 율곡의 주장에 따라 마음의 리를 급하게 거론하기보다는 변화기질의 과정을 중시하는 이론이고, 심즉리설이 본심 확인을 중시하는 퇴계학의 발전된 이론임은 분명하지만,[39] 어느 것이 더 적극적인 실천성을 가진다고 대비할 수는 없다. 면우가 말했듯이 충효와 알인욕존천리遏人欲存天理의 도덕 실천에서 이들은 같은 생각을 가지고 있었다. 이것을 넘어서서 국가와 민족의 차원에서 무엇을 할 것인가는 개인의 감정과 용기, 기질, 세계인식의 정도에 의해 결정된다고 보아야 할 것이다. 즉 개인의 판단과 선택 문제이다.

심즉리설과 심시기론을 소유했던 사람들의 공통점은 위정척사론이다. 중재는 간재를 비판하였지만 간재가 주관적인 욕망을 리로 여기지 않았으며, 마음의 부정적인 현상 때문에 도리의 객관적 인식을 선행하려 한다는 사실을 알고 있었고,[40] 그런 방향성에 충분히 공감할 수 있었다. 간재를 반박하면서도 중재가 '이 조목에서 말한 것은 서로 생각이 가장 가깝다'거나 '학자가 방심을 구하고 인욕을 막는 곳으로부터 말하면 진실로 해가 없을 듯하다'

---

38) 김상기. 2012.「독립운동가 김복한-홍주 의병장」(http://terms.naver.com/entry.nhn?docId=3573914&cid=59011&categoryId=59011)

39) 퇴계와 율곡의 심법에 개재된 차이에 대해서는 김낙진. 2017.「愚潭 丁時翰의『四七辨證』과 心法」.『퇴계학보』141. 퇴계학연구원을 참고.

40) 중재는「寒洲心卽理說條辨辨」, 299쪽에 간재의 다음 구절을 인용하고 있다. 田愚.「李氏心卽理說條辨 辛亥」.『艮齋集』Ⅱ. 89하a. "大抵心雖神妙活化. 然畢竟是氣分上物事. 故雖孔子. 也不敢便道從心. 須是操存得此心極精細. 然後方敢言從心. 然又必指矩爲歸宿處. 故呂氏曰說箇不踰矩. 可知聖人心中刻刻有箇天則在.(自註: 聖人之心. 未嘗自聖; 心學家之心. 動輒自聖.) 不是卽心是道.(此四字. 是佛禪陸王論心語. 李氏亦只是此見.) 此本天本心之別也."

고 말함을 앞에서 보았다. 그는 간재의 생각이 전적으로 틀렸다고 여기지 않는데, 자파의 학문에도 그런 요소들이 포함되어 있었기 때문이다. 따지고 보면 심즉리론과 심시기론이 대립하였다고 하더라도 추구하는 목표가 다를 수는 없다. 면우는 중재를 상대로 간재를 답답해하면서도 긍정할 것은 긍정한 적이 있다. "다만 어버이에게 효도하고 임금에게 충성하며, 인욕을 막고 천리를 보존한다는 이러한 긴요한 것에서 간재 또한 우리와 다르지 않다고 하는데, 배워서 구함이 이와 같으면 논쟁을 그만 두어도 된다. 어찌 많은 말이 필요하겠는가?"라고 말하였다.[41] 심즉리설과 심시기설은 마음을 다스리는 심법을 달리할 뿐이다.

위정척사는 흔히 보수적인 사상으로서 시대변화에 역행한 것으로 평가된다. 그러나 순기능도 있었다. 외침을 받아 독립이 절실할 때는 남과 구분되는 우리의 차이성 의식이 선행되어야 한다. 후일 나타나는 민족성론과 같은 좀 더 세련된 논의가 나오기 전에 그 차이성을 넓히는 역할을 한 것이 위정척사론이다. 정학으로 여긴 유학을 견고하게 소유하고 실천하면서 우리의 중심에 있던 군주를 복벽하고자 의지하는 것이 남과 다른 우리의 정체성을 결정하는 중요한 표지였기에 그들은 '오랑캐'에게 협력하지 않고 독립의식을 견지한다.

심시기설과 비교하여 심즉리설이 가지는 한 특징은 도덕성의 소유 여부를 좀 더 쉽게 일반적으로 인정할 가능성이 있다는 데서 찾을 수 있다고 논자는 생각한다. 의병운동보다는 만국공관에 일제의 불법을 호소하는 개명한 도학자의 길을 걸은 한주학단의 특별한 모습[42]은 서양인들도 그저 오랑캐에

41) 「다상소문」 45쪽. "只是孝親忠君. 遏人欲存天理. 這等要處. 他亦無不同. 則學求如是. 亦可已矣. 又何必多."

42) 홍원식. 2008. 『한주 이진상의 생애와 사상』. 예문서원. 155~158쪽.

불과한 것이 아니라, 인의예지의 도덕성이 있다고 인정하였기에 가능한 일이었다고 추정한다. 파리장서의 머리 부분에서 이것이 느껴진다. 면우에게 제1차 대전 승전국 대표들은 하늘이 내린 위대하게 어진 무력을 사용하여 천지의 대명大明과 대화大化를 실현하는 사람들이었다. 이런 수사는 척사위정의 정신에 투철하던 유학자들에게는 불만스러운 것이었으나,[43] 양이가 보여주는 사람다운 행동은 명덕明德을 공유한다는 증거로 해석될 수 있었고 따라서 독립을 호소할 수 있다는 발상이 가능했을 것이다.

동일한 사례를 서양철학에 대한 중재의 호감에서도 읽을 수 있다. 『철학촬요哲學撮要』라는 책을 본 중재는 후서를 쓰면서 소크라테스, 플라톤, 아리스토텔레스를 긍정적으로 평가하였다. 플라톤은 "소크라테스로부터 '도학道學'을 배워 별도로 플라톤 학파를 만들었다"고 하였고, 아리스토텔레스는 "한쪽으로 편벽되는 폐단을 억제하고, 중용中庸의 도道를 부지扶持하고자 힘썼다[44]"고 기술하였다. 유학에서 도학과 중용지도라는 말이 지닌 무게를 고려할 때 쉽게 허용할 수 없는 것임에도 이렇게 썼던 것은 양이라고 부르던 서양인들에게도 도가 있을 수 있음을 인정한 결과라고 생각된다. 그것이 마음의 이치가 보편적으로 본구되어 있어 저절로 드러나고 있다는 발상에 토대를 둔 것이라면 심즉리설은 타인에 대한 이해의 폭을 넓힐 수 있는 계기를 마련해 준 셈이다.

---

43) 김복한은 「파리장서」의 문장에는 찬탄하였지만 大仁武 등의 어구가 지나치게 무겁기 때문에 夷狄의 우두머리에게 사용할 수 없다고 비판하였다.(金榥. 「記巴里愬書事」. 『重齋先生文集附錄』13책. 84쪽.) 면우 등의 보편성 의식에 대해서는 김낙진. 「19세기 후반~20세기 초반 진주 지식인들의 남명 인식」. 350쪽을 참고.

44) 김황. 「哲學撮要因書其後」. 『중재집』5책. 473~474쪽.

5. 유교세계의 몰락

심설은 다양한 양상으로 나타났지만 유교가 지향하는 인간을 완성하겠다는 목적은 같았다. 퇴계와 율곡 이래로 인간의 마음을 바라보는 관점과 도덕적 성취 방법에 대한 인식의 차이가 있었고, 이로 인해 복수의 학설이 나타나 발전한 결과가 심설들이다. 상이한 이론들은 동일한 마음을 바라보는 다양한 시각들을 내포하기에 서로의 단점을 보완해 줄 수 있는 장점들이 있다. 그럼에도 논쟁에 관여한 사람들은 거친 언어를 구사하면서 상대를 대화의 대등한 파트너로 여기지 않는다. 현대의 연구자들에게는 육왕학은 역사상 출현한 여러 철학사상 중의 하나이지만, '도학'자들에게는 너의 주장이 양명학과 같다는 말은 주기론자라는 평가와 마찬가지로 이단이라는 낙인이었다. 유교의 사제관계는 스승의 학설을 수정하는 것도 배사背師행위로 금지하므로 배우는 사람의 창의성이 제한된다. 이 때문에 그 가치를 인정할 수 있는 것이라도 타자들의 이견을 수용하거나 양자를 혼합하여 새로운 차원으로 발전시키는 것이 방해된다. 불행하게도 중재의 시대에 나타난 심설논쟁이 그러했다.

상대방을 향한 이런 비난들의 의도는 좋게 보면 미끄러운 경사면의 오류(fallacy of slippery slope)를 방지하기 위한 것이라고 이해할 수 있다. 그러나 이들의 논전은 이것을 훨씬 뛰어넘는다. 자기 기준에 어긋난 타자의 이론이 있다면 그 주장자들이 실제로 그런 오류를 범하였다고 단정한다. 이론 인식의 오류는 실제로 심성을 그렇게 체험한 것이므로 유교에 위배되는 부도덕함에 빠졌다고 혐오한다. 사설師說을 묵수해야 하는 전통의 사제윤리는 사고의 폭을 제약할 뿐 아니라, 타자를 배제하게 한다. 여기에는 오랫동안 지속된 당쟁으로 인한 상호 불신도 큰 역할을 하는데, 직접 경험은 고사하고 사실 확인도 하지 않은 채 전해들은 상대 당파 인물에 대한 불신을 계승한다. "곽씨(면우)가 퇴도退陶를 버렸다"는 간재의 발언을 보고 퇴계 이래의 영남학파 전체를 매도하고 있다고 판단한 중재의 공격성의 느낌은 당쟁의 여파를 고려하지 않고는 이해할 수 없다.[45]

이보다 더 심한 일들이 계속 일어난다. 중재의 연보와 행장은 그의 후반생이 여러 다툼의 와중에 있었음을 알려준다. 1951년 한국전쟁 중 그는 현재 조용상을 비판한 「응변應辨」·「응변후설應辨後說」을 썼다. 남명을 도학의 선비로 추앙하려 한 복암의 의지는 현재를 비롯한 집안 및 지역인사들에게 이어졌다. 남명을 비하하였다고 본 미수의 남명신도비(덕산비德山碑)가 무너졌고, 현재는 그 비문의 근거가 되었다고 판단한 동강의 남명 행장을 문제 삼아 「선자문하서술고증先子門下敍述考證」을 썼다. 문집출간으로 인해 세상에 드러난 그 글을 반박한 중재의 글이 「응변」 및 「응변후설」이다. 이것이 지수의 의성김씨와 덕산의 창녕조씨 사이에 문중싸움으로 번졌고, 조씨 편을 든 회연서원檜淵書院과도 대립하여 향전鄕戰으로 비화하였다.[46]

동강은 가장 오랫동안 남명의 곁을 지킨 제자이자 외손녀사위다. 그가 스승을 보고 느낀 바를 토대로 쓴 글이 남명을 왜곡하였다고 성토한 후손의 주장은 무리하다. 중재가 보기에 사실에 맞지 않는 조상의 모습을 그려내고 그것이 자기 조상이라고 여기는 행위는 부당하다.[47] 그런데 남명을 도학자로 보는 사문의 입장을 따르는 중재가 막상 「응변」 작성 시에 보인 태도에는

45) 「田艮齋書瑣辨」. 95쪽. 당쟁으로 인해 상호 불신이 깊었음은 면우의 경험을 통해 엿볼 수 있다. 그가 과거에 응시하기 위해 서울에 가던 중, 길에서 우연히 西人인 李承旨를 만났는데, 그는 영남의 儒風을 칭찬하면서도 葛庵 李玄逸을 儒賢으로 받드는 영남인들을 가소롭게 여겼다. 그에게 갈암은 國賊이었으나, 갈암이 기사년에 폐비를 위해 올린 상소들을 본 적이 없었다.(「다상소문」. 31~32쪽.)

46) 덕산비 훼손 사건과 「응변」 작성 및 추이에 대해서는 오이환. 2012. 「일제시기의 덕천서원」·「『德川師友淵源錄』의 성립」. 『남명학의 새 연구』 하. 한국학술정보를 참고.

47) 김황. 「응변」. 『중재집』 5책. 392쪽.

현재가 동강을 모욕했으므로 명예를 회복해야한다는 감정이 섞여 있었다. 전래의 평가를 완전히 무시하고 도학자로 남명을 추앙하는 현재나 감정적 대응을 하면서 「천군전」의 한 구절을 증거로 퇴계와 한주를 이어주는 학자로 동강을 추앙한 중재는 유사한 잘못을 범한다.

논자가 보기에 회봉은 중재가 가장 존경했던 선배였다. 부친의 유문을 모은 『신고당집信古堂集』의 교정을 맡겼고, 두 번의 유림단 의거에서도 긴밀한 관계를 유지한 것으로 추측된다. 그는 회봉의 한주학 이해도 높이 평가하였다. "나는 (회봉집이 간행된 후) 이 설(심위자모설心爲字母說)을 보고는 선사의 뒤에 능히 심설의 종지를 전하는 것은 이 노인에 의지한다고 생각하고는 마음으로 기뻐하였다"고 하였다. 그럼에도 회봉의 문도들이 「심위자모설」은 한주 · 면우의 학설과는 다른 독자성을 지닌다고 주장함을 보고는 회봉의 업적을 폄하한다. 회봉의 그 저술은 면우가 이미 말한 것인데 미처 보지 못하고 저술한 것에 지나지 않는다고 하였다. 스승을 과도하게 높이려 한 회봉문도들의 시도는 오히려 스승을 깎아내리는 결과를 불러왔다.[48]

1955년에는 매천의 면우 폄하에 맞서 중재는 세 편의 글을 쓸 정도로 심혈을 기울였다. 그는 매천과 그 저술의 가치를 인정한다. "그 사람은 진실로 문장의 선비이고 절의를 실천한 사람이다. 『야록』은 권귀權貴가 권력을 부림과 백성을 좀먹고 나라를 병들게 함, 말로末路의 간사하고 미치광이 같음, 적에 붙어 나라를 팔아먹은 까닭을 상세하게 모아 놓았고 분석하여 남김이 없었다." 동시에 면우 폄하에 맞서 매천의 인격을 평가절하 한다. 영재寧齋 이건창李建昌(1852~1898)으로부터 문학성을 인정받았고 면암을 존경함으로써 시각이 노 · 소론에 편향적이 되었다고 추측한다. 또 전문傳聞으로만 영남사

48) 김황. 「記河晦峰心爲字母說」 『중재집』 5책. 409쪽. 본래 심위자모설은 주자의 발언을 토대로 나온 것이니 면우의 독창적인 발상인 것도 아니다.

정을 들었지 실지를 알지는 못했던 그가 면우를 박대한 것을 볼 때 "위인이 경박하고 심지가 얕고 좁아서 전적으로 유가의 함양한 공부가 없는 사람[49]" 이라고 인신공격한다.

이런 쟁론은 외형만 보면 진실게임이다. 그러나 내면으로는 객관적으로 사실관계를 따져 보자거나 토론하자는 분위기는 전무하다. 만물로 상징되는 모든 것을 포용하면서도 정의를 추구하는 인의의 정신은커녕, 진리 탐구자들이 지녀야 할 겸손과 타인 인정의 태도도 없었다. 대신 남을 억눌러서라도 내가 위에 서야 한다는 우열의식이 널리 확산되고 있었다. 그것도 인격 성취 정도를 두고 경쟁하는 것이 아니라 정주학이 그렇게 경계하였던 남의 평가(명예)에서 집착한 것이었으므로, 수십 년 동안 지루하게 진가와 우열을 다툰 보람도 없이 심법 본래의 실천적 가치는 상실되었다. 국난의 시기에 분열이 거듭되어 통합의 마음이 없었으나, 전국적인 주제도 아닌 향전에 불과했다.

이런 상황에서는 허위의 풍조가 자란다. 한주학설의 독창성을 당당히 주장하지 못하고, 선배학자들의 편언들을 자기 관점에서 해석하여 증거로 삼는 태도는 사설을 묵수해야 한다는 풍습이 초래한 결과다. 옛 사람을 평가할 때도 그가 자기완성을 위해 겪었을 뼈를 깎는 노력의 과정은 고려되지 않고, 불리한 사실은 지우거나 유리하게 재해석한다. 그 조상의 인격과 행실이 어떠하였는지는 해석하기 나름이었는데, 그 해석은 공론성이 없는 주관적인 판단이었다. 남이야 어떻게 생각하든지 크게 신경 쓸 생각도 없었고, 이왕이면 완전무결한 조상이면 더 좋았다. 중재의 서양철학 인식에 오류가 있다는 것보다 더 심각한 사실은 동서철학의 보편성 인식이 자타의 대등한 대화를 통해 확보한 것이 아니라는 점에 있다. 자기 본위의 일방적인 판단과 주장에

49) 김황. 「(看梅泉野錄)又書」 『중재집』 5책. 387쪽.

의해 서양철학을 인식하는 모습은 여러 분쟁들에 나타나는 모습과 별반 다르지 않다.

남의 견해를 듣지 않아도 된다는 것은 내가 우월하다는 증거일 수도 있으나, 다른 편으로 보면 공동의 세계에서 배제 또는 축출되었다는 증표일 수 있다. 관념으로 형해화形骸化되어 그들만의 리그로 남은 것이다. 이리 된 것은 유학이 뿌리를 두어야 할 시공의 기반을 상실하였기 때문이고, 또한 유학이 지배하는 세상이 다시 돌아올 것이라는 헛된 희망을 가지고 새로운 이념이 지배하는 생활세계에 기여하겠다는 의지와 노력이 부족했기 때문이다. 몸과 마음을 지배하는 것은 현재성을 상실한 유학과는 무관한 세속적인 가치를 지향하는, 유학자들이 이단으로 지목했던 사상이었다. 그러나 심성 수양이 불필요한 일도 아니고 유학의 가르침이 무가치한 것도 아니다. 싫더라도 현실을 떠나 학문할 수 없음을 긍정하고 그것을 지배하는 새로운 이념과 대결하거나 결합하면서 자기 변혁을 꾀하는 것이 유학의 생명을 지속하는 방법이었다.

숙질 사이인 중재와 심산은 서로 다른 길을 걷는다. 부친 하강下岡 김호림金護林(1842~1896)으로부터 계급타파의 교훈을 들었던 심산은 자강운동, 국채배상운동, 성명聖明학교 개교 등에 참여하는 등 현실세계의 일들에 능동적으로 참여하였다. 장서를 휴대하고 중국으로 건너간 즉시 삭발을 단행하고, 공화주의를 반영하려는 장서 수정을 허용하였으며, 대통령제 중심의 공화주의를 표방한 임시정부에 가담하여 의정원 의원에 취임하였다.[50] 해방 후 유교대학인 성균관대학교의 건립을 주도하여 유교의 부흥을 꾀한 그는 이승만의 독재에 항거하는 등 현실세계에 기여하는 유교인의 양식을 보여주

50) 임경석. 2000. 「유교 지식인의 독립운동 - 1919년 파리장서의 작성 경위와 문안변동」 『대동문화연구』 37. 성대 대동문화연구원. 137~138쪽 참고.

었다.

이에 비해 중재는 외세와 새로운 이념을 피해 산중으로 거처를 옮기는 삶을 살았다. 그가 내당에 부친을 위해 지은 건물의 이름은 옛것을 믿고 지키겠다는 위도의식이 진하게 묻어나는 신고당信古堂이었다. 의식이 제약된 그는 삼일운동 당시 사람마다의 자주독립을 주장한 독립선언서를 보고는 "우리 유림이 관여할 수 있는 것은 아니라"고 단정한다. 자고로 독립국은 있어도 사람마다의 독립이라는 말은 없었으니, 강상綱常을 붕괴시킬 주장이 그것이었다.[51] 급변하는 세계에서 스스로 멀어져 간 그는 자기와 주변인들 그리고 배우는 사람들에게만 영향을 미친다. 유학의 도를 전하고자 하였으나 그가 전수한 것은 사용처가 매우 제한된 문자 해독학이었다. 도학의 시대는 저물고 사상의 시대가 전개되었으니, 중재가 기여할 영역은 극도로 줄어들었다.

51) 「기미일기」 31쪽.

회봉 하겸진의 학문 활동과 성리학적 특징

-『회봉선생연보』를 중심으로

김 기 주

회봉 하겸진의 학문 활동과 성리학적 특징 –『회봉선생연보』를 중심으로

김 기 주

1. 일제강점기의 한주학

사연이나 곡절 없는 삶이 있겠는가만, 회봉晦峰 하겸진(河謙鎭, 1870~1946)이 살아야 했던 세월도 참 만만치가 않다. 그는 고종 7년에 태어나 나라가 망해가는 혼란기와 일제강점기를 거쳐 광복 이듬해에 이르는 굴곡의 시간을 살았다. 나라도 망하고, 그 나라를 지탱하고 있던 이념 곧 성리학도 무너져 내리는 시대였다. 신앙처럼 간직했던 모든 것이 흔들리고 무너져 내리는 시기였지만, 그런데도 그의 삶은 우직스럽게 한 가지 믿음을 지켰다. 이 점에서 그에 대한 평가는 어쩌면 극과 극으로 엇갈릴 수도 있을 것이다. 하지만 그토록 일관된 삶을 살아간 것에 대해서는 고개 숙이지 않을 수 없다고 생각된다.

이 글은 이와 같은 일관된 삶과 그 삶을 가능하게 했던 그의 학문에 대한 이해를 목표로 한다. 그것은 곧 그의 삶과 그 삶의 토대가 되었던 성리학의 특징에 대한 이해이기도 하다.[1] 그런데 우리의 이러한 목표는 어떤 의미가 있는 것일까? 다시 말해서 하겸진의 삶과 그의 성리학에 관한 연구는 왜 필요하고, 그것은 어떤 가치를 가질 수 있을까? 이러한 물음에 대해 우리는 두 가지 측면에서 답을 할 수 있을 것 같다.

먼저 그의 삶과 성리학의 특징에 대한 이해는 조선성리학의 마지막 모습을 확인하는 하나의 퍼즐조각이 될 수 있다고 생각된다. 앞에서 확인했듯, 그의 삶은 19세기 후반에 시작되어 20세기 중반까지 이어졌다. 이때는 가장 급격하게 조선의 성리학이 그 영향력을 상실해 가는 시기이기도 했다. 특히 변화해 가는 세상과 새롭게 전래하는 문물을 앞에 두고, 성리학자들이 일반적으로 보여주었던 위정척사衛正斥邪, 동도서기東道西器의 주장이나 태도는 보다 세분되어 나타났다. 성리학을 버리고 서양의 학문을 선택하거나, 한 걸음 더 나아가 성리학적 가치를 부정하고 비판하는 것은 일반적인 모습이 되었다. 상대적으로 보수적이고 온건한 태도를 보였다고 하더라도, 상당수는 성리학적 이념을 수정 없이 계승하는 것에 대해 부정적이었다. 전자의 대표적인 인물이 단재丹齋 신채호(申采浩, 1880~1936)나 춘원春園 이광수(李光洙, 1892~1950)라면, 후자의 대표적 인물은 백암白巖 박은식(朴殷植, 1859~1925)이었다.[2] 그런데 이와 같은 시대적 흐름과 변화 속에서 그가 보여준 흔들림 없는 태도는 조선성리학의 마지막 모습을 재구성하고 이해하는 데 몇 가지 중요한 요소들을 제공해 준다고 생각된다.

---

1) 이 논문은 계명대학교 한국학연구원에서 '일제강점기의 낙중학-한주학파 재전 제자들과 영남 유현들의 활동과 사상'이라는 주제로 개최한 학술대회에서 발표한 것으로, 주요 맥락은 한주학이 어떻게 계승되고 있는지와 관련되어 있다. 따라서 이 논문에서 확인하고자 하는 '하겸진의 성리학적 특징' 역시 '한주학과의 관련성 속에서 파악되는 특징'이며, 그의 성리학이 '한주학과 얼마나 닮았는지'에 대한 이해이기도 하다.

2) 김낙진. 2008.「회봉 하겸진의 국성론을 중심으로 본 일제강점기 유학자의 인간성 이해와 국가의식」,『한국철학논집』제24집. 74쪽 참조.

여기에 더해서 그의 성리학에 관한 연구를 통해 우리는 재전再傳된 한주寒洲 이진상(李震相, 1818~1886)의 한주학이 어떤 모습인지도 확인할 수 있다. 하겸진은 당시 여러 학파가 경쟁하듯 활동했던 영남의 강우지역에서, 이진상의 학맥을 이은 면우俛宇 곽종석(郭鍾錫, 1846~1919)의 문인으로, 그 학문적 사승관계를 맺고 있다. 이진상에서 시작해 곽종석을 거쳐 하겸진으로 이어진 그 학문적 연원에서 대체적인 그의 성리학적 특징을 그려볼 수는 있다. 하지만 현재까지도 그가 한주학의 특징을 얼마나 계승하고 있는지에 대한 연구는 충분하게 진행되지 못했다.[3] 한 걸음 더 가까이 접근해서 그의 성리학적 특징을 살펴보고, 또 그를 통해 한주학의 전개 양상을 확인할 필요가 있는 것이다. 그리고 이와 같은 그의 성리학에 대한 이해는 다른 한편으로 한말과 일제강점기를 전후해 강우지역에서 활동한 다양한 계열에 속한 학자들의 활동과 지향을 이해하는 주요한 토대가 되어줄 수도 있을 것이다.

이처럼 하겸진에 관한 연구는 한주학의 계승이라는 측면, 그리고 조선성리학이 영향력을 상실해 가는 과정에 대한 이해와 깊이 관련된 것이다. 그렇다면 우리는 어디에서 논의를 시작할 수 있을까? 그는 『동유학안』을 비롯한 상당한 분량의 다양하고 방대한 저술을 남겼지만, 우리는 일차적으로 『회봉선생연보晦峯先生年譜』에 주목할 수 있다고 생각한다. 1963년 진주에서 출간된 그의 『연보』에서 그의 생애와 활동뿐만 아니라, 그의 성리학적 특징까지 확인할 수 있기 때문이다.

이 책에는 연대별로 그의 주요한 행적과 함께, 편지를 보낸 사람과 그 편지의 내용까지도 간단하게 정리하고 있다. 편지 외에 또 여러 종류의 글, 그

3) 하겸진에 대한 연구논문은 10여 편이 발표되었다. 하지만 그 대부분이 시와 관련된 문학 영역의 논문이고, 그의 성리학에 관한 연구 성과에는 최일범의 「『東儒學案』의 學派 分類에 관한 考察」(『유교사상문화연구』 21집. 2004), 김낙진의 「晦峯 河謙鎭의 國性論을 중심으로 본 일제강점기 유학자의 인간성 이해와 국가의식」(『한국철학논집』 24집. 2008) 등이 있을 뿐이다.

리고 「심위자모설心爲字母說」, 「성사심제변性師心弟辨」, 「국성론國性論」 등과 같은 성리학 관련 글의 전체 내용을 함께 싣고 있다. 이와 같은 구성과 내용에서 보자면, 『연보』에 기초해 우리는 그의 생애와 활동을 재구성해 볼 수 있고, 또 그가 어떤 글과 저술을 남기고 있는지 확인할 수 있으며, 그의 성리학과 관련된 핵심적인 글을 분석해 볼 수도 있다. 충분한 것은 아니지만, 『연보』에 대한 분석만으로도 그에 대한 기본적인 이해가 가능한 셈이다.

따라서 우리 논의의 주요 내용 역시 『연보』의 내용과 관련된 세 가지, 곧 그의 행적을 중심으로 하는 생애와 활동, 그가 남긴 글과 저술을 통한 그 학문적 지향, 그리고 마지막으로 성리학 논저를 통해 그의 성리학적 특징을 확인하는 것으로 구성되어 있다. 그리고 이러한 재구성과 분석을 통해 최종적으로는 일제강점기 '한주학'은 어떤 모습으로 계승되었고, 또 조선성리학의 마지막은 어떤 모습이었는지를 확인해 보자.

2. 생애와 활동을 통해서 본 삶의 방향

『연보』를 중심으로 하겸진의 생애, 그리고 활동과 관련된 자료를 정리해 보는 것에서 논의를 시작하기에 앞서, 우선 그의 집안 배경을 대강 살펴보면, 그는 고려에서 평장사平章事를 지낸 하공진(河拱辰, ?~1011)의 후예이고, 최영경의 문인이자 이조정랑吏曹正郞을 지낸 송정松亭 하수일(河受一, 1553~1612)의 11세손이다. 아버지 하재익河載翼과 어머니 김해金海 허씨許氏 사이에서, 1870년 1월 28일 진주 사곡리士谷里에서 태어났다.[4] 그리고 광복 이듬해

4) 趙輝晋. 『東窩遺集』 卷四. 「行狀 晉陽河謙鎭」. "先生諱謙鎭字叔亨, 號晦峯又號畏齋, 姓河貫出晉陽, 高麗忠節臣平章事, 諱拱辰之後也. 自平章事之後, 世襲簪組爲貴顯, 中世有松亭先生諱

인 1946년 7월 11일 임종까지 77년의 생을 살았다. 세상은 어지럽고, 시절은 분명 어려웠지만, 그런데도 일반적인 예상과 달리 그는 놀라울 만큼 큰 굴곡 없는 일생을 살았다. 그의 삶은 큰 변화 없이 늘 일정한 방향을 향하고 있었다. 이 같은 그의 삶을『연보』에 근거해 살펴보면 대체로 다음과 같이 정리된다.

1세(1870년) 1월 28일 진주 사곡리에서 출생하다.
6세(1875년) 조부 만취공晩翠公으로부터『사략史略』을 배우기 시작하다.
8세(1877년) 재종조부 쌍강공雙岡公 홍운洪運에게서 배우다.
17세(1886년) 진양정씨와 혼인하다.
18세(1887년) 이후 몇 년 동안 낙수재落水齋에서 책을 읽다.
24세(1893년) 산천재山天齋에서 몇 달을 머무르다.
27세(1896년) 가을 곽종석을 거창에서 알현하고 스승으로 모시다.
29세(1898년) 성주의 삼봉서당三峯書堂에서 행음례行飮禮에 참석하다.
30세(1899년) 가을에 지리산을 유람하다.
31세(1900년) 낙수재落水齋에서 책을 읽었는데, 이수희李壽熙, 하영태河泳台 등이 방문하고 입문하다.
32세(1901년) 5월에 아들 영윤泳允이 태어나고, 가을에 스승 곽종석과 함께 금산錦山을 여행하다.
33세(1902년) 현풍, 안동, 구미, 예안 등의 선현들 사묘에 참배하고, 돌아오는 길에 고산서당, 목은영당, 병산서원 등을 방문하다.
35세(1904년) 지리산 천왕봉에 른 후, 겨울에는『어류』를 중간하는

受一, 以文學名於世, 官吏曹正郎享大覺書院, 於先生間十一世也. 高祖諱以泰號涵窩, 曾祖諱正賢, 皇祖諱學運號晩翠軒, 皇考諱載翼世業儒妣金海許氏, 外祖諱湞天山齋徵士千壽之後也. 以高宗帝卽位七年, 庚午正月二十八日時, 生于晉陽郡大覺面士谷里."

일로 대원사에 머무르다.

36세(1905년) 각봉의 사곡에 정사를 지으려 했지만, 짓지는 못하였고, 천왕봉을 다녀오다. 음력 8월에 『어류』를 간행하는 일을 마무리하다.

37세(1906년) 어득강(魚得江, 灌圃)과 이황退溪의 유적이 있는 곤양昆陽의 작도鵲島를 유람하다.

39세(1908년) 가을 통영 충열사를 참배하다.

41세(1910년) 나라가 망했다는 소식에 문을 닫고 칩거하다.

44세(1913년) 봄에 계룡산 동학사, 서울, 개성의 선죽교, 평양, 청천강을 거쳐 중국 안동현의 원보산과 봉천 등을 여행하다.

45세(1914년) 봄에 모친 김해허씨 상을 당하다.

47세(1916년) 이산재伊山齋에 거주하며 문인들을 가르치다.

48세(1917년) 봄 구강정사龜岡精舍를 완공하고, 여름에는 해인사를 유람하다.

50세(1919년) 파리장서사건(1차 유림단사건)으로 5월 3일 진주경찰서에 구인되었고, 7월 10일에도 성주에서 구인되다. 스승 곽종석이 대구감옥에 수감되어 있다가 병보석으로 풀려난 후 곧 사망하다.

51세(1920년) 문하로 찾아오는 사람이 많아 여름에는 모천정某川亭에서 만나다.

57세(1926년) 상해임시정부와 관련한 2차 유림단사건으로 달성감옥에 3월부터 11월까지 수감되다.

62세(1931년) 덕곡서당德谷書堂을 완공하다.

66세(1935년) 인천월미도와 호남 지역을 유람하다.

68세(1937년) 현풍의 도동서원 원장에 오르다.

69세(1938년) 『동유학안』 저술에 필요한 자료를 찾아 경성도서관을 찾아가다. 호남의 장성 백양사와 광주 무등산, 무안의 변산, 곡성, 구례 화엄사 등을 방문하다.

71세(1940년) 4월에 금강산, 천마산天磨山 박연폭포, 묘향산 단군

굴과 동룡굴蝀龍窟, 평양의 연광정練光亭 등을 유람하다.

72세(1941년) 호남의 송광사와 여수의 이충무공 유적을 둘러보고, 니동서당尼東書堂에서 회합하다.

73세(1942년) 두방재斗芳齋에서 태극심설太極心說에 대해 강론하다. 가을에는 단양으로 가는 길에 영주, 죽령, 제천 의림지, 탄금대를 거쳐 도담에 갔다가, 다시 안동에서 심성心性에 대해 논하였다.

74세(1943년) 『동유학안』이 완성되다.

76세(1945년) 국권이 회복되다.

77세(1946년) 7월 11일 임종하다. 10월에 구강龜岡의 옛터 기슭에 장사지내다.

1948년 문집이 완성되다.

1961년 4월 7일 덕곡서당 동쪽 기슭으로 이장하다.

하겸진의 생애를 정리해 놓고 보면, 무엇보다 눈에 들어오는 것은 그의 삶이 그토록 한결같고, 일관되어 있다는 점이다. 그의 77년 생애를 몇 단계로 나누어 이해하기 쉽도록 구분해 보기도 쉽지 않다. 삶에서 큰 방향전환이나 근원적인 변화라고 말할 수 있는 일이 없는 까닭이다. 그나마 조금의 설득력이라도 있게 나누어 보자면, 31세에 처음으로 문인을 받아들인 일을 기준으로 그 이전과 이후를 구분해 보는 정도를 생각해 볼 수 있을 것이다. 곧 그 이전이 성장 수학기라면, 그 이후부터 본격적인 학문의 성장기이자 학술 활동기라고 여겨지기 때문이다. 그리고 이와 같은 학술 활동기는 사실상 그의 임종 때까지 큰 변화 없이 계속되었다.

이렇게 2단계로 그의 삶을 나누어 볼 때, 먼저 성장/수학기에서 우리가 주목할 수 있는 부분은 10세 이전에 조부와 재종조부로부터 학문적 기초를 다졌다는 것, 그리고 비교적 늦은 나이인 27세에서야 곽종석을 만나 스승으로 모시게 되었다는 점이다. 10세 이전부터 시작된 가학의 내용은 성리학과 깊이 관련되어 있었다고 여겨지지는 않지만, 17세 갓 결혼한 그가 8세 때부터 배웠던 재종조부 쌍강雙岡 하홍운河洪運을 모시고 후산后山 허유(許愈, 1833~1904)와 만성晩醒 박치복(朴致馥, 1824~1894)을 찾아가 만나는 장면은 주목된다. 그 가운데 박치복은 성재性齋 허전(許傳, 1797~1886)의 문인이라고 할 수 있는 인물이지만, 특히 허유는 이진상의 제자이자 훗날 그가 스승으로 모신 곽종석의 동문 사형제가 되기 때문이다.

당시 진주, 합천, 하동, 의령 등의 경상우도에는 허전, 이진상, 노사蘆沙 기정진(奇正鎭, 1798~1879), 연재淵齋 송병선(宋秉璿, 1836~1905) 등의 문인들을 중심으로 퇴계학파와 율곡학파의 다양한 계열에 속하는 학자들이 활약하고 있었다. 이와 같은 상황에서 10대 후반에 허유와 박치복을 만났다는 것은 일정한 의미를 가진다고 생각되지만, 이와 같은 기회를 통해서도 그는 어떤 사승을 확정하지는 않았다. 이후 거의 10년 동안 그는 여전히 일정한 사승 없이 동향의 인물들과 낙수재落水齋나 산천재山天齋 등에서 학업에 열중하였다.

충분히 예상되는 것이지만, 그는 곽종석의 문하로 입문하기 이전에 이미 다양한 계열의 학문적 특징과 지향을 일정 부분 이해하고 있었을 것으로 짐작된다. 그리고 그와 같은 이해를 바탕으로 최종적으로 곽종석을 스승으로 모시게 되었을 것으로 생각한다. 이 점은 그가 곽종석 문하에 입문하기 전에 『도문작해』를 편찬하였고, 또 입문한 지 불과 3년 뒤에 문인을 받아들이고 있다는 사실에서 어느 정도 확인된다. 이렇게 30대 초반, 문하생을 받아들이면서 시작된 본격적인 학문 활동은 임종 때까지 한결같은 모습으로 유지되어 나타난다. 이 시기, 곧 그의 학술활동기에서 특히 주목되는 그의 행적은 다음과 같은 세 가지이다.

첫 번째 눈에 들어오는 것은 그의 삶에서 비교적 큰 곤경이라고 할 수 있는 50세 때의 1차 유림단사건(파리장서사건)과 57세 때의 2차 유림단사건으로 인한 감옥살이다. 1919년 1차 유림단사건으로 그는 5월 3일 진주경찰서에, 7월 10일에는 성주에서 구인되었고, 그의 스승 곽종석은 결국 감옥에서 병을 얻어 보석으로 풀려났지만, 오래지 않아 결국 사망하고 말았다. 또한 그는 상해임시정부의 군자금 모금과 관련해 1926년에 일어난 2차 유림단사건으로 3월부터 11월까지 약 8개월 동안 달성감옥에서 옥살이를 해야만 했다. 큰 변화가 없는 그의 삶에서 보자면 이와 같은 옥살이는 대단히 이질적인 성격을 가진 것이지만, 그가 이것들을 회피하지 않았다는 점에서, 현실을 바꾸고자 하는 그의 의지가 어떤 성격의 것이었는지를 짐작할 수 있다.

둘째로 주목되는 부분은 그의 잦은 여행이다. 그는 평생 15회에 달하는 여행을 실행에 옮겼다. 26세(1895년)에 처음으로 10여 명의 사람과 금산錦山을 유람한 것을 시작으로 30세(1899년) 가을 지리산을 유람하였고, 32세에는 스승 곽종석 등 40여 명과 금산을 여행하였다. 33세에는 현풍, 안동, 구미, 예안 등의 선현들 사묘에 참배하고, 돌아오는 길에 고산서당, 목은영당, 병산서원 등을 방문하였다. 35세(1904년)와 36세(1905년)에는 지리산 천왕봉을 올랐고, 37세(1906년)에는 관포灌圃 어득강(魚得江, 1470~1550)과 퇴계退溪 이황(李滉, 1501~1570)의 유적이 있는 곤양昆陽의 작도鵲島를 유람하였다. 그리고 39세(1908년) 가을에는 통영의 충열사를 참배하였고, 44세(1913년) 봄에는 계룡산 동학사, 서울, 개성의 선죽교, 평양, 청천강을 거쳐 중국 안동현의 원보산과 봉천 등을 여행하였다. 48세(1917년) 여름에는 해인사를, 다시 66세(1935년)에는 인천 월미도와 호남 지역을 유람하였으며, 69세(1938년)에는 경성도서관을 거쳐 호남의 장성 백양사와 광주 무등산, 무안의 변산, 곡성, 구례 화엄사 등을 방문하였다.

고령인 71세(1940년)에도 금강산, 천마산天磨山 박연폭포, 묘향산 단군굴과 동룡굴蝀龍窟, 평양의 연광정練光亭 등을 유람하였고, 72세(1941년)에는 호남의 송광사와 여수의 이충무공 유적 등을 둘러보았으며, 73세(1942년)에는 마지막으로 단양으로 가는 길에 영주, 죽령, 제천 의림지, 탄금대를 거쳐 단양의 도담에 갔다가, 다시 안동을 들르기도 하였다. 곡절이 많았던 50대의 10여 년을 제외하고는 70세가 넘은 고령이 되어서도 다양한 지역을 두루 여행했다. 상당수의 여행은 선현에 대한 참배를 목적으로 한 것이었고, 수십 명의 사람이 참여한 대규모 단체 여행이기도 했다.

그런데 그 중에서도 특히 1910년 나라가 망했다는 소식에 두문불출 칩거하다가, 44세인 1913년에 떠난 여행이 서울, 개성의 선죽교와 평양을 거쳐 중국의 안동현과 봉천이었다는 점은 많은 것을 시사해 준다. 새로운 실천과 그 방향을 모색하는 여행이 아니었을까 짐작해 볼 수 있는 것이다. 여기에 그치지 않고 그가 여행한 지역에 충무공忠武公 이순신(李舜臣, 1545~1598)과 관련된 유적지나 이황 등과 같은 선현이나 유학자들과 관련된 지역이 상당수 차지하고 있다는 점에서 그의 여행이 무엇을 목적으로 했는지를 대략 유추해 볼 수 있다고 생각된다. 특히 이와 같은 여행을 그 홀로 나섰던 것이 아니라, 스승이나 제자 혹은 동료들 수십 인과 함께했다는 점은 더욱 주목되는 부분이다. 그에게 여행은 역사를 기억하는 일인 동시에 그것을 계승하는 방식이기도 했다.

셋째는 그가 교육에 대해 보여준 관심이다. 그는 31세에 문인을 처음으로 받아들인 후, 평생을 교육에 종사했다. 사망한 해까지 문인들과 편지를 주고받으며 성리학적 논의를 진행하였다. 이런 그에게 교육공간에 관한 관심도 깊을 수밖에 없었다. 36세(1905년)에 처음으로 각봉의 사곡에 정사를 지으려고 마음먹었지만, 실행에 옮기지는 못한 것으로 보인다. 그 뒤에 그는 이산재伊山齋에 거주하며 문인들을 가르쳤고, 48세(1917년) 때에는 마침내 구강정사龜岡精舍를 완공하였다. 51세(1920년)에는 문하로 찾아오는 사람이 많아 여름에는 모천정某川亭에서 교육이 이루어지기도 했다. 그리고 62세

(1931년)에는 덕곡서당德谷書堂을 완공하였고, 68세(1937년)에는 현풍 도동서원의 원장을 지내기도 하였다. 교육과 교육공간에 대한 깊은 관심에서 보자면 그에게 있어 교육은 특별한 의미가 있던 것임을 짐작하게 된다. 아울러 여기에서 우리는 유학의 전승이나 국권의 회복이 모두 교육을 통해서만 이루어질 수 있다는 그의 절박한 생각을 읽을 수 있다.

전체적으로는 보자면, 그 삶의 시종은 일관되게 성리학자의 삶이었고, 성리학에 대한 믿음이 흔들리지 않았다. 2차례나 감옥살이를 했던 것도, 스승과 제자들과 함께 대규모 유람을 떠났던 것도, 그리고 문인을 받아들여 교육하고, 또 교육공간을 확보하기 위한 모든 노력은 그에게 있어서 성리학을 지켜내는 길이면서, 역사를 기억하는 방식이고, 잃어버린 국권을 회복하는 하나의 방법이었다고 생각된다.

3. 저술을 통해서 본 학문적 지향

앞에서 우리는 하겸진의 삶과 그 행적을 통해 그가 어떤 삶을 살았고 또 그 삶은 무엇을 지향하고 있었는지를 확인해 보았다. 이제는 다시 논의의 방향을 바꿔서 『연보』의 기록에 근거해 그의 저술과 글, 그리고 관심을 보인 분야를 통해 그의 학문적 지향을 이해해 보자. 그의 행적에 대한 이해와 마찬가지로, 먼저 『연보』에 근거해 그가 어떤 저술과 글, 편지글을 남기고 있는지를 연대순으로 그 대략을 정리하면 다음과 같다.

> 24세(1893) 산천재에 수개월을 머무르며 공유孔維, 중근仲謹, 희녕希寧과 함께 조식의 『학기學記』의 내용을 바로잡았다.
> 26세(1895) 왕양명이 편찬한 「주자만년정론朱子晩年定論」에 대해

「주자만년정론후朱子晩年定論後」를 쓰다.

27세(1896) 퇴계의 글 가운데 중요한 구절을 모아 『도문작해陶文酌海』 6책을 편찬하다.

29세(1898) 「한전사의限田私議」를 짓다. 「상후산허선생上后山許先生」에서 리일분수理一分殊를 논하다. 「상장사미복추上張四未福樞」에서 태극동정太極動靜의 의미를 논하다.

30세(1899) 「여물천김진호與金勿川鎭祜」에서 명덕심성설明德心性說을 논하다. 「답권군오재규答權君五載奎」에서 리기理氣의 다름[非]에 대해 논하다. 「여윤교우與尹膠宇」에서는 '심리설心理說'에 대해 논하다.

31세(1900) 「답이공유答李孔維」에서 서교西敎와 유학儒學에 대해 논하다.

32세(1901) 「답권호중答權浩仲」에서 '성사심제지설性師心弟之說'이 나정암羅整庵에 뿌리를 두고 있음을 논하다.

35세(1904) 「가어론家語論」을 지었는데, 김시한金時瀚의 물음에 답하기 위해 지었다.

36세(1905) 「상면우선생上俛宇先生)」에서 시사時事와 출처出處의 의리에 대해 논하다. 음력 8월에 『어류』간행을 마무리하다.

39세(1908) 『어류절요語類節要』 10책을 편찬하다. 조효근趙孝謹과 함께 『명사강목明史綱目』 18권卷을 편수하다.

40세(1909) 동서양사를 저술하려고 하였지만, 사료를 구하기 어려워 일을 시작하지 못했다는 사실을 면우선생에게 보낸 편지에서 확인할 수 있다.

41세(1910) 「수우당최선생실기발守愚堂崔先生實記跋」을 짓다.

43세(1912) 「답하희문중환答河希文中煥」에서 강유위康有爲와 양계초梁啓超의 공리지학에 대해 분별하다.

48세(1917) 「경의당중건상량문敬義堂重建上樑文」을 짓다. 「박순변성악설駁荀辨性惡說」을 짓다. 「성사심제변性師心弟辨」 상하편을 지어 전우田愚의 주기설이 옳지 않음을 밝혔다. 「답조중근答曺仲謹」에서 『송원宋元學案』『명청학안明淸學案』에 대해 논하다. 「안의사전후安義士傳後」를 쓰다. 「신주광복지후神州光復誌後」를 쓰다. 「포은선생년보별본후圃隱先生年譜別本後」를 쓰다.

49세(1918) 「교정삼국사기서문校正三國史記序文」을 쓰다. 「중산랑전후中山狼傳後」를 쓰다.

50세(1919) 「구강대명고금시의척공리사설龜岡對明古今時義斥功利邪說」을 짓다. 「심위자모설心爲字母說」 5편篇을 저술하다.

52세(1921) 경의당敬義堂 낙성시 남명선생南冥先生에게 고하는 「축문祝文」을 짓다. 진주 비봉산 아래에 있는 「포은선생유적비圃隱先生遺蹟碑」 비문을 짓다. 「박연암옥새론후朴燕庵玉璽論後」를 쓰다.

54세(1923) 「김장군덕령전후金將軍德齡傳後」을 쓰다. 「조중봉전후趙重峯傳後」를 쓰다.

55세(1924) 「뢰산양일본사후賴山襄日本史後」를 쓰다. 「노량충렬사기露梁忠烈祠記」를 쓰다.

58세(1927) 「고정논어考正論語」를 완성하다. 「상서고문변증尙書古文辨證」 2(篇)를 지어 강유위康有爲와 황종이黃宗彝의 잘못을 깊이 분별하다. 「삼역고三易考」를 지어 연산連山과 귀장歸藏의 잘못을 논하다.

59세(1928) 「도암심설변陶菴心說辨」을 짓다. 퇴계와 비교할 때 도암은 말은 같지만 뜻은 다르고[(言同而意異)], 남당에 비교할 때 말은 다르지만 지향은 다르다[(語異而志同)]고 구분한다. 작석합보공변의 론계몽본도作析合補空辨疑 論啓蒙本圖. 「독농암집讀農巖集」을 지어 심을 기로 삼은 것이 옳지 않음을 논하다.

60세(1929) 「명장열전名將列傳」, 「용장열전勇將列傳」을 짓다.

64세(1933) 「치피설致辟說」을 지어, 근세에 사친私親을 위해 치피설을 말하는 사람을 깊이 배척하다. 「안순암선생계방일기후安順庵先生桂房日記後」를 쓰다. 「답김황答金榥」에서 『명청학안明淸學案』의 심리心理 학설의 득실에 대해 논하다.

66세(1935) 「춘추번로후春秋繁露後」를 쓰다

68세(1937) 「심통성정도설후心統性情圖說後」를 쓰다. 「수미음首尾吟」 134首를 짓다.

69세(1938) 「육십구자술六十九自述」 절구絶句 10수를 짓다.

70세(1939) 『주어절요朱語節要』 10책을 문인들이 간행하다.

72세(1941) 『동시화東詩話』를 지었는데, 정인보가 서문을 쓰다. 「답송순좌答宋舜佐」에서 유학의 말폐末弊에 대해 분명히 하다.

73세(1942) 「답정우현答鄭友鉉」에서 동서양철학東西洋哲學을 논하다.

74세(1943) 『동유학안東儒學案』을 완성하다. 「답권덕부노섭答權德夫魯燮」에서 주자와 퇴계의 심학설心學說과 자신이 지은 「심위자모설心爲字母說」에 대해 논하다. 「답조형진윤식答趙亨進綸植」에서 명덕심성明德心性의 동이同異에 대해 논하다.

이와 같은 그의 저술과 문장, 편지글에 대한 대략적인 정리에서도 우리는 몇 가지 특징을 확인할 수 있다. 무엇보다 먼저 앞의 정리한 내용에서 우리가 주목하는 것은 그의 저술이다. 앞의 정리에 따르면, 그의 저술은 다음과 같은 6종으로 정리된다.

① 27세(1896) 『도문작해陶文酌海』 6책

② 39세(1908) 『어류절요語類節要』 10책

③ 『명사강목明史綱目』 18권

④ 70세(1939) 『주어절요朱語節要』 10책

⑤ 72세(1941) 『동시화東詩話』

⑥ 74세(1943) 『동유학안東儒學案』

이처럼 그의 저술은 27세부터 74세에 이르기까지 완성된 6종으로 정리되지만, 39세에 쓴 『어류절요』와 70세의 『주어절요』가 사실상 같은 저술인 까닭에 그의 저술은 모두 5종이다. 그 가운데 『도문작해』나 『주어절요』(『어류절요』)는 이황과 회암晦庵 주희(朱熹, 1130~1200)의 언설 가운데 중요한 것을 요약 정리한 책이라면, 『명사강목』은 명나라의 역사에 관한 기술을 통해 중화계승의식을 보여준 저술이고, 『동유학안』은 주자학을 중심으로 한 도통론적 관점에서 우리나라의 유학사를 영남학파 중심으로 정리하고 있다.

무엇보다 20대 후반의 나이에 이미 퇴계학의 주요 내용을 요약해 정리하고, 또 30대 중반인 36세에는 『주자어류』를 간행했을 뿐만 아니라, 그 뒤를 이어 39세에 그것을 요약한 『어류절요語類節要』 10책을 편찬하는 모습은 그가 얼마나 퇴계학과 주자학을 신봉하고 있는지를 보여준다. 동시에 그의 저술 구성으로부터 세상이 어지러워지는 것은, 결국 퇴계학과 주자학을 중심으로 하는 도학의 전통이 무너지고 계승되지 못했기 때문이라는 문제의식을 읽을 수도 있다. 그리고 이러한 도학의 전통은 곧 『명사강목』에서 확인되는 중화의 전통이기도 했고, 동시에 그가 『동유학안』을 통해 보여주고 계승하고자 했던 도통이었다고 이해된다.

이러한 측면에서 보자면, 우리는 그가 27세에 지은 『도문작해』를 통해 그의 학문이 어디로 향하고 있는지를 이미 확인하게 된다. 27세는 그가 곽종석의 문하에 입문한 해이지만, 이 책은 입문 전에 이미 완성되었다는 점에서 당시 영남우도의 학문적 흐름 속에서 그가 어떤 이유로 곽종석의 문하에 입문하게 되었는지를 이해할 수 있는 것이다. 당시 영남우도에는 율곡학파 계열의 송병선과 전우 그리고 기정진 외에도 허전과 이진상 등의 문인들이 동시에 왕성하게 활동하고 있었다. 다양한 학문적 선택지가 제시되었고, 그 가운데 그는 일찍부터 퇴계학에 대한 이해와 함께 그 학문적 방향을 결정하고 있었던 것으로 이해된다.

그리고 이와 같은 그의 학문적 지향은 시종일관 견지되었다. 곽종석의 문하에 입문한 지 불과 3년 뒤에 지인들과 주고받는 편지글, 곧 30세에 권재규에게 쓴 편지 「답권군오재규答權君五載奎」에서 리기理氣의 다름[非]에 대해 논하고 있고, 교우膠宇 윤주하(尹胄夏, 1846~1906)에게 보낸 편지 「여윤교우與尹膠宇」에서는 '심리설心理說'에 대해 논하고 있다. 리와 기를 분리해 보려는 노력과 심과 리의 관계에 대한 논의가 그 중심이었다. 여기에 더해 48세에 지은 「성사심제변性師心弟辨」 상하편에서는 전우의 주기설을 비판하고, 59세에 농암農巖 김창협(金昌協, 1651~1708)의 『농암집農巖集』을 읽고 쓴 「독농암집讀農巖集」에서는 심心을 기氣로 보는 것이 옳지 않다고 비판한다. 이 모든 내용은 이황의 시각과 크게 차별적이지 않을 뿐만 아니라, 동시에 그의 스승인 곽종석의 연원인 한주학의 문제의식과 맥을 함께 하고 있다. 이와 같은 사실에서 볼 때, 그는 20대 학문을 시작할 때부터 퇴계학에 대한 이해와 함께 한주학의 특징을 계승하고 있었고, 그것은 그의 일생 변하지 않았다. 아울러 70세가 넘어서도 문인들과 성리학에 대한 논의를 진행하였다는 점에서, 성리학에 대한 그의 태도가 시종일관 한결같았다는 것을 확인하게 된다.

다음으로 그의 저술이나 문장에서 확인되는 주요한 특징은 '역사에 대한 깊은 관심'이다. 그의 주요 저술인 『동유학안』 역시 유학의 전개사이자 도통의 전승사이고, 이러한 특징은 그의 다른 저술 『명사강목』에서도 확인된다. 그뿐만 아니라 그는 40세(1909)에 동서양사를 저술하려는 마음을 먹었지만, 사료를 구하기 어려워 일을 시작하지 못했다는 사실을 그의 스승 곽종석에서 토로하기도 하였다. 이 밖에도 그는 「교정삼국사기서문校正三國史記序文」, 「상서고문변증尙書古文辨證」 2편, 「춘추번로후春秋繁露後」 등의 글을 지었다. 모두 직간접적으로 그의 역사에 관한 관심을 확인할 수 있는 부분이다.

그리고 그의 이와 같은 역사에 관한 관심은 「안의사전후安義士傳後」, 「포은선생연보별본후圃隱先生年譜別本後」, 「김장군덕령전후金將軍德齡傳後」, 「조중봉전후趙重峯傳後」, 「노량충렬사기露梁忠烈祠記」, 「명장열전名將列傳」, 「용장열전勇將列傳」, 「안순암선생계방일기후安順庵先生桂房日記後」 등으로 이어져, 역사 속 인물들을 기념하고 있다. 주목할 부분은 이렇게 기념되고 있는 인물 대부분이 외적의 침입을 물리친 사람들이자, 상당수는 일본의 침략에 맞서 싸운 사람들이라는 사실이다. 특히 역사에 관한 관심은 1910년 국권침탈 이후 더욱 깊어졌다는 점에서, 그것은 곧 국권을 회복하는 그의 방식이었다고 이해된다.

이 밖에 그의 저술과 글에서 확인되는 특징은 성리학에 한정하지 않은 '다양한 영역에 관한 관심'이다. 그는 성리학 이외의 것을 모두 배척하거나, 오직 성리학에만 관심을 보이는 고루하고 보수적인 유학자가 아니었다. 그는 31세(1900)에 쓴 「답이공유答李孔維」에서 서교西敎와 유학儒學에 대해 논하고 있고, 43세(1912)에 「답하희문중환答河希文中煥」에서 강유위康有爲와 양계초梁啓超의 공리학에 대해 논하고 있다. 또한 「뇌산양일본사후賴山襄日本史後」를 짓고, 노년인 73세(1942)에는 「답정우현答鄭友鉉」에서 동서양철학東西洋哲學을 논하는 모습을 보여준다. 72세(1941)에는 「답송순좌答宋舜佐」에서 유학의 말폐末弊에 대해 논하기도 하였다. 다루었던 주제에서 보자면, 서양의 학문과 중국 학자들의 공리학, 일본사와 동서양철학 그리고 유학의 말폐까지 주목했다. 그는 비록 주자학과 퇴계학을 도통으로 삼고, 그것의 계승에 힘을 쏟았지만, 세상의 흐름과 변화를 주시하고, 그 변화의 힘이 어디에 기원하고 있는지를 깊이 성찰하고 있었던 것이다.

마지막으로 그의 저술과 글에서 확인되는 특징을 꼽으라면 '남명에 대한 관심'이다. 그는 24세(1893)에 조식이 세운 산천재山天齋에 머무르며 공유孔維, 중근仲謹, 희녕希寗과 함께 『학기學記』의 내용을 바로잡았다. 『학기』는 조식의 『학기유편學記類編』을 가리킨다. 그의 남명학에 대한 나름의 이해를 확인할 수 있는 부분이다. 여기에 그치지 않고, 그는 48세(1917)에 덕천서원의 「경의당중건상량문敬義堂重建上樑文」을 지었고, 52세(1921)에 경의당敬義堂이 낙성되었을 때에는 「축문祝文」을 지었다. 이와 같은 사실에 근거해 보자면, 비록 직접 그의 학문이나 관점에서 조식의 영향 관계를 확인하지는 못하더라도, 정서적인 측면에서 남명학은 그의 삶에 일정한 영향력을 행사했다고 보는 것이 합리적이라 생각된다.

이처럼 저술과 문장, 편지글에서도 그는 평생 일관되게 성리학, 특히 퇴계학을 토대로 하는 한주학적 특징을 견지하였다.[5] 아울러 역사에 관한 관심을 통해 뿌리와 근원을 잊지 않고, 또 그것을 국권회복의 토대로 삼으려 노력하였다. 완고한 수구의 태도가 아닌, 성리학에 한정하지 않고 다양한 영역에 관해 관심을 기울이는 모습 또한 확인할 수 있다.

4. 성리학의 내용과 특징

앞에서 우리는 그 삶의 행적, 그리고 다양한 형태의 저술과 문헌 그리고 편지글을 통해 그의 삶이 무엇을 지향하고 어떤 방향으로 나아가고자 했는지를 이해해 보았다. 이 글의 목표에서 보자면, 이제 남은 것은 성리학 관련 문장에서 직접 그의 성리학에 대한 이해, 특히 한주학과의 관련성 속에서 드러나는 그의 성리학적 특징을 확인하는 일이다. 이것과 관련된 우리의 논의는 여전히 그의 『연보』에 한정할 필요가 있다고 생각된다. 연보에는 그의 성

5) 일반적으로 퇴계학과 한주학 사이에도 상당한 정도의 '同'과 '異'를 인정하지만, 최소한 하겸진에게 한주학은 퇴계학을 토대로 한 것이자, 충실한 계승자였고, 그것은 사실여부와 상관없이 그가 견지한 태도였다고 생각된다.

리학과 관련된 기본적인 특징을 확인할 수 있는 3편의 글, 곧 「심위자모설心爲字母說」, 「성사심제변性師心弟辨」, 「국성론國性論」 등의 글이 실려 있기 때문이다.

그런데 앞에서도 이미 확인했듯, 하겸진은 이진상으로부터 곽종석으로 이어진 한주학파의 흐름 속에 있는 까닭에, 그의 성리학적 특징 역시 한주학과의 관련성이 그 중심 내용이 될 수밖에 없다고 생각된다. 한주학이 보여준 특징을 얼마나 잘 계승하고 있는지가 그의 성리학적 특징을 이해하는 기준점이 되는 셈이다. 이렇게 보자면 결국 우리의 이야기는 먼저 한주학과 그의 스승 곽종석의 성리학적 특징에 대한 논의에서 시작되어야 할 것 같다. 그 뒤를 이어 이들이 보여준 특징이 하겸진의 성리학에 계승되고 있는지를 확인해야 하는 것이다. 이것이 우리 논의의 주요한 틀이기도 하다.

먼저 한주학의 특징을 정리해 보면, 그것은 일반적으로 '리발일도설'과 '심즉리설'로 요약된다. 그리고 이 '리발일도설'과 '심즉리설'은 직접적인 '리발'의 긍정을 통해 기에 대한 리의 주재성을 확정함으로써 도덕의 필연성을 확보하려는 철학적 문제의식과 함께, 그와 같은 문제의식이 진정한 주희의 뜻과 일치한다는 점에 대한 확신, 이 확신으로부터 율곡학파의 '기발리승일도설'로 대표되는 주기적인 학문에 대한 강한 비판적 태도로 나타난다.[6] 이 몇 가지는 한주학이 보여주고 있는 기본적인 특징이다.

그리고 이 같은 한주학의 특징 외에, 스승인 곽종석과의 관련성을 고려한다면, 우리는 다음과 같은 사실에 주목할 수 있다. 곽종석의 성리학은 분명 그의 스승인 이진상의 학문을 충실하게 계승한 측면이 있지만, '리동성부동理同性不同'이나 '사단십정경위설四端十情經緯說' 등에서 일정한 이해방식의 차

6) 김기주. 2015. 「한주 이진상의 리기설: '리발일도설'을 중심으로」 『한국학논집』 제66집. 계명대학교 한국학연구원. 23~24쪽.

이를 보여준다고 알려져 있다.[7] 이해한 것을 설명하는 방식이나 표현의 차이에 불과할 수도 있지만, 아무튼 그 작은 차이 역시 곽종석과 하겸진 사이의 영향 관계를 확인할 수 있는 기준이 될 수도 있을 것이다.

따라서 이와 같은 두 가지 측면, 곧 한주학과 그것을 계승하면서도 새로운 모습을 보여주는 곽종석의 성리학이 보여주는 특징, 이 두 가지는 하겸진의 성리학적 좌표를 확인할 수 있는 중요한 기준점이 된다고 생각된다. 보다 구체적으로 그 기준들을 정리해 본다면 다음과 같다.

> ① '리발일도설'이나 '심즉리설'의 계승여부
> ② '리발'의 긍정, 리의 주재성 확보 등이 주자학의 일관된 지향이라는 확신
> ③ '심시기心是氣' 등 주기적인 학문에 대한 비판
> ④ '사단십정경위설'이나 '리동성부동' 등 곽종석 성리학의 특징 계승 여부

이 몇 가지 특징은 이진상·곽종석의 성리학과 하겸진이 어떤 관련성을 가지는지를 확인할 수 있는 기준점이 되기에 충분하다고 생각된다. 그리고 당연한 이야기지만, 이들 특징은 논리적 연관성에서 서로 독립해 있지 않고, 밀접하게 연결되어 있어서, '리발'에 대한 긍정은 자연스럽게 '심즉리'와 '리발일도'에 대한 긍정으로 이어지고, 그것은 역으로도 똑같이 작용한다. 이런 까닭에 ①·②·③ 가운데 한 가지 요소라도 분명하게 확인할 수 있다면, 세 가지 측면 모두가 동시에 긍정될 가능성이 클 수밖에 없다.

이제『연보』에 실려 있는 세 편의 성리학 관련 글 가운데, '심즉리설'이나

7) 추제협. 2017.「면우 곽종석의 철학과 한주학의 비판적 계승」.『한국학논집』제66집. 계명대학교 한국학연구원. 27쪽.

‘리발일도설’과 가장 깊이 관련된 「심위자모설」의 내용을 살펴보는 것에서 우리의 논의를 시작해 보자.

> 옛사람이 글자를 만드는 데 매우 깊은 뜻이 있어서, 글자에는 반드시 어미[母]가 있었으니, 성性과 정情이라는 글자는 모두 심心자에서 비롯되었고, 심은 성과 정자의 어미[母]이다. 그래서 성은 심의 체體가 되고, 정은 심의 용用이 되니, 하나는 체이고 하나는 용이다. 나누어 말하면 두 가지 이름이 있으나, 합하여 말하면 모두 심이다. 심을 비유하자면 수水이고(수는 글자의 어미[母]가 되는데, 원源과 류流자는 모두 수에서 나온 것이다.), 성은 비유하자면 원源이며(성은 불선한 것이 없고, 원은 맑지 않은 것이 없다.), 정은 비유하자면 원으로부터 출발한 류流이다.(정에는 선악이 있으니 류流에도 청탁이 있다. 주자는 심은 수水와 같고, 성은 수水의 고요함과 같으며, 정은 수의 움직임과 같다고 말하였다.) 나무 또한 그러해서(나무는 글자의 어미가 되어 근과 간자는 모두 나무에서 나온 것이다.) 성은 뿌리와 같고(맹자는 인의예지가 마음에 뿌리를 내리고 있다고 말하였다.), 정은 뿌리가 발현하여 가지 끝이 되는 것과 같다(주자는 성은 뿌리이고, 정은 돋아난 싹이라고 말하였다). 수는 또 다른 하나의 무엇이 아니라, 원源과 류流를 합한 이름이다.(파도[波]와 물결[瀾]과 여울[湍]과 물거품[泡]과 강[江]과 하천[河], 시내[溪]와 계곡[澗] 등의 수에서 비롯한 글자들은 모두 수이다.) 나무는 또 다른 하나의 무엇이 아니라, 뿌리와 줄기를 합한 이름이다(가지[枝]와 줄기[幹], 꽃[榮]과 잎[葉], 느릅나무[梗]와 녹나무[枏], 단풍나무[楓], 소나무[松] 등의 나무에서 비롯한 글자들은 모두 나무이다). 심은 또 다른 하나의 무엇이 아니라 성정을 합한 이름이다.[8]

8) 『晦峯先生年譜』「心爲字母說一」 “蓋古人制字, 極有深義, 字必有母, 性情字皆從心, 心字性情字之母也. 是以性爲心之體, 情爲心之用, 一體一用, 分而言之, 則有二名, 而總而言之, 則皆心也. 心譬則水也, 水爲字母源流字皆從水. 性譬則源也, 性無不善源無不淸. 情譬則源發而爲流也, 情有善惡流有淸濁. 朱子日心如水, 性如水之靜, 情如水之動. 惟木亦然, 木爲字母, 根幹字皆從木. 性猶根, 孟子日仁義禮智根於心, 情猶根發而爲餘也. 朱子日性是根, 情是那芽子. 水非別爲一物, 源流之總名也. 波瀾湍泡江河溪澗等字之從水者, 亦皆是水. 木非別爲一物, 根幹之

비교적 긴 인용문이지만, 여기에서 하겸진이 말하고자 하는 핵심 내용을 간추려 보자면 다음과 같은 세 가지로 요약할 수 있다.

> ① 글자의 관계에서 '심'이라는 글자는 '성'과 '정'이라는 글자의 어미[母]가 된다.
> ② 성은 심의 체體가 되고, 정은 심의 용用으로, 나누면 두 이름, 합하면 하나의 심이다.
> ③ 성정을 합한 것이 심이고, 이외에 다른 심이 없다.

①과 ③은 시각에 따라 완전히 다른 의미와 함께 분명한 차이를 가질 수 있다고 생각되지만, 하겸진은 ①과 ③의 의미를 동일한 차원 혹은 같은 것으로 이해하고 논의를 진행한다. 그리고 비록 글의 제목은 「심위자모설」이지만, 사실 그가 말하고자 하는 것 역시 ①보다는 ③의 의미이고, ①의 표현은 사실상 ③의 의미를 전달하기 위한 것이라고 판단된다. 그리고 그것은 결국 ②의 의미이기도 하다. 그리고 ①의 의미에서 보자면, 심과 성정의 관계는 어근과 파생어의 관계와 같은 것이다. 논리학에서 말하는 유개념과 종개념의 관계로 이해될 수도 있겠지만, ②나 ③의 의미에서 보자면, 심을 단순히 외연의 차이를 가진 유개념으로 이해하기보다, 성정은 심이 가진 두 가지 측면 혹은 심의 실질적인 두 가지 내용으로 이해하는 것이 하겸진의 본의에 가깝다고 생각된다.[9)]

그런데 바로 이와 같은 이해로부터 우리는 중요한 사실 하나를 확인할 수 있는데, 그것은 다름 아닌 한주학과의 직접적인 관련성, 곧 그의 '심즉리'

總名也. 枝幹榮葉梗枏楓松等字之從木者, 亦皆是木. 心非別爲一物, 性情之總名也."

9) 김낙진. 2008. 「회봉 하겸진의 국성론을 중심으로 본 일제강점기 유학자의 인간성 이해와 국가의식」, 『한국철학논집』 제24집. 77쪽 참조.

에 대한 긍정이다. 리기론이 제시하는 우주론적 혹은 본체론적 구도와 심성론이 제시하는 인간을 바라보는 구도, 이 둘을 겹쳐서 이해하는 주자학적 체계를 수용하는 주자학자라면 누구나 긍정할 수밖에 없는 것이 바로 '성즉리' 명제다. 이 명제에 더해, 성은 심의 체이고, 정은 심의 용이라는 시각, 혹은 성과 정은 심의 두 측면에 불과하다는 시각이 겹쳐질 때, '심즉리'는 자연스러운 결론이 된다. 다시 말해 하겸진은 이 구절 어디에서도 직접 '심즉리'나 '리발일도설' 등을 언급하지 않지만, '심위자모'라는 그의 언어로 그가 이해한 '심즉리'를 설명하고 있다.

또 다음과 같은 구절에서는, 한주학이 전제하고 있는 세 가지 눈높이를 그가 충실하게 계승하고 있는 사실과 함께, 곽종석과의 관련성을 일정 부분 확인할 수 있다.

> 대체로 옛사람은 먼저 심자 하나를 만들어 어미[母]로 삼았고, 처음부터 다시 돌고 돌아 수많은 글자를 만들어 그 체용과 본말로 뜻의 정밀한 것을 하나까지 전하지 않은 것이 없다. 체용과 본말이 이와 같은 까닭에 그 체의 미발한 것은 성이 되고, 성즉리이니 선하지 않은 것이 있지 않다. 그 용의 이발한 것은 정이 되는데, 정에는 성명으로부터 나오는 것이 있고, 형기를 따라 발하는 것이 있는 까닭에 선도 있고 선하지 않은 것도 있다(환흔懽忻, 희열憙悅, 우수憂愁, 비측悱惻, 괴작愧怍, 육이忸怩, 사유思惟, 념모念慕, 출척怵惕, 공구恐懼, 분노忿怒, 증오憎惡와 같은 종류는 모두 이발이며 정에 속하고, 선이 없을 수 없지만 또한 선하지 않음이 없을 수도 없다). 미발의 성과 성명으로부터 나와 형기에 연유하여 이발한 것을 합해서 말하면, 심은 리기가 합한 것이라고 말할 수 있다. 미발의 성과 성명으로부터 이발한 것을 골라내어 말하면, 심은 리라고 말할 수 있다. 형기에 연유하여 이발한 것에 치우쳐 말하면, 심은 기라고 말할 수 있다. 합해서 말하면 참과 거짓, 치우치고, 바른 것이 모두 갖추어지니, 공자가 말한 조사존망操舍存亡이 이것이다. 골라내어 말하는 것은 맹자가 말한 본심과 정자가 말한 심이 본래 선하

다는 말이 이것이다. 치우쳐서 말하면 대우모에서 말한 인심이 이것이다.(주자는 인심이 형기의 사사로움에서 생겨난다고 말하였다.) 이것은 모두 각각 주목한 것이 있어서 말은 다르지만 서로 흠이 되지는 않는다.[10]

여기에서 먼저 주목되는 것은 하겸진이 환흔懽忻, 희열憙悅, 우수憂愁, 비측悱惻, 괴작愧怍, 육이忸怩, 사유思惟, 염모念慕, 출척怵惕, 공구恐懼, 분노忿怒, 증오憎惡와 같은 12가지 종류의 감정을 제시하고 있다는 사실이다. 그리고 이것은 자연스럽게 그의 스승인 곽종석을 떠올리게 만든다. 곽종석은 칠정인 희노애락애오욕에 분忿·구懼·우憂를 더해 열 가지 정을 제시하였다. 인간의 감정은 기에 의해 일어나는 여러 가지 현상으로 일곱 가지로 한정할 필요가 없으며, 다양성을 인정할 수 있다고 생각했던 것이다.[11] 칠정을 엄격하게 해석해 반드시 일곱 종류의 감정만으로 제한할 필요가 있는지는 또 다른 논쟁을 부를 수도 있는 문제이다. 하지만 분명한 것은 칠정에 한정하지 않는 곽종석의 태도나 시각이, 하겸진에게 12가지 종류의 정을 제시하는 모습으로 이어지고 있다는 점이다. 하겸진에게서 확인되는 곽종석의 흔적인 것이다.

그뿐만 아니라, 여기에서 우리는 한주학이 제시하고 있는 세 가지 눈높이를, 그가 충실하게 이해하면서 계승하고 있다는 사실 역시 확인할 수 있

10) 『晦峯先生年譜』「心爲字母說三」 "蓋古人先制一心字爲之母焉, 旣又旋旋排撰許多字, 以該其體用本末, 無一之或遺其義精矣. 體用本末旣如是, 故其體之未發者爲性, 性卽理, 故無有不善. 其用之已發者爲情, 情有從性命出者, 有緣形氣發者, 故有善有不善.(懽忻憙悅憂愁悱惻愧怍忸怩思惟念慕怵惕恐懼忿怒憎惡之類, 皆其已發而情之屬也, 不能無善, 亦不能無不善) 以未發之性與已發之從性命緣形氣者而合言之, 則心可曰合理氣. 以未發之性與已發之從性命者而剔言之, 則心可曰理. 以已發之緣形氣者而偏言之, 則心可曰氣. 合言之則眞妄邪正備焉, 孔子所云操舍存亡是也. 剔言之則孟子之曰本心程子之曰心本善是也. 偏言之則大禹謨所言人心是也.(朱子曰人心生於形氣之私) 是皆各有所主, 故言之不同而不相病也."

11) 추제협. 2017.「면우 곽종석의 철학과 한주학의 비판적 계승」『한국학논집』제66집. 계명대학교 한국학연구원. 23쪽

다. 한주학에서는 '리발일도설'을 제시하면서, 주요한 근거로 세 개의 눈높이를 제시하는데, 바로 수간과 횡간, 도간이 그것이다. 그런데 이 세 가지 상이한 눈높이는 하겸진에서도 동일하게 발견된다. 다만 그것을 부르는 명칭이 다를 뿐이다. 그는 자신이 이해한 것을 자신의 언어로 설명하고 있는데, '골라내서 말하기[剔言]', '합해서 말하기[合言]', '치우쳐서 말하기[偏言]'가 그것이다. 그런데 여기에서 그는 직접 이 세 가지 눈높이를 토대로 '리발일도설'을 주장하거나 그 의미를 강조하지 않고, 각각의 관점이 주목한 것 혹은 눈높이가 다를 뿐이라는 조심스러운 태도를 취할 뿐이다. 그의 관점이 무엇을 지향하고 있는지는 다른 곳의 다음과 같은 구절에서 더욱 분명하게 확인할 수 있다.

따라서 심이 글자의 어미가 되는 것을 알면, 심을 말하는데, 리라고 말하거나, 기라고 말하거나, 리기를 겸했다고 말하는 것 모두 각각 하나의 의미가 되어서 서로 흠이 되지 않는다. 심이 글자의 어미가 되는 것을 알지 못하면, 리라고 말하거나, 기라고 말하거나, 리기를 겸했다고 말하는 것 모두 잘못이 없을 수가 없는데, 주기가 그것에서 더욱 심하다.[12)]

그의 말에 따르면, '골라내서 말하기', '합해서 말하기', '치우쳐서 말하기'는 그 자체로 정당성이 평가되는 것이 아니다. 그것은 '심이 성이나 정 글자의 어미가 되는 것'을 아는지 여부에 의해서 평가된다. 이것은 곧 '심이 성이나 정 글자의 어미가 되는 것'을 안다면, 다시 말해 심이 성이나 정과 분리되거나, 성이나 정과 다른 어떤 것이 아니라는 점을 인정한다면, 그 안에서 '골라내서 말하는 것', '합해서 말하는 것', '치우쳐서 말하는 것'이 모두 성립한다는 말이다. 그런데 만약 '심이 성이나 정 글자의 어미가 되는 것'을 알지 못한

12) 『晦峯先生年譜』「心爲字母說五」. "是故知心之爲字母, 則言心而曰理曰氣曰兼理氣, 皆各爲一義, 而不相病焉. 不知心之爲字母, 則曰理曰氣曰兼理氣, 均不能無失, 而主氣其尤也."

다면, 다시 말해서 그것을 인정하지 않는다면, '골라내서 말하는 것', '합해서 말하는 것', '치우쳐서 말하는 것'이 모두 잘못된 것이고, 그 중에서도 '치우쳐서 말하기'가 가장 크게 잘못되었다고 주장한다. 이것은 결국 성정이 심의 실제 내용이나 심의 두 측면이라는 사실, 보다 적극적으로는 '심즉리'를 인정하지 않는다면, 어떤 형태의 이해도 문제가 있다는 것을 의미한다. 그런 까닭에 완곡하지만 결과적으로는, '치우쳐서 말하기' 곧 '도간'을 통해 '심즉기'를 주장하는 율곡학과 그 계승자에 대한 강한 비판적 시각이 이 관점 속에 담겨 있다고 이해할 수 있는 것이다.

이와 같은 '심즉기'를 주장하는 율곡학에 대한 비판은 「성사심제변」에서 더욱 분명하게 확인된다.

> 성은 스승이고 심은 제자라는 말은 원래 노주에게서 나온 말이다. 노주는 성으로 심을 주재하는 것으로 삼았는데, 간재가 그것을 토대로 빌려 사용하면서 이러한 주장이 있게 되었다. 성이 진정으로 주재할 수 있다면, 성을 높이고 심을 낮춰 스승이라 부르고 제자라 부른들 어떻게 잘못이 있겠는가? …… 묘합하고, 주재하고 통솔하는 것이 낮아지고 제자가 되며, 그 묘합되는 것, 주재되는 것, 통솔되는 것이 존귀하고 스승이 되는 것, 이런 도리가 있는가? 주자는 또 횡거가 심은 작고 성은 크다고 말하였는데, 심성은 하나인데 어떻게 작고 큰 것이 있겠는가라고 말하였다. 작고 크다고 말하는 것도 잘못인데 어떻게 높고 낮다고 하겠는가? 심은 천군으로, 그 높음은 비교할 것이 없으니, 백체가 명령을 따른다. 간재는 백체는 심을 따르고, 심은 성을 따르니, 마치 백관과 만민이 군주를 따르고, 군주는 천을 따르는 것과 같다고 생각하는데, 이것은 아주 비슷한 것처럼 들린다. …… 역래의 오래전 성현들을 살펴봐도 존비사제를 말한 사람은 없었다. 그런데 유독 육조 혜능은 심은 땅이고, 성은 왕으로 왕은 땅 위에서 거주한다고 말하니 이것이 존비의 뜻이고, 또 왕은 명령을 내리는 것이니 주재자가 된다. 간재는 스스로 자신의 말이 모르는 사이에 이들과 합치하는 것을 알지 못하고, 도리어

주얼로洲蘗蘆를 이단으로 삼아 배척하니 어떻게 미혹된 것이 아니겠는가?[13]

여기에서 하겸진은 '성사심제性師心弟', 곧 '성은 스승이고 심은 제자'라는 주장이 '노주老洲' 곧 노주老洲 오희상(吳熙常, 1763~1833)로부터 나온 것인데, 그것을 전우가 받아들였다고 전제한다. 그리고 비판의 목소리를 높여 '묘합하고, 주재하고, 통솔하는 것이 낮아져 제자가 되고, 묘합되는 것, 주재되는 것, 통솔되는 것이 존귀하고 스승이 되는 것'이 어떤 도리인지 되묻는다. 그의 관점에서 보자면 성은 묘합되는 것, 주재되는 것, 통솔되는 것이고, 심은 묘합하고, 주재하고, 통솔하는 것이다. 주재하는 것이 낮은 자리의 제자가 되고, 주재되는 것이 존귀한 스승이 된 셈이다. 여기에 더해 그는 '존비사제를 말한 사람'이 바로 선종禪宗의 혜능惠能이라는 점을 지적한다. '성사심제'야 말로 선종, 곧 이단의 시각임을 밝히고, 전우로 대표되는 '심시기'의 시각을 강하게 비판하고 있는 것이다.

전체적으로 보자면, 하겸진은 '심위자모설'을 토대로, 한주학의 주요한 특징이라고 할 수 있는 '심즉리'를 충실하게 이해하며 계승하고 있고, 또 그것이 주자학이 보여준 일관된 지향과 일치한다고 생각하였다. 그리고 이러한 이해 위에서 '심즉기'의 주기적인 흐름에 대해서는 비판적인 태도를 보여주었다. 그뿐만 아니라 환흔懽忻, 희열喜悅, 우수憂愁 등 12종류의 감정을 나열해 제시하는 모습에서는, 인간의 감정을 일곱 가지 감정으로 제한할 수 없다는

---

13) 『晦峯先生年譜』「性師心弟辨上」 "性師心弟, 其原出於老洲, 老洲以性爲心之主宰, 艮齊因而祖用之, 有是說也. 使性眞能爲主宰乎, 則尊性卑心曰師曰弟子, 何不可之有......妙之主之統之者爲卑爲弟子, 爲其所妙爲其所主爲其所統者爲尊爲師, 有是理乎? 朱子又曰橫渠有心小性大之說, 心性則一豈有小大. 小大且不可, 況尊卑乎哉? 心者天君也 其尊無比, 百體之所從令也. 聞艮齋以爲百體從心 心從性猶百官萬民聽於君, 君聽於天, 此說雖若近之......歷觀前古聖賢, 無有曰尊卑師弟者. 而獨六祖惠能之言, 曰心是地, 性是王, 王居地上, 此尊卑之義也, 又王者出令而爲主宰者也. 艮齋自不知其言之暗合於彼, 而反斥洲蘗蘆爲異端, 豈不惑哉?"

그 스승 곽종석의 모습을 발견하게 된다. 이처럼 비록 제한된 자료를 토대로 한 논의였지만, 그가 한주학의 충실한 계승자였다는 사실만큼은 충분히 확인할 수 있다.

5. 도학의 계승을 위해서

이제 앞의 내용을 정리하며 우리의 논의를 마무리해 보자. 앞에서 우리는 『연보』를 중심으로 세 가지 측면, 곧 하겸진의 생애와 활동, 저술과 문장, 그리고 성리학 관련 저술에 대한 분석을 통해 그 삶과 학문이 무엇을 향하고 또 무엇을 추구했는지, 그리고 그 성리학의 좌표를 재구성해 보았다.

그의 행적에서 주목되는, 교육에 관한 관심이나 대규모의 단체 여행 등 모든 노력은 도통을 지켜내는 길이자 국권을 회복하기 위한 그 나름의 방식이었다. 이것은 그의 저술과 학문적 특징에서도 동일하게 적용되었다. 저술에서 확인되는 목표는 도학의 전통을 바로 세우는 것이었다. 역사에 관한 관심도, 성리학 이외의 다양한 영역에 관한 관심과 성찰도 모두 이 목표를 성취하기 위한 것이었다. 그의 노력에서 우리는 그 믿음이 얼마나 절실하고 흔들림이 없었는지를 읽을 수 있다. 그의 학문적 내용에서 확인되는 특징은 곧 도학의 충실한 계승이었다. 그에게 있어서 주자로부터 이황을 거쳐 이진상과 곽종석으로 이어진 사문의 학문이야말로 도통의 흐름이었다. 그는 그 흐름의 충실한 계승자였다.

이와 같은 몇 가지 사실에서 보자면, 한주학은 곽종석을 거쳐 하겸진에 이르기까지 그 기본적인 특징을 고스란히 보존하며 전승되었다고 이해된다. 하겸진은 자신의 학문, 곧 성리학적 이념에 대해 한 조각의 회의나 의심도 없었다. 그의 삶도, 저술도, 학문도 모두 하나의 지점을 향하고 있었다. 이것은 그 스스로 표현하듯, "육경을 버리고 벌레 모습 같은 문자를 배우면 고매한 지식인이 되고, 모국의 언덕을 버리고 서쪽의 바다를 편력하면 달관한 사람이 되며, 부모가 주신 머리털은 잘라 버리고 꼬부랑 머리로 치장을 하면 선각자가 되는[14]" 시대에 그가 보여준 태도였다. 그리고 이 구절에서 확인되는 문제의식에서 보자면, 그는 육경을 지키고 계승하는 것, 모국의 언덕을 지키는 것, 부모로부터 물려받은 몸과 정신을 훼손하지 않는 것이야말로 그 삶의 목표이자 지향이었고, 그는 또 그렇게 살았다고 이해된다.

또 다른 한편으로, 그가 살았던 19세기 후반에서 20세기 중반까지의 시간은 조선 500년을 이어오던 성리학적 전통과 이념이 가장 극적으로 흔들리고 와해된 시대였다. 그는 그 시대를 관통하는 삶을 살았다. 그냥 견디며 살아갔던 것도 아니고, 현실에 거칠게 저항하거나 그것을 부정하며 살아간 것도 아닌, 그저 한 점 흔들림 없는 유학자의 삶이었다. 그런데 우리는 이 같은 흔들림 없는 그의 삶과 학문에서 결코 흔들려서는 안 된다는, 혹은 흔들릴 수 없다는 절박함을 동시에 읽게 된다.

이런 절박함에서 보자면, 그의 삶도 그의 학문도 모두 어지러운 난세를 살아야 했던 유학자의 절박한 몸부림이었다고 이해된다. 누가 그토록 절박하고 치열한 삶을 살아갔던가? 이 점에서 보자면, 그 개인의 삶에 대한 평가와 함께, 이 시기의 성리학과 성리학자 전반에 대한 평가 역시 좀 더 신중할 필요를 느끼게 된다. 세상은 어쩔 수 없이 그렇게 반유학적으로 흘러갈 수밖에 없었고, 성리학자들은 자신의 의지와는 무관하게 어느 순간 청산해야 할 수구의 위치에 자리하게 되었다. 자신의 의지와는 무관했을 뿐, 결코 무기력하지만은 않았다.

14) 『晦峯先生年譜』「國性論上」. "舍六經而學蟲篆之文, 則爲高識, 棄邱壠而遍大西之洋, 則爲達觀, 毁髮膚而爲卷毛之裝, 則爲先覺."

다만 성리학의 전개라는 측면에서 한정해 보자면, 하겸진의 성리학과 그 특징에 대한 논의는 더욱 정교한 토대를 필요로 한다. 그는 방대한 저술과 함께 다양한 성리학 관련 글을 남기고 있다. 이런 까닭에 「심위자모설」이나 「성사심제변」 등의 제한적인 자료에 의존해서 파악된 그의 성리학적 특징은 아무래도 한계를 가지지 않을 수 없다고 생각된다. 그에 관한 연구가 더욱 정교하고 치밀하게 진행될 때, 그에 대한 평가 역시 공정하게 이루어지게 될 것이라 기대한다.

심산 김창숙의 유교 인식과 독립운동의 전개

김 현 수

심산 김창숙의 유교 인식과 독립운동의 전개

김 현 수

1. 머리말

심산心山 김창숙金昌淑(이하 심산으로 약칭함)[1]은 유교 정신에 근본하여 근현대 항일투쟁과 반독재의 불의에 맞선 지사志士라고 평가할 수 있다. 지금까지 심산에 대한 연구가 상당히 많이 진행되었다. 이 글에서는 기존의 논의된 내용 중 사상적 측면에 집중을 하면서 그의 항일·구국운동을 살피고자 한다.[2]

---

1) 金昌淑(1879~1962)의 자는 文佐, 호는 心山·直岡·躄翁이다. 躄翁은 항일투쟁을 하다가 체포되어 혹독한 고문을 받고 두 다리가 마비되고 앉은뱅이가 되어 지어진 호이다. 金宇顒(1540~1603)의 후손으로, 慶北 星州郡 大家面 七峰洞에서 출생하였다. 李種杞, 郭種錫, 李承熙 등으로부터 학문을 배웠으며, 광복 후에 성균관대를 건립하고 초대 총장을 역임하였다.

2) 심산 김창숙의 사상 연구 중 주목할 논문은 다음과 같다.
김기승. 2012.「심산 김창숙의 사상적 변화와 민족운동」『한국독립운동사연구』42집. 독립기념관 한국독립운동사연구소.
박홍식. 1999.「심산 김창숙의 유교정신과 구국운동」『한국학논집』26집. 계명대학교 한국학연구원.
송항룡. 1985.「심산 김창숙과 유학정신」『대동문화연구』19집. 성균관대 대동문화연구원.

『심산유고』를 살펴보면 시, 편지글, 서문序文·발문跋文, 비문碑文·묘갈명墓碣銘, 회상기回想記 등만 있고, 자신의 사상을 구체화한 글이 없다. 이러한 상황 때문에 그의 사상 혹은 항일·구국운동의 기반이 되는 정신적 측면을 밝히는 것이 쉽지 않다. 박홍식은 근현대 유교 지식인을 크게 다섯 가지 유형으로 분류했는데, 심산을 네 번째 유형인 '유교에 대한 신념은 있으나 이론 추구에는 관심이 없어 유교 관련 저술을 남기지 않고 구국독립운동 등 현실의 사회적 실천에 몰두한 경우'에 해당한다고 평가하고,[3] 그 특징을 '실천유학'으로 규정하였다.[4] 그런데 '실천유학'이라고 평가한 것은 이우성부터 시작된 것이다. 그는 "심산의 개혁주의와 민주주의, 그리고 독립운동과 통일이념 등은 모두 그의 실천적 유학사상과 그의 특유한 행동주의를 전제로 함으로써 비로소 설명될 수 있다"라고 하여 '실천적 유학사상', '행동주의'란 개념으로 설명하였다.[5] 그렇다면 실천유학의 요인·기반은 무엇인가? 실천적 유학사상이라고 평가하지만, 이것은 겉으로 드러난 모습을 총괄적으로 규정한 것이다. 결국 실천유학을 가능케 한 요인이 무엇인지 찾아야 하는 과제가 주어진다. 한편 최일범의 경우에는 실천유학, 행동주의이라는 개념에서 탈피하여, 심산이 한주학파의 심학을 계승했다는 점을 전제로 하여, 그의 정신적 근원을 '도학道學', '도학정신'이란 개념으로 설명하였다.[6] 도학이라는 개념이 유

이영호. 2011.「朝鮮儒學史의 지평에서 바라본 心山金昌淑의 思想-在朝鮮儒學史上瞻望心山金昌淑的思想」『양명학』29. 한국양명학회.
이우성. 1986.「심산의 유학사상과 행동주의」 심산사상연구회 편.『심산 김창숙의 사상과 행동』 성균관대학교 대동문화연구원.
최일범. 2010.「심산 김창숙의 도학정신」『유교문화연구』16집. 성균관대 유교문화연구소.

3) 박홍식. 1999.「심산 김창숙의 유교정신과 구국운동」『한국학논집』26집. 계명대학교 한국학연구원. p.93.

4) 앞의 논문. p.72.

5) 이우성. 1986.「심산의 유학사상과 행동주의」 심산사상연구회 편.『심산 김창숙의 사상과 행동』 성균관대학교 대동문화연구원. p.12.

6) 최일범. 2010.「심산 김창숙의 도학정신」『유교문화연구』16집. 성균관대 유교문화연구소.

교 및 성리학에서 특정한 측면을 일컫는 개념으로 볼 수 있지만, 심산 사상만의 특징을 드러내기에는 다소 미흡하다. 이후에 김기승은 심산의 독립운동의 변화에 따른 사상적 전환의 궤적을 면밀히 추적하려는 시도를 하였다. 그는 심산이 한주학파의 심학적 전통을 계승하는 한편 전통적 유교관에서 벗어나 군주권을 부정하고 국민주권주의·민주공화제로 나아갔다고 밝히고 있다.[7] 독립운동의 변화에 따른 그 근저의 사상적 전환을 분석하는 것은 흥미로운 접근법이라 할 수 있으나, 중요 활동 및 사건 중심으로 대략적으로 서술하여 '전통적 유교관 탈피' 및 '민주공화제 추구' 등 그 사상적 전환轉換에 대한 분석이 정밀하지 못하다.

이 글에서는 기존 연구들의 논의 중에서 '한주학파의 심학적 전통 계승' 부분 및 '전통 유교 인식'을 우선적으로 검토한다. 대부분의 연구가 이것을 통해서 심산의 사상적 특징을 설명하고 있기에 1차적으로 분석하고자 한다. 그리고 이후에 독립운동 전개 양상에 따른 요인·계기를 면밀하게 살핀다. 심산 자신이 그의 사상을 체계적으로 정리한 글을 남기지 않았기에, 그의 항일·구국운동이 어떠한 방향에서 이루어졌는지를 알기 위해서는 독립운동의 방향이 조금씩 변화하는 시기를 면밀하게 분석할 필요가 있다. 그때의 상황과 심산의 언급 등을 통해서 심산의 현실 인식과 배경, 변화하는 과정, 요인 등을 파악하여 심산의 독립 운동의 구체적 특징을 도출하고자 한다.

---

pp.308~309.

7) 김기승. 2012. 「심산 김창숙의 사상적 변화와 민족운동」. 『한국독립운동사연구』 42집. 독립기념관 한국독립운동사연구소. pp.128~129.

2. 심산의 유학 인식과 한주학파와 관련성

1) 한주학파의 인식과 계승

「벽옹칠십삼년회상기躄翁七十三年回想記」를 살펴보면, 심산은 다음과 같이 10~20대를 회고하였다.

> 10세에 선군先君(金護林)의 명命으로 같은 마을의 정은석鄭恩錫에게 가서 가르침을 받았으나 항상 방탕한 자를 좇아서 놀았다. … 13~14세에 비로소 사서四書를 통독하였으나, 아직 위기지학이 어떤 것인지 알지 못했다. 선군께서는 매우 걱정을 해서, 일찍이 평소에 잘 알던 대계大溪 이승희李承熙(1847~1916) 선생에게 부탁하여 말하기를, "우리 가문의 희망이 이 아이에게 있으니 그대가 특별히 가르쳐서 성취시켜 주시게"라고 하셨다. 그러나 옹翁은 얌전하게 성리설性理說을 듣기 좋아하지 않아서 그 문하에 유학하는 것이 실현되지 않았다. … 병신년(1896년)에 선군께서 별세하셨다. 옹의 그때 나이가 18세였다. … 부친상을 마치자 널리 배우는데 일정함이 없어서 그 보고 들음을 넓히려고 하고자 당세의 대유大儒인 만구晩求 이종기李種杞(1837~1902), 면우俛宇 곽종석郭鍾錫(1846~1919), 대계 이승희, 회당晦堂 장석영張錫英(1851~1929) 등 뭇 군자의 문하를 두루 찾아뵙고 경서의 뜻을 묻고 감발感發받은 바가 많았다. 특히 대계 이승희 선생에게 충심으로 기뻐하였고 진실로 복종하였다.[8]

8) 『心山遺稿』 卷4. 「躄翁七十三年回想記(上編)」. 300~301面. "十世而先君命, 就同里鄭公恩錫受業, 常從放浪者遊. … 十三四歲時, 始通四子, 然尙不知爲己之學之爲何物也. 先君深憂之, 嘗托於所善李大溪先生而曰, 門戶之望, 在於此兒, 子其另加陶冶而成就之, 翁雅不樂聞性理之說, 不果負笈於其門. … 丙申先君棄世, 翁時年十八. … 旣免喪, 有博學無方, 廣其見聞之想, 遍謁當世大儒李晩求種杞郭俛宇鍾錫李大溪承熙張晦堂錫英諸君子門, 質難經旨, 多有所感發者, 特於李大溪先生, 心說而誠服焉."

위의 인용문에서 눈에 띄는 부분은 심산이 13~14세 때에 대계 이승희의 문하에 들어가려 했지만, 성리학에 뜻이 없어서 들어가지 못했고, 부친이 돌아가신 후 이종기李種杞, 곽종석郭鍾錫, 이승희李承熙, 장석영張錫英 등 당시 영남학파의 대표적 유학자들에게 배웠다는 점이다. 이를 통해 심산과 한주학파의 연관성을 엿볼 수 있다. 이 중 면우 곽종석은 한주寒州 이진상李震相(1818~1886)의 심즉리설을 계승하는 등 한주학파에서 주도적인 역할을 담당하였다. 대계 이승희는 이진상의 아들로 사상은 물론 독립운동에 힘썼던 인물로, 심산이 이승희에 대해 존신했음을 밝히는 부분은 사상 및 독립운동에 큰 영향을 미쳤을 가능성이 높다.[9]

그렇다면 사상적으로 심산은 한주학파의 사상에 대해서 어떻게 이해하고 받아들였을까? 다음은 「면우 곽종석 선생 신도비명」이다.

> 마침내 그 옛날의 것을 모두 버리고 오로지 내면을 향한 학문에 뜻을 두어, 다만 요순堯舜 이래 공자孔子, 맹자孟子, 주자朱子, 퇴계退溪 등 여러 성현들이 서로 전수한 심법의 진리에 나아가 힘써 연구하여, 우리 유가의 심학이 진실로 리理를 주로 하여 리를 밝힘에 있고, 만세의 치란도 역시 여기에서 말미암음을 비로소 믿게 되었다. 그리고 드디어 자득한 심학心學·주리主理의 뜻으로서 한주寒州 이진상李震相 선생에게 나아가 바로잡으니, 이선생이 놀라면서 말씀하기를 "지금 천하가 크게 어지럽고 기학氣學이 한창 날뛰는 때에 그대를 얻었으니 우리 도에 있어서 다행한 일이로다"라고 하였다.[10]

9) 大溪 李承休의 경우에 '특히 대계 이승휴 선생에게 충심으로 기뻐하였고 진실로 복종하였다'와 '1905년 乙巳勒約 때에 大溪와 같이 上京하여「請斬五賊疏」를 올렸다'는 것을 미루어서 心山의 사상과 구국활동에 큰 영향을 미쳤을 것으로 판단한다. 그러나『心山遺稿』에 이와 관련된 구체적 내용이 더는 없다. 단지 권4의「韓溪先生墓誌銘」를 통해서 李承休의 사상과 독립운동에 대한 심산의 대략적인 평가만 살필 수 있을 뿐이다.

10) 『心山遺稿』 卷4.「俛宇郭先生神道碑銘(幷序)」. 232面. "遂盡棄其舊, 而專意於向裏之學, 直就堯舜以來孔孟朱李群聖賢相傳心法之眞銓而力究之, 始信吾儒心學, 亶在乎主理明理, 萬世之

심산은 「면우 곽종석 선생 신도비명」에서 요순-공자-맹자-주자-퇴계의 심법 요체를 체득한 유학자로 평가하는 한편, 이진상으로부터 심학心學과 주리主理 사상을 인정받았음을 서술하였다. 그런데 『심산유고』를 보면, 심산의 성리설 혹은 한주학파의 사상 계승의 일면을 볼 수 있는 시들이 있다. 다음은 성주의 삼봉서당三峰書堂에서 머물면서 지은 시이다.

> 옛 성인들의 진리의 요체는 심心 한 글자
> 근원 찾아 리理를 주로하고, 정심精深을 다해야 하거늘
> 슬프다! 세상의 배우는 이들 도리어 길을 잃고
> 대본大本을 편벽되게 기氣 위에서만 찾는구나![11)]

심산은 삼봉서당三峰書堂에서 머물면서 12편의 시를 지었는데, 그중 두 번째 시가 '심원당心源堂'이라는 시이다. 여기서 심산은 앞의 「면우 곽종석 선생 신도비명」과 비슷한 성리학적 인식을 보여준다. 즉 '심心과 주리主理를 강조하고, 기氣에 편벽됨을 경계'하는 문구를 확인할 수 있다. 비록 삼봉서당三峰書堂이 이진상을 향사하는 서당이었기 때문에, 이진상의 성리설을 시로 표현했다고 지적할 수 있지만, 시라는 형식이 감정을 함축하여 표현하는 것인 만큼, 심산의 내면적 측면을 함축해서 표현했다는 보는 것이 보다 적절할 것이다. 요컨대 20대 때의 한주학파 문인으로부터의 배움과 이승희에 대한 존신, 「면우 곽종석 선생 신도비명」에서 곽종석에 대한 평가, 「삼가 삼봉서원에 머물면서 지은 12편謹次三峰書堂十二詠」 중 '심원당心源堂'를 통해서 심산이 한주학파의 사상에 깊은 영향을 받았다고 추론할 수 있다.

治亂寔由之. 遂以其所自得於心學主理之旨者, 就正於李先生, 李先生驚曰, 得子於天下大亂氣學搶攘之會, 吾道之幸也."

11) 『心山遺稿』 卷1. 「謹次三峰書堂十二詠」 5面. <心源堂>. "千聖眞銓一字心, 推源主理儘精深, 嗟嗟世學還迷路, 大本偏從氣上尋."

2) 사명의식과 유학에 근거한 가치관·세계관 확립

앞서 한주학파의 연관성을 언급하면서 심산은 1896년에 부친상을 당하고 20세쯤에 이종기, 곽종석, 이승희, 장석영 등 당시 영남학파의 대표적 유학자들에게 배웠다고 했다. 그런데 당시에 시국時局이 혼란스러웠는데, 심산은 다음과 같이 언급하였다.

> 이때에 억센 도적이 국경을 압박하여 나라의 일이 날로 그릇되었다. 옹翁은 세속의 학자가 한갓 성리性理의 깊은 뜻을 말할 뿐, 나라를 구제하는 시급한 일을 강구하지 않음을 병통으로 여겼다. 탄식하면서 말하기를 "성인의 글을 읽고도 세상을 구제하던 성인의 뜻에 깨우침이 없으면 이것은 거짓 선비이다"라고 하였다.[12)]

심산은 나라가 혼란스러운 상황에서 오직 성리설의 이론만을 추구하는 선비를 거짓 선비로 이해했다. 즉 참된 선비란 글공부 및 이론만을 추구하는 것이 아니라, 그 뜻을 세상을 펼쳐서 실천을 추구하는 사람으로 심산은 파악하였다. 이와 같은 인식은 1905년 을사늑약乙巳勒約 때에 대계 이승희와 상경하여 「청참오적소請斬五賊疏」를 올린 것이나,[13)] 1908년에 대한협회大韓協會가 창설되어 독립사상을 고취시키자, '지금 문을 닫고 글만 읽을 때가 아니다'고 하면서, 이덕후, 박의동 등과 더불어 대한협회 성주지부星州支部을 조직한 것

---

12) 『心山遺稿』 卷4. 「躄翁七十三年回想記(上編)」. 301面. "是時, 强寇壓境, 國事日非, 翁病世之學者, 徒高談性理之奧旨, 而不講救民之急務, 歎曰讀聖人書, 而無得於聖人救時之義者, 是僞儒也."

13) 『心山遺稿』 卷4. 「躄翁七十三年回想記(上編)」. 302面. 乙巳冬, 日虜乘摧俄之勢, 迫我韓延, 締五約, 誘以保護, 而寘統監. 翁從大溪先生詣闕下, 上疏請斬李完用李址鎔朴齊純李根澤權重顯五賊等, 不報, 痛哭而歸.

[14]에서 엿볼 수 있다. 이처럼 심산의 20~30대를 살펴보면, 이미 학문 정진과 더불어 세상을 바로잡고 구제하겠다는 뚜렷한 목표 의식, 유학자의 사명의식이 있음을 확인할 수 있다. 그리고 심산은 상해에서 체포되어 국내로 압송된 후 고문과 고초를 겪고 불구의 몸이 되어 성주고택에서 생활하던 1939년에 이재락李在洛(1886~1960)에게 보낸 서신에서 다음과 같이 언급하였다.

> 무릇 성현의 글을 읽는 데 있어서 귀한 것은 그 이치를 밝게 이해하고, 의리를 확실하게 실천하는 것이다.[15]

이재락에게 보낸 서신에서 심산은 '경전독서는 이치만을 밝히려는 것이 아니라, 그 뜻과 의리를 확고히 실천하는 것'으로 규정하였다. 즉 이것은 20세 때와 동일하게 이론뿐만 아니라 실천적 태도를 강조한 언급이다. 결국 당시가 60세 때라는 점을 인식한다면, 심산은 청년기부터 지닌 이러한 유학 인식이 60세 때까지 유지된 것이며, 따라서 항일·구국활동 때에서 동일한 태도를 견지했다고 추론할 수 있다.

다시 「벽옹칠십삼년회상기」를 살펴보자. 그중 1913~1918년 학문에 매진했던 시기를 주목하여 보자. 심산은 평생에 얻은 학력이 이때에 이루어졌다고 말하였다.

> 경술년(1910) 8월에 대한제국이 망했다. 옹翁이 통곡하면서 말하기를 '나라가 이미 망했는데, 선비로서 이 세상에 사는 것은 큰 수치이

14) 『心山遺稿』 卷4. 「躄翁七十三年回想記(上編)」. 302面. 戊申, 國中有志人士, 創大韓協會, 鼓吹國人獨立思想, 痛斥政府之賣國政策. 翁嘆曰, 國將亡矣, 此非杜門讀書之時也. 遂謨于李德厚朴儀東金元熙李普錫都甲模李恒桂崔羽東裵相洛諸人, 設大韓協會支部於郡之鄕射堂.

15) 『心山遺稿』 卷2. 「答李璇七(在洛○己卯)」. 106面. "夫所貴乎讀聖賢書, 以其見得理昭而踐得義確也."

> 다'라고 하였다. … 계축년(1913) 여름에 일찍이 일정한 방향도 없이 멀리 돌아다니다가 그해 겨울에 비로소 집에 돌아왔다. … 옹의 집에는 예전부터 보관된 책이 많았다. 이에 먼저 경서를 가져다가 그 깊은 뜻을 탐구하여 귀착되는 취지를 이해한 다음에 백가百家의 글에서 그 치란治亂을 고찰하고, 정사正邪를 분별하였다. 의심스러운 곳이 있으면 눈을 감고 깊이 생각하였으며, 깨달음이 있으면 등불이 밝히고 바삐 읽었다. 이렇게 스스로 힘써서 쉬지 않은지가 여러 해가 되니, 비로소 '인욕을 막아 천리를 보존함遏人欲存天理'이 학문을 하는데 진수이며, 격물·치지·성의·정심·수신·제가·치국·평천하의 도가 모두 여기서 벗어나지 않고 다른 곳에서 구할 수 없음을 믿게 되었다. 대개 옹이 뜻을 오로지하여 독서에 전념하면서 세상일을 묻지 않는 것이 거의 4~5년이었는데, 그 평생에 얻은 학력이 실상 이때에 이루어진 것이다.16)

위의 인용문에서 눈에 띄는 부분은 '나라가 이미 망했는데, 선비로서 이 세상을 사는 것은 큰 수치이다'와 '인욕을 막고 천리를 보존함遏人欲存天理'이 학문의 진수이며, '격물·치지·성의·정심·수신·제가·치국·평천하의 도道도 여기서 벗어나지 않는다'는 언급이다. 1910년 강제병합은 세상을 구제하고 나라를 올바르게 해야겠다는 심산의 목표 의식 및 유학자로서의 사명의식을 암울하게 만들었다. 이 때문에 심산은 한동안 방황하였고, 1913년 겨울에 이르러서야 비로소 마음을 안정시키고 학문에 정진하게 되었는데, 이때에 중요한 사상적 입장(가치관과 세계관)이 형성되었다. 즉 격물格物에서 시작하여 평천하平天下에 이르기까지 그 핵심 원리·원칙을 '인욕을 막고 천리를 보존

---

16) 『心山遺稿』 卷4. 「躄翁七十三年回想記(上編)」 306~309面. "庚戌八月, 韓社屋. 翁痛哭曰 國旣亡矣, 士而生此世者 大恥也. … 癸丑夏, 嘗遠遊無方, 其冬始歸家. … 翁家舊多藏書, 乃先取經子, 探其蘊奧, 會其歸趣, 次取百家, 考其理亂, 辨其正邪. 有疑則闔眼潛思, 有得則明燭疾書, 以之自强不息者有年, 始信遏人欲存天理, 爲爲學之眞髓, 而格致誠正修齊治平之道, 皆不可外此而他求也. 盖翁之專意讀書, 不問世間事者, 殆四五年, 其一生之得於學力者, 實在於此時矣.

함'으로 파악한 것이다. 여기서 '격물·치지·성의·정심·수신·제가·치국·평천하의 도'란 사물의 이치를 궁구하여 그 앎을 지극히 하고, 뜻을 진실되게 하고 마음을 올바르게 하여 몸을 닦는 등의 자기 수양뿐만 아니라 가정→국가→천하 등 사회 전체로 확장하여 선, 올바름을 적용·실천함의 핵심 원리·원칙이라 할 수 있다.

'인욕人欲·천리天理' 개념은 『예기禮記』「악기樂記」편에서 처음 보이는데, 이것이 중요한 개념으로 부각한 것은 송대 성리학에서이다. 정이천程伊川은 "인욕이 없으면, 모두 천리이다"[17]라고 하였고, 주자朱子는 "공자의 이른바 극기복례克己復禮라는 것, 『중용』의 이른바 치중화致中和·존덕성도문학尊德性道問學이라는 것, 『대학』의 이른바 명명덕明明德이라는 것 … 성인들의 천만가지 말씀은 다만 사람들에게 천리를 밝히고 인욕을 없애도록 가르친 것일 뿐이다"[18]라고 하였다. 이때 천리天理란 형이상학적 이치, 원리, 법칙이며, 마땅히 인간이 지켜야 할 도덕적 원칙을 의미한다. 그리고 인욕人欲이란 생리적·본능적인 욕구와 욕망, 물질적 이익, 사회적 욕망 등을 포괄한다. 그런데 일반적으로 인욕人欲은 도덕적 가치 기준으로 볼 때 중립적 성격을 갖지만, 위와 같이 천리와 같이 쓰이게 되면 상호 긴장 관계가 조성되고, 대립적 개념으로 규정된다. 그래서 인욕人欲은 천리와 대비되어 부정적 의미의 인욕人慾 개념으로 이해되고, 따라서 엄격한 처리와 강한 문제의식을 발생시킨다.

대한제국이 망한 이후에 학문에 매진하면서 심산이 얻은 '인욕을 막고 천리를 보존한다'는 명제는 일반적 학문 추구, 개인의 수양에 국한된 것이 아니다. 국망國亡의 울분 속에서 심산은 평생에 간직한 사상적 입장(가치관과

17) 『河南程氏遺書』 卷15. 「伊川先生語一(入關語錄)」 "無人欲即皆天理."

18) 『朱子語類』 卷12. 「學六·持守」 "孔子所謂克己復禮, 中庸所謂致中和尊德性道問學, 大學所謂明明德, … 聖賢千言萬語, 只是教人明天理滅人欲."

세계관)이 도출된 것이며, 이것은 이후 항일·구국활동에 큰 영향을 미친 원칙·기준이었다고 말할 수 있다. '치국·평천하의 도'라는 것이 바로 이것을 암시하는 것이며, 결국 이때에 이론적 탐구, 자기수양에 머무르는 철학함이 아니라, 사회 전체에 선, 올바름을 적극적으로 적용·실천하려는 의지의 원칙·기준이 확립된 것이다.

3. 독립운동의 전개와 변화 양상의 요인

1) 1919~1927년 독립운동 활동

한일강제병합 이후 1919년 3월 1일에 민족대표 33인이 독립선언서를 발표하였다. 이것을 접한 심산은 유교인이 한 명도 참석하지 않음을 한탄스럽게 여기고,[19] 해사海史 김정호金丁鎬(1872~1919)에게 다음과 같이 말하였다.

> 지금 손병희 등이 이미 독립선언문을 발표해서 국민을 고취했으나 다만 국제운동기관이 있다는 것은 듣지 못했다. 손병희 등과 더불어 서로 호응해서 파리평화회의에 대표를 파견하여 열국 대표에게 소청하여 공의를 크게 펼쳐 우리의 독립을 인정토록 한다면, 우리들 유림도 광복운동의 선구가 되어 부끄러움이 없을 것이다.[20]

---

19) 『心山遺稿』卷4.「躄翁七十三年回想記(上編)」. 309面. "我韓卽儒教國也. 苟究亡國之原, 寔以儒教先亡而國亦隨之矣. 今之倡光復運動也, 有三教代表主之, 而所謂儒教, 無一人與. 聞者. 世之罵儒教者, 日迂儒腐儒不足與有爲, 吾人蒙此惡名, 恥孰甚焉."

20) 『心山遺稿』卷4.「躄翁七十三年回想記(上編)」. 309面. "今孫秉熙等, 旣發宣言, 鼓吹國人, 而但未聞有國際運動機關. 與孫秉熙等, 互相呼應, 派遣代表於巴里平和會, 訴請於列國代表, 使之恢張公議, 認我獨立, 則吾等儒林, 不愧爲光復運動之先驅矣."

심산은 전국 유림의 뜻을 모아서 파리평화회의에 대표를 파견하고 청원서請願書를 제출하여 국제사회에 우리나라 독립문제를 공론화시키고자 하였다. 그리하여 겸와謙窩 곽윤郭奫(1881~1927)과 중재重齋 김황金榥(1896~1978)을 만나 전말을 알리고, 면우 곽종석에게 가서 보고하여 파리평화회의에 보낼 청원서를 준비하도록 하였다. 이후 심산은 거창 다전茶田의 곽종석을 찾아가고 '파리장서(파리평화회의에 보낼 청원서)'를 요청하였다. 곽종석은 당시에 병석에 있어서 우선 회당 장석영에게 '파리장서'를 부탁하였고,[21] 이후에 이것을 기초로 수정본 '파리장서'를 완성하였다.[22] 그 후 심산은 지산志山 김복한金福漢(1860~1924) 등의 기호유림과 접촉하게 되었고, 곽종석이 수정한 '파리장서'를 유림 단일안으로 채택하였다. 그리고 여기에 이를 지지하는

---

21) 몇몇 연구에서 회당 장석영 외에 重齋 金榥(1896~1978)의 초안이 있었고, 장석영의 초안이 아닌 김황의 초안이 채택되었고, 이를 곽종석이 수정했다고 서술하였다. 그러나, 『心山遺稿』의 「躄翁七十三年回想記」(309~312面)나 『重齋先生文集』 13冊의 「附錄·私錄·記巴里愬書事」(76~80面)를 살펴보면, 김황이 초안을 작성했다는 내용이 전혀 없다. 더욱이 『重齋先生文集』 「附錄·記巴里愬書事」 82面에 '長書文, 先生始命門人起草, 旣而自晦堂草一本來, 先生以其不暢置之, 仍用始草, 至京有湖西草本, 而公議亦以郭先生處來本用之. 其後公判時, 査官問, 長書是誰作? 先生日, 我作之矣, 次詰曰, 張錫英自言其作, 豈有一文而二人作者乎? 先生卽應曰, 其初果有張作, 而我見其文, 多不暢故, 加之改竄, 改竄者多, 而原文無幾, 故我以爲我作. 張則只知自作, 而不知其改, 故言之如是也'라고 하여, 김황 또한 곽종석이 장석영의 초본을 기초로 '파리장서'를 지었음을 기술하였다. 85面에서 '其後丙寅年間 榥以慶北儒林團事件拘繫大邱監獄. 一日豫審判事(澤木國衞)持長書草本詰問榥, 此非子之所作乎? 余答謂郭先生, 豈乏文者, 而使我代作乎? 此無理之詰也, 固謝不當'라고 하여, 김황 본인이 '파리장서'를 짓지 않았다고 밝혔다.

22) 『心山遺稿』 卷4. 「躄翁七十三年回想記(上編)」 310~312面. 是夕邀郭奫金榥, 細告顚末, 棲使之往告俛翁, 預具儒林代表投巴里平和會書. 其翌二人向居昌而去. … 離庭明日, 到居昌茶田, 謁俛宇先生. 先生方在病床, … 今之倡全國儒林而聲大義於天下萬國者, 是老夫得其死所之日也, 仍曰見托投巴里文字, 而病思甚惡, 不能下筆, 已屬張晦堂搆出矣. 君可往晦堂處索取也. 因往岩浦, 拜晦堂先生. … 翁卽深謝過門不入之過, 因索投巴里草稿, 擎讀屢回, 斂衽告日此等對外交際文字, 將以英佛等各國語譯之, 必以事實該明爲主, 今見大著, 文章雖極好而事實多踈畧處, 請更加潤如何? … 先生日已將一本, 送於俛宇矣, 吾意, 實無可以修潤處, 君如不取, 君可自爲之. 其夜待宿於先生所, 若懇請改而終不許. 翁遂再往茶田謁俛翁, 先生笑曰, … 五見晦堂所搆, 文章雖好而事實不甚詳備故, 不得已改撰一本而留待也. 翁熟讀再四告日, 其在事實則極爲該明, 然其在文章則恐不無宂長處, 更加削正如何? 因指摘數三處而質之, 先生日, 君言甚好, 卽取筆抹數十行而曰, 如此庶無大誤耶? 呼其從子奫, 寫正本, 命作麻履爲絞經而秘藏之, 俾便於携行.

영남·기호유림 137명의 이름을 기록하였다.[23] 이것이 이른바 '파리장서운동巴里長書運動' 혹은 '제1차 유림단의거儒林團義擧'라는 것이다.

심산은 1919년 3월 23일에 출국하여 3월 27일에 상해에 도착했다. 그러나 성재省齋 이시영李始榮(1869~1953), 청사淸史 조성환曺成煥(1875~ 1948), 호봉瑚烽 손진형孫晉衡(1871~1919), 예관睨觀 신규식申圭植(1879~1922), 단재丹齋 신채호申采浩(1880~1936)와 만나 논의하면서, 이미 김규식金奎植(1881~1950)이 민족대표로 파리로 특파되었다는 소식을 들었다. 이에 심산은 주위와 상의하여 '파리장서'를 영어로 번역·인쇄하여 우편으로 김규식에게 보내는 한편 각국 대사, 공관, 영사관 및 중국의 정계 요인과 해외 동포가 살고 있는 항구에 모두 보내기로 하였다.[24]

이후 심산은 국내로 돌아오지 않고 중국에 머물면서 본격적으로 독립운동을 하였다. 당시는 각처에서 활동 중인 독립운동가들이 상해로 모여들었고, 임시정부를 준비하던 상황이었다. 우선 상해에서 한인거류민회가 개최되고 각도 의원이 선출되었으며, 이후 의정원에서 헌법이 제정되고 이를 토대로 대통령 및 각부 총장이 선출되는 등 임시정부가 출범되었다. 심산은 1919년 4월에 개최된 임시의정원 회의에서 경상도 의원에 피선되어 의정원 활동을 하게 되었다.[25] 한편 심산은 '대 중국 외교활동'에 주력했던 것으

---

23) 『心山遺稿』 卷4. 「躄翁七十三年回想記(上編)」. 313~314面. 一日, 今有湖西人林敬鎬錫厚者, 携畿湖儒林領袖志山金福漢先生以下十七人聯署之抵巴里和會書入京, … 翁曰, 可取兩書, 精加檢討, 從公議採其一如何? 咸曰善, 遂取兩書, 與諸公同爲檢討, 咸曰俛宇先生所著, 極其該明, 無容更評. … 翁曰, 書用俛翁所著, 名單則合而一之, 以俛翁爲首, 志翁次之, 如何? 林曰諾, 卽將兩名單合錄之, 總得一百三十七人.

24) 『心山遺稿』 卷4. 「躄翁七十三年回想記(上編)」. 315~316面. 至上海下車, 是三月二十七日也. … 告以將赴巴里之意, 諸公曰, 我國臨時機關, 特派民族代表金奎植於巴里, 已於七八日前. … 遂以免翁所撰抵巴里書, 譯以西文, 俱付印刷, 由上海郵筒, 直投於巴里和會, 又轉致於各國大公使領事館及中國各政界要人, 幷散布於海外各港市同胞所在之處.

25) 『心山遺稿』 卷4. 「躄翁七十三年回想記(上編)」. 316面. 是時島山安昌浩自美州來, 白凡金九自內地來, 白岩丈朴殷植自北滿來, … 議臨時政府設立之事. 諸公以爲欲設政府, 當先說議政院.

로 파악된다. 영남을 떠나기 전에 이미 곽종석으로부터 국민당의 이문치李文治(1858~1932)를 소개받았으며 중국과 제휴를 모색하도록 당부 받았기 때문이다.[26] 중국에 도착한 후에 심산은 이문치를 수소문하여 광주廣州에 있다는 소식을 듣고서 연락하게 되었다. 그 후 이문치가 소개하여 중의원衆議院 의원인 능월凌鉞(1882~ 1946)이 심산을 찾아와 접촉하게 된다. 7월에 능월을 통해 상해의 프랑스조계지에 있던 손문孫文(1866~1925)을 만났고, 한국독립운동의 협조 및 한중상호원조 방안을 논의하게 되었다. 심산은 8월에 광주廣州로 가서 국민당의 각계 인사들을 만나서 한국독립운동의 지원을 약속받고 한국독립후원회를 결성하였다. 한국독립후원회는 상당히 많은 금액을 모금했으나, 1920년 4월에 광동군정부廣東軍政府가 무너지게 되면서 회계담당자인 이문치의 행방이 묘연하게 되었다. 결국 수십 만 원의 모금액을 찾을 수 없게 되어 심산은 상해로 돌아올 수밖에 없었다.[27] 그 후 10월에 오산吳山(1884~1936)이 상해로 와서 심산의 주선으로 임시정부요인과 회동하였고, 이때 심

於是開在滬韓人居留民會, 選出各道議員, 翁被選爲慶北道議員, 議政院旣成立. 自議員中, 選定臨時憲法起草委員, … 遂開臨時議政院大會, 選出大統領及各部總長, 宣言臨時政府成立, 是四月中旬也.

26) 『心山遺稿』 卷4. 「躄翁七十三年回想記(上編)」. 312面. 君於巴里歸路, 若欲留在中國而活動, 則必與中國革命黨要人相携, 可以得其聲援. 與吾舊相識之雲南李文治, 是中國國民黨中有文學重望者, 君必與此人相携, 求其聲援可也.

27) 『心山遺稿』 卷4. 「躄翁七十三年回想記(上編)」. 316~325面. 翁嘗遇李俒, 問俛宇所托李文治消息, 聞其方在廣州, 致書道俛邕留托之事, 未幾見其答書, 約以不遠相會於上海. 六月中旬, 有一中國人, 至館請見, 乃衆議院議員河南凌鉞也. … 七月初, 凌請翁與瑚峰及孫永稷, 往見孫中山, 一譯舌隨之, 赴法租界莫利愛路中山邸. … 與中山分東西立定, 擧手相揖, 中山乃迤進翁前, 請握手, 次就諸人亦如之. … 中山聽畢 慘然不樂而曰, … 今公等旣以中國爲運動根據之地, 須與我國民黨諸人, 密切提携, 講中韓互助之策, 甚善甚善. … 八月初, 將赴廣州告行期於中山, … 一日吳山與李文治凌鉞來, 謂翁曰, 自先生來粵, 接洽各界要人, 各界皆極表歡迎之意, 無不願爲韓國獨立, 盡力援助, 將結成韓國獨立後援會. … 庚申三月, 軍政府參謀總長李烈鈞, 與其部下李根源, 以政見不合, 開戰於粵北翁源地方, 至四月初軍政府陷落於李根源之手, 軍政府及參衆兩院諸要人, 皆奔竄於上海香港等地, … 李文治與其女壻李俒亦不知逃往何處. 先是吳山凌鉞謂翁, 後援會所募金額, … 實爲二十餘萬圓, 李文治之自募者, 亦不下數十萬圓, … 噫世變難測, 李文治旣逃去, 推之無處, 極可慨歎! … 旣迫上海, 率諸生僦屋而同處.

산이 한중 상호협조를 위한 기관 설립을 제안함으로써, 한중 인사 천여 명이 참석한 한중호조회韓中互助會가 발족되었다.[28)]

1919년 4월 13일 상해임시정부가 수립된 이후에, 임시정부 통합 논의가 진행되었다. 1919년 2월에 블라디보스토크(Vladivostok)에서 수립된 '노령임시정부露領臨時政府'와 1919년 4월 23일 한성에서 수립된 '한성임시정부漢城臨時政府'와 통합 논의는 1919년 9월 6일 상해에서 진행되었고, 드디어 1919년 11월에 대한민국임시정부가 출범하였다. 그런데 이때 대통령을 이승만으로 추대하는 것에 논란이 있었다. 즉 1919년 2월 이승만이 미국 윌슨 대통령에게 한국의 위임통치를 요청하는 청원서를 보냈다는 사실이 알려지면서 청원서를 취소하고 사과를 요구했으나, 이승만은 이에 대해 묵묵부답이었다. 이 때문에 1920년 4월에 성토문이 발표되었지만, 성재 이동휘, 석오 이동녕, 성재 이시영, 백범 김구, 도산 안창호 등 임시정부 인물들은 대통령을 성토하면 임시정부가 붕괴될 수 있다고 하여 응하지 않았다.[29)] 이러한 일련의 사건과 노선·지역 차이로 임시정부가 분열되었다. 이처럼 임시정부가 독립운동 통합 기관으로서 모습을 보여주지 못하자 이에 대한 대안이 모색되기 시작하였다. 1923년 1월에 개최된 '국민대표회의國民代表會議'가 바로 그것이다. 당시 심산은 임시정부에 대한 비판적 입장을 가지고 있어서 여기에 참여했지만,

---

28) 『心山遺稿』 卷4. 「躄翁七十三年回想記(上編)」. 329~330面. 十月, 見吳山書從香港來者, 約以中旬前後到滬. … 翁卽導吳, 周訪臨時政府要人, … 翁曰吾人皆口, 便說中韓互助, 而尙無一互助機關之特設者, 可合中韓同志, 創立一會, 置本部於上海, 次第設支部於各港市, 以之緊密聯絡, 講究物心兩方面, 隨時互助之方, 責其實效如何? … 遂疏通於中韓各界同志, 先開發起會, 名之曰中韓互助會, 旋開創立總會, 中韓各界人事與會者殆千餘人.

29) 『心山遺稿』 卷4. 「躄翁七十三年回想記(上編)」. 328~329面. 先是李承晩博士, 在美洲, 自稱朝鮮民族代表, 提出請願書於美大統領韋日遜, 其書以爲我朝鮮人, 苦於日本之虐政久矣, 請依前獨逸領之由英佛政府委任統治之例, 自美國政府, 實施委任統治於我朝鮮, 幸甚云云. … 於是翁與白巖丹齋諸同志, … 其爲光復運動史上之恥辱大矣, 此不可置而不問, 乃致書於李博士, 要求取消其請願書, 而向國民謝過, 久不報. 丹齋白岩力主聲討之議, 翁亦贊之. 惟臨時政府誠齋石吾省齋白凡島山諸公, 以聲討大統領, 必有臨時政府崩壞之慮, 多躊躇而不應.

임시정부를 해체하고 블라디보스토크에 새로운 정부를 만드는 것에는 더욱 분열을 조장한다고 하여 반대하였다.[30] 1920~1925년 사이의 심산이 상해와 북경을 자주 오가면서 임시정부 요인뿐만 아니라, 신채호 등 임시정부를 비판하는 사람들과 폭넓게 교류했는데, 그것은 이러한 상황을 반영한 것이라 할 수 있다.

1925년 봄에 북경에서 심산은 우당友堂 이회영李會榮(1867~1932)과 만나서 앞으로의 독립운동방향에 대해 논의하였다. 바로 일본이 세력을 미치지 못하는 열하熱河나 차하르성察哈爾省의 황무지를 개간하여 경제적 기반을 구축하고 독립기지를 만들어 장기적 측면에서 독립운동을 한다는 내용이었다. 그래서 전 외교총장 서겸徐謙(1871~1940)을 통해 풍옥상馮玉祥(1882~1948)과 접촉하여 수원성綏遠省과 내몽고의 포두包頭 지역의 3만 정보町步(1정보: 3,000평)를 사용할 수 있다고 허락받았다.[31] 이후 심산은 서울에서 면우문집을 간행한다는 정보를 입수하고, 국내로 들어와 운영할 자금을 구하기로 계획한다. 8월에 중국에서 출발하여 국내로 들어와, 송우영宋永祐, 김화식金華植(1902~1950), 곽윤, 김황 등을 통해 영남 유림을 대상으로 자금을 모집하였다.[32] 그러나 8개월 동안 머물렀지만 자금은 모이지 않았고 상황도 좋지 않

---

30) 『心山遺稿』 卷4. 「躄翁七十三年回想記(中編)」. 334~335面. 時自上海及中領露領各地韓人, 多懷不平於臨時政府, 有改造創造之兩論, 而召集國民大會於上海, 海內外靡然應之, 派來代表殆三四百人. 旣開會, 討論改造創造兩案, 臨政諸公如石吾省齋白凡趙琬九等, 反對創造甚力, 金一松東三及安昌浩等力主創造. 會衆爭附和之, 與臨政一派, 激成大浪. 久之, 多傾於創造之論, 遂組織國民議會, 推選國民代議員金東三安昌浩等三十人, 翁亦其一也. … 翁曰吾始不應於上海之會者, 以慮其分裂也, 後不應於海參威之行者, 亦以非其地也.

31) 『心山遺稿』 卷4. 「躄翁七十三年回想記(中編)」. 336~337面. 乙丑春, … 嘗與友堂, 論獨立運動前道, 難以時月期其成就. 如得日本人勢力所不及之熱河察哈爾等處荒蕪可耕之地, 移植在滿同胞, 生聚敎訓, 養成實力, 待時而動, 可爲今日吾輩之上計, 而今無其地, 又無其資奈何? … 明日與李偕往見徐, 言借地事. 徐曰中韓互助, 馮將軍之所深贊者, 況墾荒是中國政府素所歡迎者, 馮將軍必無不許之理, 吾當見馮力圖. 過數日, 又往見徐, 徐曰馮已慨然許之矣. 但熱河察哈爾, 無可適之地, 惟綏遠包頭等地, 有三萬町步可墾之區, 可隨宜取之也.

32) 『心山遺稿』 卷4. 「躄翁七十三年回想記(中編)」. 337~338面. 聞國人士, 以俛宇先生文集刊事,

았다. 결국 신변의 위협을 느낀 심산은 1926년 3월 15일에 부산에서 출발하여 5월 말에 상해에 도착하였다.[33] 그러나 그 후에 일이 발각되어 손후익 등 600여 명이 체포되었다. 이것이 이른바 '제2차 유림단의거儒林團義擧'라는 것이다.[34]

1926년 중국으로 돌아온 심산은 이동녕·김구를 만나서 국내 정세와 인심을 설명하고, '결사대를 국내에 파견하여 독립열기를 고취시켜야 한다'고 역설하였다.

> 만약 비상수단을 써서 진작시키지 아니하면, 우리들 해외에 있는 사람은 또한 장차 돌아갈 곳이 없게 되는 궁박함을 면치 못할 것입니다. 지금 제가 약간 가지고 온 돈으로 대규모 사업을 착수하기는 실로 어렵겠지만, 장차 청년 결사대에게 주어서 무기를 가지고 국내로 들어가, 왜정기관을 파괴하고 친일 부자들을 박멸하여, 국민의 의기를 고취한 연후에 다음으로 국내에 연락할 방법을 도모해야 합니다.[35]

심산은 김구를 통해 나석주羅錫疇(1892~1926) 등을 소개받았고, 유자명柳子明(本名: 柳興湜, 1894~1985)에게 무기구입을 의뢰하였다. 1926년 12월에

多會於京城, 乃奮然曰, 此機不可失, 決意冒險自赴, 募集墾荒之資. … 八月初, 翁自北京發, 向吉林之哈爾濱, 是陰六月下旬也. … 直赴京城, 寄書於宋永祐金華植促來, 金宋次第而至, 送金華植宋永祐於免翁集刊所, 請郭奫族叔金榥來, 備述決死入國之意.

33) 『心山遺稿』 卷4. 「躄翁七十三年回想記(中編)」 343~344面. "翁告於諸人曰, 吾之此行, 不可不冒險, 而國人之庶幾相應, 予實望之矣. 前後八個月之間, 六軍鼓不起, 而今聞倭警方四出搜查, 事已敗矣. …三月十五日, 上釜山夜車 … 不得已由海路赴上海, 是五月晦間也.

34) 『心山遺稿』 卷4. 「躄翁七十三年回想記(中編)」 346面. "見京城報紙, 盛傳自慶北警察部, 檢擧全國儒林孫厚翼金榥河章煥權相翊金憲植李棟欽棕欽金華植等六百餘人, 以翁募款事之敗露也.

35) 『心山遺稿』 卷4. 「躄翁七十三年回想記(中編)」 344面. "若不用非常手段而振作之, 吾輩在外之人, 亦將不免窮迫無所於歸矣. 今吾若干所携之款, 實難着手於大規模事業, 將付之青年決死隊諸人, 携武器入內地, 破壞倭政機關, 撲滅親日富人, 鼓起國民之氣然後, 次圖聯絡內地之方."

나석주는 서울로 잠입하였고 식산은행 및 동양척식회사에 폭탄을 투척하고 왜경 등을 사살하였다.[36)]

심산은 나석주 등과 의열투쟁을 준비하는 것과 더불어 군소당파를 타파하고 통합 기구를 만드는 것도 모색하였다. 북경에 가서 처음 신채호, 장건상張建相(1883~1974) 등과 논의하였고, 이후 상해와 만주지역의 이동녕, 이상룡, 김구 등이 이에 적극적으로 찬성하였다. 1926년 8월에 군소당파를 타파하고 통합 준비를 위해서 이동녕을 임시의정원의 의장, 심산을 부의장으로 추대하여 신방안을 마련하고자 하였다. 그러던 중 심산은 12월에 치질이 심하여 상해의 병원에 실려 갔고, 몇 차의 수술로 오랫동안 입원하게 되었다. 1927년 6월에 갑자기 일본 형사들이 들이닥쳐 체포되었고 결국 국내로 이송되었다.[37)]

2) 독립운동의 변화와 계기·요인

심산의 1919년부터 1927년까지 독립운동을 살펴보면, 크게 세 흐름으로 구분할 수 있다. 첫째는 1919년 3·1운동 이후 '파리장서운동'을 통한 외교적

---

36) 『心山遺稿』卷4.「躄翁七十三年回想記(中編)」. 344~346面. 白凡曰, 吾所善決死隊員如羅錫疇李承春等, 方在天津, 義烈團員亦多住其地. 子可與柳子明議, 先購武器, 携往天津, 以之相機而行之. 卽邀子明詢其意, 子明曰, 謹聞命, 遂以購武器之資金, 付之子明. … 翁由天津舟行至威海, 與羅等諸人會, … 其後未幾, 羅獨携武器, 先入內之. … 羅旣至京城, 投爆彈於殖產銀行及東洋拓植會社而壞之, 又以拳銃, 射殺拓植社員及倭警多人, 因以餘丸自殺, 壯哉烈哉!

37) 『心山遺稿』卷4.「躄翁七十三年回想記(中編)」. 346~349面. 翁歸燕, 與丹齋及張建相等, 屢議在外韓人打破私黨, 結成統一團體之事, 博詢於在滿在滬之諸指導者, 如石吾石州白凡一松諸公, 俱力贊之. … 八月, 自威海赴上海, 與石吾白凡諸公過從, 議打破群小派黨, 結成一大團體之事, 各界人士, 同聲相應, 洽然有大同統一之望, 因改造臨時議政院, 石吾被推爲議長, 翁爲副議長, 屢開秘密會於議政院, 作成海內外聯絡之新方案, 付之極秘而進行. … 十二月, 翁以痔瘡痛甚, 舁入公共租界公濟病院, 是英醫所營也. … 丁卯二月, 再爲割開而亦不效, … 明朝八點鍾, 有英人警長一名, 帶日本總領事館刑事六名, 突入翁之病室, 提示英總領事所署逮捕狀, 而拘束之, 直投于日領館內監獄, 是六月中旬而陰五月一也. … 自上海至釜山.

독립 활동이고, 둘째는 경제적 기반을 구축하고 군사기지를 건설하려는 방향이다. 셋째는 두 번째 측면의 달성이 어렵게 되면서 대두된 무력 및 의열투쟁 방식과 독립운동의 통합적 기구 설립 추진이었다. 이러한 심산의 독립운동은 다른 유학자와 다른 양상을 보이는데, 이에 대해서 김기승은 '전통적 유학에 근거하고 있지만, 보수적 입장에서 탈피하여 국민주권주의·민주주의 사상으로 나아갔다'고 평가한다.[38] 그렇다면 어떻게 심산의 경우에만 전통적 유학에 근거하면서도 어떻게 국민주권주의·민주주의 사상으로 발전하게 되었나? 그 계기 및 요인이 무엇인지가 궁금하다.

앞서 언급했듯이 '참된 유교지식인은 세상을 구제하던 성인의 뜻에 깨우침이 있어야 하며, 그 의리를 확실히 실천해야 한다'는 사명의식과 더불어 격물~평천하의 도는 '인욕을 막고 천리를 보존함'에서 벗어나지 않는다는 명제는 심산이 평생에 간직한 사상적 입장(가치관과 세계관)이었으며, 항일·구국 활동에 큰 영향을 미친 원칙·기준이었다고 말할 수 있다. 그런데 이것은 전통적 유학에서 벗어난 것이 아니다. 그리고 회고록을 살펴보면, 큰 사상적 변화·전환이 이루어진 부분도 찾을 수 없다. 더욱이 심산은 1923년 무렵에 '무정부주의자와 공산주의자들과 접촉하고 그와 관련된 서적을 읽었지만, 전혀 관심이 없었다'[39]고 언급하여 이를 더욱 뒷받침해 주고 있다. 결국 사상적 전환에 의해 독립운동의 방향이 변화했다기보다는, 당시의 상황과 그에 대한 심산의 대응에 따라 전환된 것으로 이해해야 한다.

우선 1919년의 파리장서운동을 살펴본다. 파리장서운동은 '국제사회에

---

38) 김기승. 2012. 「심산 김창숙의 사상적 변화와 민족운동」. 『한국독립운동사연구』 42집. 독립기념관 한국독립운동사연구소. pp. 129~130.

39) 『心山遺稿』 卷4. 「躄翁七十三年回想記(中編)」. 334面. 是時, 又有無政府主義者, 別立一幟, 與李乙奎李丁奎柳子明柳林鄭華岩白楨基等是也. 翁雖與彼各派之人, 時相過從, 或讀莫斯李寧巴枯寧克魯包特金諸家學說, 而全沒趣味之可乳入者.

우리나라 독립문제를 공론화'시키자는 외교적 독립활동이었다. 파리장서운동과 관련하여 논의되어 온 것 중 사상적 측면에서 중요한 부분은 ①지산 김복한이 작성한 '파리장서' 중에 '조선왕조의 부흥'에 대한 언급과 ②면우 곽종석이 수정한 '파리장서' 중에 서양에 대해서 '대명지조大明之照, 대화지행大化之行'이라고 표현한 부분이다. 지산이 작성한 '파리장서'에는 4가지 점이 강조됐는데,[40] 그중 하나가 바로 '우리나라 강토의 복원과 이씨 종묘사직의 부흥'이었다. 이것이 비해 곽종석이 수정한 '파리장서'에는 '조선왕조의 부흥'에 대한 언급이 없었다. 또한 곽종석이 수정한 '파리장서'와 실제로 발송한 '유교도상파려평화회서儒敎徒上巴黎平和會書'는 제목 및 문구가 차이 나는 곳이 있는데,[41] 특히 '우리임금·우리나라吾君吾國'를 '우리나라·우리국민吾國吾民'으로 수정했다는 점을 중요하게 지적하였다. 즉 상해임시정부가 민주공화제民主共和制[42]를 지향하기 때문에, 심산 혹은 조력자에 의해 수정됐다는 것인데,[43] 이를 근거로 곽종석과 심산이 전통적 화이관에서 벗어났다는 것이다.

다음은 김복한이 곽종석이 수정한 '파리장서' 내용 중의 비판한 부분이다. 김복한은 '검토할 부분이 있다'고 지적하면서, 대명大明', '대화大化', '대인무大仁武'를 예로 들었다.[44] 이것은 곽종석이 '파리평화회의'와 관련하여 서구를 '대명', '대화', '대인무'라고 평가한 부분이다. 비록 '파리장서'가 서구에 대한

---

40) 『志山先生年譜』 卷2. '三月送書于巴里列國講和會請復宗國' 6板. 歷陳倭夷前後棄信背約之罪, 又言國君國母被弑之變, 又言國內萬姓憤鬱之情, 終言復我疆土興我李氏宗社之意.

41) 부록「儒敎徒上巴黎平和會書」참조.

42) 『大韓民國臨時政府 憲法』[국사편찬위원회 편. 2005. 『대한민국임시정부자료집』 1권(헌법·공보). 국사편찬위원회]. 「大韓民國臨時憲章」(1919. 4. 11). '第1條 大韓民國은 民主共和制로 함'

43) 임경석. 2000. 「유교 지식인의 독립운동-1919년 파리장서의 작성 경위와 문안 변동」 『대동문화연구』 37권. 성균관대 대동문화연구원. p.139.

44) 『志山先生年譜』 卷2, '三月送書于巴里列國講和會請復宗國' 10板. 但書中辭意(如大明大化大仁武等語), 有合商量者而已, 發難訂, 恨! 不用湖本也.

외교적 일환으로 독립을 추구한 것이지만, 전통적 화이관華夷觀에서 본다면, 서구는 이적夷狄이다. 이 때문에 김복한은 '파리장서'를 보내는 것이 이적과 같이 일을 도모한다는 혐의가 있지만, 『자치강목』의 예例와 이에 대한 주자의 포칭褒稱을 근거로 '파리장서'를 작성하였다고 밝혔다.[45] 이러한 관점에서 본다면 '파리장서'에 연명聯名을 거부한 간재艮齋 전우田愚 (1841~1922)의 경우도 비슷한 맥락으로 이해할 수 있다. 그는 '파리장서'에 대해서 조선왕조 복권과·유교 부흥의 명시, 대통령제 거부·기독교 배제·이적의 무리 제거를 조건으로 협력을 내걸었기 때문이다.[46] 이런 점에서 본다면 김복한과 전우는 거의 동일한 화이관에 근거했지만, 현실인식 및 방법론의 차이로 '파리장서'에 대한 찬반이 나뉜 것이라 할 수 있다.

그런데 이와 관련하여 대계 이승희의 입장도 살펴볼 필요가 있다. 이승희는 한주 이진상의 아들로, 심산이 깊이 존숭하였고 을사늑약乙巳勒約 때에 함께 상경하여 「청참오적소請斬五賊疏」를 올렸다. 그런데 심산이 쓴 「한계선생묘지명韓溪先生墓誌銘」을 보면, '신해혁명으로 청조가 무너지고 공화제가 실시된다는 말을 듣고, 원세개袁世凱(1859~1916)와 손문에게 편지를 보내 공화정치가 공자와 맹자의 가르침에 어긋나고 이적에 떨어진다고 책했다'[47]는 내용이 있다. 즉 '공화정치가 유교의 가르침에 어긋난다'는 의미인데, 1919년

---

45) 『志山先生年譜』 卷2. '三月送書于巴里列國講和會請復宗國' 5~6板. 今有此機會而不圖所以鳴冤雪恥之道乎? 誠或有夷狄同事之嫌, 然考之綱目, 千金公主與北漢之伐隋伐周, 實與突厥契丹同事. (夷狄之侵陵中國, 必書入寇, 綱目正例也. 隋楊堅之滅周也, 突厥來侵, 以千金公主之故, 得書伐. 契丹之攻後周, 以北漢之故, 亦書伐. 蓋急於討賊復讐, 有此變例, 而特予之), 而朱子褒之. 據此不無所受, 乃與金德鎭安炳瓚金鳳濟林翰周田穰鎭崔中式諸公, 聯名作書.

46) 『艮齋集』 後編 卷2. 「答孟士幹(輔淳○己未)」. 16~17板. 分明復得李氏宗社, 而不許統領名色, 分明立得孔子道敎, 而掃除耶穌邪術, 分明洗得 君父之冤, 分明驅得仇讎之夷, 分明禁得髡首之制否. 凡此數事, 皆所以使環東土億萬人士, 得免爲禽獸者也, 諸公於此, 果可以擔保而不少疑慮否, 如此則可以從命而身作萬段, 亦且含笑而入地矣.

47) 『心山遺稿』 卷4. 「韓溪先生墓誌銘」. 249面. "辛亥聞清室旣覆, 中華行共和之政, 乃抵書於袁總統世凱及孫中山文, 論共和政術之悖於孔孟, 淪於夷狄者以責之."

파리장서운동 때 곽종석과 심산이 취한 태도와 큰 차이를 보인다.

실제로 이승희가 원세개에게 보낸 편지를 확인하면, '신해혁명 후에 중화민국이 내세운 이념과 가치가 서구화 정책임을 지적하면서, 이로 인해 유교 강상의 도가 무너진다'고 언급하였다.[48] 이러한 이승희의 입장이 비록 직접적으로 공화제를 부정한 것은 아니지만, 그가 추구하는 구국 활동이라는 것이 서구화가 아님은 명확하다. 이것은 바로 전통적 화이관에 근거한 가치관·세계관이다. 그렇다면 1911년 이승희의 가치관·세계관과 1919년 파리장서운동 때 곽종석·심산의 그것은 서로 다른 것인가? 표면적으로 큰 차이가 있는 것처럼 보이나, 모두 한주학파이며 곽종석과 심산이 전통적 화이관에서 벗어났다고 단정할 수 없다. 결국 1919년이라는 시점의 현실인식과 그에 따른 방법론에 의해서, 곽종석과 심산은 구국救國을 위해 서구를 유연하게 인식하고 '파리장서'를 작성한 것으로 이해해야 할 것이다. 이러한 측면에서 보면 심산은 기본적으로 전통적 유학관에 근거하여 구국활동을 하였지만, 또한 끊임없이 현실과 상호작용을 하면서 그 구국활동의 방향(파리장서운동과 이후 독립운동)을 모색하였다고 평가할 수 있다.

두 번째로 경제적 기반 마련을 위한 독립운동의 변화를 살펴본다. 심산은 1919년 파리장서운동과 1920년의 중국 외교활동 이후에 1925년부터 경제적 자립을 마련하고 장기적 측면에서 군사 기지를 건설하는 방향으로 독립운동을 모색하였다. 이렇게 변화한 것은 ①우선 외교적 활동이 실질적 으로 큰 효과가 없었고, ②1920~1925년에 임시정부의 독립운동 정책에 회의·비판

48) 『大溪集』卷26.「與袁總統(世凱)」. 2板. 今其自立以爲, 中華之標幟者, 惟曰共和民國. 民國者, 西人所主無君之義也. 其說曰凡人生皆平等, … 其論中華之敎, 則曰三綱暴虐, 五倫狹窄, 此其南北而氷炭也明矣. 今也制中華之令曰, 西爾髮西爾服 西爾政術制度, 將君臣而西, 父子夫婦而西, 是西而滅中華也. 滿之滅華, 所滅者勢利也. 其倫紀儀式尙有近者, 諸公痛哭流血而奪之, 還西之滅華, 直吾倫綱也. 乃歡笑雙擎而奉之, 抑何心哉!

을 갖게 되었으며, ③무엇보다 중국 체류가 장기화됨으로써 현실적인 측면을 모색할 수밖에 없었다는 점을 지적할 수 있다. 「벽옹칠십삼년회상기」를 살펴보면, 1921~1924년에 북경과 상해 지역에 거류하던 한인들 중 상당수가 경제적 빈곤 상태에 처했으며, 경제적 빈곤 상태를 이기지 못하고 일본과 내통하거나 국내로 귀국하는 경우가 많았다고 기술하였다.

심산은 대표적으로 손정도孫貞道, 김병조金秉祚, 이광수李光洙, 최완崔浣 등을 거론했으며, 심산이 알고 지내던 사람들도 많았는데 그중 손영직孫永稷을 꼽았다. 그는 심산이 1919년 3월 상해에 도착한 후에 왔으며, 1923년까지 독립운동을 함께 해왔던 인물이다. 손영직은 경제적 빈곤으로 다음과 같이 심산에게 말했었다.

> 나와 그대는 이제 굶어 죽게 되었다. 그대는 백이伯夷·숙제叔齊를 따라서 수양산으로 가겠는가? 나는 그대를 따라서 가고 싶지 않다. 나는 귀국할 생각을 이미 정했으니 그대는 의당 나를 막지 말아야 할 것이다.[49)]

이에 대해 심산은 다음과 같이 술회했다.

> 아! 옹翁은 손영직과 상해·광동으로부터 북경에 이르기까지 침상을 같이하고 생활한 지가 거의 4~5년이나 되었으니 그 정이 깊지 않다고 말할 수 없으나, 그가 귀순할 때에 입이 아프도록 그 불가함을 다툰 지가 4개월이 넘었지만 끝내 그의 귀국길을 능히 저지하지 못하였다. 내가 덕이 박하여 그에게 신의가 미치지 못했음을 참으로 부끄러워한

---

49) 『心山遺稿』 卷4. 「躄翁七十三年回想記(中編)」 333面. "孫自外大醉而歸, 努號曰, 吾與子今餓矣. 子欲從夷齊而往雷首也? 吾不能從子遊也. 吾之歸計已定矣."

다.[50]

1919년 3·1운동 후 많은 사람들이 구국활동을 위해서 중국에 모였지만, 4~5년이 지나면서 현실적 문제에 직면하였다. 특히 경제적 빈곤을 겪으면서 국내로 복귀하거나 일본과 내통하는 사람들이 다수 발생했다. 심산은 지속가능한 독립운동을 위해서는 우선 경제적 기반 마련이 필수적이라고 생각하고, 그 방법을 모색하게 되었다. 그리고 1925년 봄에 북경에서 만난 이가 우당 이회영이었다. 「벽옹칠십삼년회상기」에는 간단하게 '황무지를 개간하여 경제적 기반을 구축하고 독립기지를 만든다'는 의견을 심산이 이회영한테 한 것으로 서술되지만, 이러한 계획에 영향을 준 것이 도리어 이회영이라 할 수 있을 것이다. 왜냐하면 그는 이미 1911년 경학사耕學社 설립에 참여하였고 이주동포 정착과 황무지 개간 경험이 있었기 때문이다. 이러한 경험이 있었기에 심산에게 많은 조언을 했을 것이며, 심산은 이것을 참고하여 내몽고 지역의 황무지를 개간하여 경제적 자립과 독립기지 구축을 계획했다고 보는 것이 타당할 것이다.

세 번째로 의열투쟁을 살펴본다. 1926년 중국으로 돌아온 심산은 국내로 결사대를 파견하여 독립열기를 고취시키는 의열투쟁을 주장하였다. 그리고 그렇게 변화하게 된 요인 및 배경은 ①국내 모금 운동을 하면서 독립을 위한 국내 인심이 절망적이고 기반이 파괴된 현실 상황, ②자금 모집 도중 '신건동맹단新建同盟團'을 결성한 것처럼 이미 무력적 수단을 사용했다는 점, ③의열투쟁과 더불어 독립운동 통합 기구의 모색을 추진했다는 점으로 요약할 수 있다. 황무지 개간을 통한 경제적 기반을 마련하고 독립운동 기지 건설

50) 『心山遺稿』 卷4. 「躄翁七十三年回想記(中編)」. 334面. 噫! 翁與孫自上海廣東至北京, 聯床而處者, 始四五年, 其情不可謂不深, 而於歸也, 苦口而爭其不可者, 四閱月, 竟未克止其行, 良愧吾德薄, 而不能使彼信得及也.

계획하에 추진한 국내 모금 운동이 실패한 상황에서 심산은 다음과 같이 말했다.

> 저는 참으로 다시 압록강을 넘어 갈 면목이 없지만, 한번 실패했다고 하여 일어나지 못함은 또한 혁명가의 일이 아닙니다. 저는 앞으로 행장을 정리하여 해외로 나가서 해외에 있는 동지들과 함께 재기할 방법을 도모할 것입니다. 지금 제가 가지고 가는 돈으로 황무지 개간사업을 거론하기에는 만 번 어려울 것이니, 저는 서겸徐謙을 다시 만날 면목이 없습니다. 출국하는 날이 되면 이 돈을 의열단원의 결사대 손에 직접 전해주어서, 왜정의 각 기관을 파괴하고 친일 부자를 박멸하여 이로서 우리 국내의 민기民氣를 고무할 것입니다. 국내에 계신 동지 여러분들은 만약 그 기회를 타고 분기한다면, 누가 감히 혁명가의 호령에 응하지 않겠습니까?[51)]

국내의 모금 운동이 실패하면서 황무지 개간을 통한 경제적 기반을 마련 계획이 무산되었다. 이 때문에 심산이 실질적으로 취할 수 있는 방법이 많지 않았던 것으로 판단된다. 우선은 국내 인심을 회복하는 것이 중요하다고 생각하였고, 그는 그 간에 교류했던 신채호·유자명 등 무장투쟁을 강조하는 인물들을 통해 무력적 방법론을 모색하였다.

그러나 이것은 지속적 방법론으로 판단되지 않는다. '신건동맹단' 결성처럼 일시적이며 부수적 방법론이라 할 수 있다. 위의 언급을 자세히 보면, '무장투쟁으로 민심을 고무시키면, 이후에 이를 발판 삼아 다시 독립 지원을

51) 『心山遺稿』 卷4. 「躄翁七十三年回想記(中編)」. 343面. "吾實無面目再渡鴨江, 然一敗而不能起, 亦非革命家之事. 吾將理裝赴外, 與在外同志, 圖所以再起也. 今吾所携之款, 萬難擧論於懇荒之事, 吾無以復見徐謙矣. 當於出國之日, 直付此款於義烈團員決隊之手, 破壞倭政各機關, 撲滅親日富人, 以之鼓舞我國內民氣也. 在內同志諸公, 若承其機而齊奮, 則孰敢不應於革命家之號令耶?"

위한 활동을 재개한다'는 뜻을 보여주기 때문이다. 또한 심산이 당시에 의열투쟁과 더불어 군소당파를 타파하고 통합 기구를 만들기 위해 북경, 만주, 상해의 요인들과 논의하고 임시의정원을 통해 구체화했던 점도 이를 뒷받침해준다. 결국 황무지 개간을 통한 경제적 기반 마련이 무산된 후에 심산은 한편으로 의열투쟁과 같은 단기적 무장 투쟁을 취한 것이고, 다른 한편으로는 독립운동의 통합된 기구·조직을 구축하여 종합적·장기적 방향을 추구했다고 평가해야 할 것이다.

4. 맺음말

지금까지 '한주학파의 계승' 및 '전통 유교 인식'을 우선적으로 검토하며, '독립운동의 변화에 따른 요인 및 기반은 무엇인지' 등에 대해서 면밀하게 살폈다. 이를 통해 심산의 사상과 독립운동을 정리하면 다음과 같다.

우선 사상적 측면에서 기본적으로 한주학파의 문인들과 교류(수업)를 통해서 심학心學과 주리主理에 대한 이해가 높았음을 엿볼 수 있다. 그리고 이론만을 추구하는 경향에서 벗어나 현실적 적용을 중시했음을 확인할 수 있는데, 그 사상적 요체를 '인욕을 막고 천리를 보존함'으로 규정하였다. 심산 사상에서 천리, 선, 올바름을 적극적으로 사회·국가·세계에 적용·실천하려는 사유가 강함을 엿볼 수 있다. 그리고 이것은 그의 사상 전반에 중요한 기준·전거로 작용했다고 할 수 있다.

한편 그의 독립운동은 크게 세 가지 방향으로 설명할 수 있다. 첫째는 1919년 3·1운동 이후 '파리장서운동'을 통한 외교 활동이고, 둘째는 비록 실제로 행해지지 않았지만, 경제적 기반을 구축하고 군사기지를 건설하려는 방향이다. 셋째는 무력 및 의열투쟁 방식이다. 심산은 기본적으로 전통적 유학관에 근거하여 구국활동을 하였지만, 또한 끊임없이 현실과 상호작용을 하면서 위와 같이 구국활동의 방향을 모색하였다. 전통적 가치관·세계관에서 시작했지만 1919년 시점에서 곽종석과 더불어 재인식하고 '파리장서'를 작성하고 상해로 간 것이다. 그러나 외교적 활동의 실질적 효과가 없고, 무엇보다 중국 체류가 장기화됨으로써 현실적인 측면(경제적 측면)을 모색하면서 경제적 기반을 구축하는 방향으로 독립활동을 한 것이다. 마지막으로 황무지를 개간 등 비용의 국내 모금이 실패한 후에 의열투쟁을 취한 것은 국내의 민심을 고취하기 위한 단기적 수단이었고, 이와 더불어 장기적 측면으로 통합 기구 조직을 추진했다고 평가할 수 있다.

부 록

儒教徒上巴黎平和會書*

韓國儒林代表 郭鐘錫 等은[52] 謹奉書于巴黎[53]平和會議諸位閣下ᄒᆞ노니 天覆地載에 萬物이 並育於其間ᄒᆞ야 大明之照와 大化之行의 其道를 可知已러니 自夫爭奪起而强弱之勢分ᄒᆞ며 兼并之權이 用而大少地形이 縣ᄒᆞ야 以至毒人命而恣其威ᄒᆞ며 竊人國而私其有ᄒᆞ니 嗚呼라 天下一何多此也오[54] 此

---

* 『國際聯盟提出朝日關係史料集』第4[국사편찬위원회 편. 2005. 『대한민국임시정부자료집 7권(한일관계사료집) 제4. 국사편찬위원회]에 실린 「儒教徒上巴黎平和會書」이다. 『國際聯盟提出朝日關係史料集』은 임시정부가 발행한 공식적인 최초의 사료집으로, 국제연맹에 제출할 목적으로 1919년 9월에 편찬하였다. 그런데 「儒教徒上巴黎平和會書」는 郭鍾錫이 수정한 「巴里長書」(『俛宇先生年譜』 六. 20~22板)와 제목, 문구 등이 차이난다. 서로 다른 부분은 각주로 표시한다.

52) 『俛宇先生年譜』(六)에 실려 있는 「파리장서」에는 토가 없다. (이하 동일)

53) 『俛宇先生年譜』(六). 20板. 巴里

54) 『俛宇先生年譜』(六). 20板. 天下一何多也

天之降大仁武於今日ᄒᆞ야 奉若天地之心ᄒᆞ야 照大明而行大化ᄒᆞ야 一天下而歸之大同ᄒᆞ야 俾萬物로 各遂其性者也니 於是에 同視[55]ᄒᆞ며 四海一日安[56]而如或有開風而不獲實德ᄒᆞ며 紆寃而不徹公聽者면 豈ㅁㅁ[57] 諸大位之用心이 獨於此而殊哉아 抑別有以也則其所以瀝血陳腔ᄒᆞ야 仰首鳴號者亦出於至痛迫切不容自己之意니 惟ㅁ[58]諸大位ᄂᆞᆫ 試察之어다 嗚呼라 我韓은 固天下萬邦之一也라 域三千里 人二千萬으로 維持保全이 四千有餘年에 不失爲半島文明之稱[59]은 亦萬邦之所 不能廢也러니 不幸爾來로 昊天이 不吊ᄒᆞ고 國威不振ᄒᆞ야 賊臣이 內訌[60]ᄒᆞ고 强鄰이 外伺에 馮其武力ᄒᆞ며 挾其私知ᄒᆞ야 脅君而鉗民[61]ᄒᆞ고 勒成盟約ᄒᆞ며 從而攘國土廢天威而無吾韓於世界矣라噫[62]라 日本之所爲를 暨可擧矣라 丙子之與鄙邦大臣으로 盟于江華也와 乙未之與淸國大臣으로 約于馬關에 皆以我韓之自主獨立으로 爲永尊之案ᄒᆞ고暨癸卯之宣戰於露國也에도 運牒於列國ᄒᆞ야 斷斷以鞏固我韓之獨立으로 爲聲明은 此萬國之所共悉也라 曾未幾何에 機詐百出ᄒᆞ야 內脅外欺ᄒᆞ야 獨立變而爲保護ᄒᆞ며 保護而爲呑倂ᄒᆞ야 諉之以韓民之情願ᄒᆞ고 圖免萬國之公議ᄒᆞ니 是ᄂᆞᆫ 不惟無韓於其手分이라 實亦無萬國於其心計也니 未知萬國羣公은其眞以日本所爲我韓者[63]로 爲無傷於公義耶며 爲不失信於萬國耶아 鄙邦臣

55) 『俛宇先生年譜』(六). 20板. 萬國一視
56) 『俛宇先生年譜』(六). 20板. 四海一轍
57) 『俛宇先生年譜』(六). 20板. 豈諸大位之用心
58) 『俛宇先生年譜』(六). 20板. 惟諸大位
59) 『俛宇先生年譜』(六). 20板. 區
60) 『俛宇先生年譜』(六). 20板. 없음.
61) 『俛宇先生年譜』(六). 20板. 强鄰外制
62) 『俛宇先生年譜』(六). 20板. 없음.
63) 『俛宇先生年譜』(六). 20板. 於我韓

民은 極知赤手空拳이라 不能自奮以有爲나 然이나 謳吟永嘆[64]ᄒᆞ야 猶早夜於吾國吾民[65]이 日 尙上天之鑑我大運之好還이라 ᄒᆞ야 包羞忍恥ᄒᆞ야 艱[66]辛顚倒于玆十年所矣라 自聞諸大位之設平和會로 寡邦人民이 咸踴躍奮激ᄒᆞ야 以爲苟萬國而平和也면 吾韓도 亦萬國之一也니 豈應使之不平不和乎아 旣復聞波蘭諸國이 皆能獨立則又復羣聚呼萬歲曰平和之議已定矣[67]라 彼何國也며 我何國也오 一視之仁이 亦若是矣라 天其有時而好還矣니 諸大位其從畢其能事矣면 吾儕其從此有吾國矣라 吾其卽死而顚[68]乎溝壑이라도 白骨이 且不朽矣로다 莫不睢睢盱盱ᄒᆞ야 以竢[69]好音而遷延之頃에 天又不吊ᄒᆞ야 一夜倉卒에 寡君이 別世ᄒᆞ니 擧國이 洶洶ᄒᆞ야 痛徹穹壤에 無地籲寃이라 乃[70]於國葬之日에 各敎各社個人男女猶唱獨立之聲ᄒᆞ야 奉慰吾君之靈할ᄉᆡ 雖捕縛鞭戮이 交加於[71]前이라도 徒手爭先ᄒᆞ야 就死而不悔ᄒᆞ니 此可見窒欝之衷이 積久必洩而抑亦諸大位啓其機而鼓其勇也로다 然而因循歷月[72]에 尙不見劃然之區處則又且疑且逡ᄒᆞ야 嘆寡君之無由以自達而中間用事者之反覆詐欺[73]有以惑諸大位之視聽也-ㄹ새 請更有以辨明之로다 天地生物也[74]必有是物之能力이니 小而鱗介昆蟲도 皆有以自由活動이온 人之自爲人과 國之自爲國은 固亦有自人自國之治理能力이니 吾韓이 雖小다 環三千里二千萬

---

64) 『俛宇先生年譜』(六). 20板. 謳唫吟
65) 『俛宇先生年譜』(六). 20板. 猶蚤夜於吾君吾國曰
66) 『俛宇先生年譜』(六). 20板. 囏(艱의 古字)
67) 『俛宇先生年譜』(六). 21板. 없음.
68) 『俛宇先生年譜』(六). 21板. 轉
69) 『俛宇先生年譜』(六). 21板. 俟
70) 『俛宇先生年譜』(六). 21板. 迺(乃와 同字)
71) 『俛宇先生年譜』(六). 21板. 于
72) 『俛宇先生年譜』(六). 21板. 日久
73) 『俛宇先生年譜』(六). 21板. 機
74) 『俛宇先生年譜』(六). 21板. 萬物也

人[75]이 歷四千年來에 其能이 足當吾韓事者自不乏絶ᄒᆞ니 初何待隣國之代治哉아 千里不同風이요 百里不同俗이니 彼謂吾韓之不能獨立而欲以彼國之治理로 加諸吾韓之風俗則風俗之[76]不可變而所謂治理者適足爲成亂之階니 此其不可行이 明矣라 治理之猝不可行[77]而[78]說於公會則曰韓民은 不惟其疆域風土之已定이라 抑亦所得於天性者然也니 是以로 寧[79]屈於一時[80]而受威脅之權而其心則固將歷千萬年而不失爲韓國之民也니 本心之存을 焉可誣也리오 心之卒不可以誣을 欲用萬國所共廢之威權ᄒᆞ야 以壓萬口一辭之公議ᄒᆞ니 此於日本에 亦未謂得計也[81]로다 鍾錫等은 山野廢朽[82]라 不及詳聞於外方事實而猶自以爲舊國臣子로 依先若之遺風ᄒᆞ야 從事於儒教[83]之門이라가 今當大界維持之日ᄒᆞ야 國之有無[84]在此一擧-ㄹ싀 與其無國而生으론 不若有國而死ᄒᆞ며 與其自梏於偏陬론 孰若獻身於公聽並[85]觀之地ᄒᆞ야 一以自暴其欝悒ᄒᆞ야 以俟其進退之也리요마ᄂᆞᆫ 顧以海陸이 迢絶ᄒᆞ고 關禁이 嚴急에 恐褁足未達而疾呼不聞ᄒᆞ야 朝夕之命이 無逮於穹壞之痛[86]則此世此懷永無望於自暴[87]이라 雖以諸大位之神性聰明으로도 亦安望其必算及於不見不聞幽眇

75) 『俛宇先生年譜』(六). 21板. 數二千萬人
76) 『俛宇先生年譜』(六). 21板. 風俗之卒
77) 『俛宇先生年譜』(六). 21板. 然且說於公會, 則曰韓民之願附於日本久矣
78) 『俛宇先生年譜』(六). 21板. 夫
79) 『俛宇先生年譜』(六). 21板. 寧
80) 『俛宇先生年譜』(六). 21板. 㫐(是의 古字)
81) 『俛宇先生年譜』(六). 21板. 亦未爲得計也
82) 『俛宇先生年譜』(六). 22板. 山野廢朽, 不及詳聞于外方事實, 而
83) 『俛宇先生年譜』(六). 22板. 校라고 되어 있는데, 誤字로 판단됨
84) 『俛宇先生年譜』(六). 22板. 亡
85) 『俛宇先生年譜』(六). 22板. 竝
86) 『俛宇先生年譜』(六). 22板. 無捄於道塗之仆
87) 『俛宇先生年譜』(六). 22板. 自暴矣

抑欝之我韓事情哉아 玆敢咫尺之書ᄒᆞ야 合一部同情之辭ᄒᆞ며 具十年生受之實ᄒᆞ야 奉便風於天涯萬里之外ᄒᆞ노니 誠悲劇迫切에 不知所云이라 惟諸大位ᄂᆞᆫ 憐而察之ᄒᆞ시고 益恢公判之議ᄒᆞ사 使大明之照로 無不遍ᄒᆞ며 大化之行으로 無不順則不惟鍾錫等之無國而有國이라 抑亦道德之幸甚於一世而諸大位之能事畢矣[88]어니와 如猶未也된 鍾錫等은 寧騈首就死而誓不爲日本之僕隷니 二千萬生命은 獨不關天地所育而憾調暢之和氣乎아 惟諸大位ᄂᆞᆫ 圖之어다

大韓民國元年 四月 日[89]

儒林代表[90]

郭鍾錫, 金福漢, 高石鎭, 柳必永, 李晩奎, 張錫英, 盧相稷, 柳浩根, 安炳瓚, 金東鎭, 權相文, 金建永, 金昌禹, 申稷善, 金尙武, 金順永, 李鍾璟, 權相翊, 高濟萬, 徐健洙, 李定厚, 盧壽容, 金泰鱗, 金定基, 宋喆洙, 文　鏞, 宋鎬完, 宋鎬坤, 權命燮, 李墩浩, 朴正善, 黃宅性, 李相羲, 崔仲軾, 金瀁模, 權昺燮, 權相元, 高舜鎭, 金澤柱, 鄭奎榮, 宋鎬基, 李吉性, 宋鎬基, 朴翼熙, 宋在洛, 權相道, 金秉植, 李能學, 李鉉昌, 李洙仁, 朴　埈, 李鳳熙, 朴欿容, 鄭　根, 白觀亨, 金錫九, 宋柱憲, 金錫允, 金榮植, 金陽洙, 金相震, 張永九, 李來修, 曺在學, 金永贊, 郭守斌, 柳淵博, 河謙鎭, 崔鶴吉, 李璟均, 李鉐均, 趙顯珪, 河鳳壽, 李壽安, 河載華, 河龍濟, 朴圭浩, 禹夏敎, 金在明, 卞穰錫, 高禮鎭,

---

88) 『俛宇先生年譜』(六). 22板. 能事眞可畢矣

89) 『俛宇先生年譜』(六)에 실려 있는 「파리장서」에 없음

90) 『俛宇先生年譜』(六)에 실려 있는 「파리장서」에 없음

李承來, 尹寅河, 金鳳濟, 朴鍾權, 尹哲洙, 金澤鎭, 權相斗, 丁泰鎭, 鄭在夔, 林翰周, 裵鍾淳, 柳震玉, 許　坪, 朴尙允, 金智貞, 李寅光, 李學奎, 安鍾達, 孫上鉉, 李以翊, 柳濬根, 宋鴻來, 宋浚弼, 成大湜, 李基馨, 李德厚, 安孝珎, 姜信赦, 田穰鎭

한주학파의 성리학에 대한 심재 조긍섭의 비판

임 종 진

한주학파의 성리학에 대한 심재 조긍섭의 비판

임 종 진

1. 머리말

심재深齋 조긍섭(曺兢燮, 1873~1933)은 경남 창녕에서 태어나고 자란 인물이다. 중년을 지나서는 대구(달성)의 비슬산 자락으로 옮겨서 생애를 마칠 때까지 강학講學에 전념하였다. 그는 조선왕조가 역사적 전환기에 제대로 대처하지 못하면서 쇠락의 길을 걷다가 마침내 멸망하여 일본의 식민지로 전락한 시기에 살았던 '불행한' 전통 지식인 즉 유학자였다.[1] 이러한 지리적 · 역사적 조건은 그의 사상 형성과 삶의 방식에 결정적인 영향을 끼친 것으로 보인다. 지리적 조건은 그가 사상 측면에서 조선성리학의 두 갈래, 즉 기호학파와 영남학파 가운데 영남학파에 속하게 하는 데 일정 부분 작용했

1) 여기서 '불행'이라는 말을 쓴 것은, 深齋 曺兢燮의 역량과 삶의 태도를 토대로 유추해 볼 때 이른바 천하에 올바른 도가 행해지고 있을 때에 살았더라면 그가 갖고 있는 재능과 성향으로 더 많은 일을 할 수 있었을 것인데, 그렇지 못하게 된 것에 대한 아쉬움을 표현한 말이다.

을 것이다.

당시에는 영남학파라면 당연히 퇴계학파를 의미하던 때였다. 물론 창녕 조씨라는 가문의 배경 때문에 자연히 남명학南冥學에 대해서도 관심을 가지게 되었을 것이다. 그런데 당시라는 시간적 조건을 지리적 조건과 결합시킬 때 조긍섭과 가장 쉽게 연결될 수 있는 학맥은 퇴계학파 중에서도 낙동강 중류지역을 중심으로 형성된 한주학파寒洲學派이다. 그러나 한주학파와 조긍섭의 관계는 적어도 성리학性理學이라는 사상적인 측면에서 본다면 우호적인 관계는 아니었다. 오히려 평생 동안 일종의 팽팽한 대립 관계를 유지한 것으로 볼 수 있다. 그렇다고 인간적인 관계마저 단절된 것은 아니었다. 오히려 양측의 교유交遊는 활발하게 이루어졌다.

지리적 조건의 공유뿐만이 아니라 유교의 시대가 무너져 가는 시대상황, 그리고 현실적인 이해관계 다시 말해서 정치적 이해관계의 부재가 이러한 '열린' 교유의 활성화를 촉진했을 수도 있다. 한편으로 당시의 역사적 조건은 지리적 조건이라는 요소와 더불어 개인적 성향과 결합하여 조긍섭을 학문적으로는 유교적 보수주의자로, 시국 대처 방식에서는 아쉽게도 소극적 은둔자에 머물게 하였다.[2] 다시 말한다면, 이러한 제 조건의 결합은 여러 가지 다른 선택지를 가능하게 할 수도 있었지만, 그에게는 이러한 조건들이 보수성을 강화하는 쪽으로 작용했다고 볼 수 있다.

이제 이러한 측면을 전제로 해서 본 논고에서는 근대라는 더욱이 일제강점기라는 특수한 상황 속에서 살아간 조긍섭이라는 성리학적 보수주의자의 성리학과 관련된 입장을 그와 사상적 대립 관계를 형성한 한주학파에 대한

---

2) 조긍섭은 비교적 다양한 인적 네트워크를 가지고 있었다. 예를 들면, 영남의 퇴계학파 계열 인물뿐만 아니라 기호학파(한유 등), 심지어 양명학과 관련된 강화학파에 속하는 인물(이건승, 이건방 등)과도 교유하였다. 그러나 이러한 교유 관계가 그의 보수성을 완화시키지는 못한 것 같다.

부분적인 비판을 통해서 파악하고자 한다. 이것은 직접적으로는 역사적 전환기에 전통적 가치관의 정통성을 유지하려는 당시의 동향을 살펴보는 것이 되기도 하지만 동시에 간접적으로는 현실의 변화와 시대정신과는 유리됨으로써 일종의 사상적 '갈라파고스 제도'가 되어 가는 당시의 전통적 지식사회, 전통적 지식인의 '슬픈' 면모를 드러내는 것이기도 하다. 그런데, 이러한 양상은 여전히 오늘날의 우리 모습을 돌아보게 하는 계기가 될 수도 있기 때문에 단순히 그 시대의 '기념사진'으로만 남지는 않을 것이다.

2. 심재 조긍섭의 성리학적 학술 연원

17세 때인 1889년에 조긍섭은 영천(靈川, 고령)에서 강학을 하고 있던 면우俛宇 곽종석(郭鍾錫, 1846~1919)을 찾아가서 태극太極, 성리性理 등의 문제에 대해 질의[辨質]하였다. 보다 정확하게 표현한다면, 단순한 '질의'라기보다는 오히려 '토론'이라고 말할 수 있다. 왜냐하면 「가전家傳」에는 "합치하지 않는 곳이 많았다"[3]라고 기록되어 있기 때문이다. 일찍이 11세 때에 열흘 만에 『근사록』을 베껴 쓰고 조항에 따라 이해한 곳과 이해하기 어려운 곳을 따로 기록할 만큼 학문적으로 조숙했던 조긍섭과 한주寒洲 이진상(李震相, 1818~1886) 사후에 한주학파의 중심인물로 자리 잡게 되는 곽종석의 이러한 첫 만남은 그대로 이후 한주학파와 조긍섭의 대립적인 사상적 관계를 상징적으로 보여주는 장면이 되었다. 그렇다고 해서 이러한 사상적 관계가 인간적 관계마저 완전히 어긋나게 한 것 같지는 않다. 왜냐하면 그 한 예로 「가

3) 『深齋先生續集』 10:50. 「家傳」: "多所不合." * '『深齋先生續集』 10:50'은 『深齋先生續集』 권10의 제50판을 의미한다. 이하의 경우에도 동일하다.

전」에는 다음과 같은 내용이 기록되어 있기 때문이다.

> 그러나 곽 선생은 크게 놀랍고 신기하게 여겨서 '수백 년 동안에도 얻기 어려운 인재'라고 하였으며, 만구 이종기에게 보낸 편지에서는 "조긍섭은 나이가 15살 정도인데 글을 짓고 이치를 논하는 것이 때때로 사람을 놀라게 합니다"라고 썼다. 이로부터 곽 선생은 세상을 떠날 때까지 (선생을) 아꼈으며, 잘되기를 바라는 마음이 매우 컸다. 또한 일찍이 어떤 사람에게 "조긍섭은 겉으로 보기에는 과묵하고 질박한 것 같지만 안으로는 세밀하고 굳세니, 나는 처음에 보고서는 그가 장차 크게 되리라는 것을 분명히 알았다"라고 말하였다.[4)]

이후 조긍섭은 1891년(19세)에 만구晩求 이종기(李種杞, 1837~ 1902), 1892년(20세)에 사미헌四未軒 장복추(張福樞, 1815~1900), 1893년(21세)에 서산西山 김흥락(金興洛, 1827~1899)을 차례로 배알하였다. 당시 영남학파의 대표적인 인물들이라고 말할 수 있는 이들은 조긍섭이 '국사國士'가 될 만한 인물이라고 크게 기대하였다. 조긍섭 또한 이들 세 사람과 곽종석을 유교의 큰 어른으로 공경하는 자세를 조금도 소홀히 하지 않았다. 특히 조긍섭은 김흥락과의 관계를 중시한 것 같다. 이와 관련해서 「가전」에서는 "그중에서도 특히 김 선생에게 의귀依歸하여 높이 섬기기를 변하지 않았다"[5)]라고 기록되어 있다.

학문적으로 퇴계退溪 이황(李滉, 1501~1570)을 충실히 계승한 학봉鶴峰 김성일(金誠一, 1538~1593)로부터 비롯되는 퇴계학맥에 속하는 김흥락과 조

---

4) 『深齋先生續集』 10:50. 「家傳」: "然郭先生大驚異, 以爲曠數百載難得之才. 寄書李晩求先生曰, 有曺某者, 年甫成童, 屬辭說理, 往往驚人. 自是終郭先生之世, 愛好屬望甚重. 常語人曰, 曺某外若木訥渾愿, 而內實精透勇毅, 吾始見, 固知其將大成也."

5) 『深齋先生續集』 10:51. 「家傳」: "尤於金先生依歸尊事之靡二."

긍섭의 관계를 묘사한 이러한 기록과 함께 조긍섭 또한 기본적으로 퇴계 이황의 성리설을 충실히 계승하는 입장을 고수하고 있는 점[6] 등을 종합해서 판단해 본다면, 조긍섭은 자신의 사상적 계보를 이른바 '퇴계학파의 적통'이라 일컫는 학봉 김성일 계통에 두고 있는 것 같으며, 이러한 측면은 한주학파와의 사상적 관계에 적지 않은 영향을 끼친 것으로 보인다.[7]

그렇다면 조긍섭의 학술 연원을 보다 더 명확하게 파악하기 위하여 서산 김흥락, 사미헌 장복추, 만구 이종기 그리고 면우 곽종석을 추모하기 위해 조긍섭이 지은 '만장挽章' 또는 '제문祭文'에서 조긍섭 자신과 관련하여 묘사한 부분을 비교해 보자.

西山金先生挽章	四未軒張先生挽章	祭李晩求先生文 壬寅[8]	挽郭俛宇先生 二首
소자는 참으로 재주가 없어 거듭 문하에서 가르침을 청했으나, 공명선(公明宣)[9]처럼 배워도 능하지 못했고 악정자(樂正子)[10]처럼 먹고 마시기만 힘썼는데, 외람되이 장려와 은혜를 입어 양단을 다하여 가르치길 마다 않으시고, 마음을 기울여 나머지 가르침을 다하시니 보잘 것 없는 재능을 일으켜 세울 수 있었네.[11]	생각건대 옛적 하찮은 제가 감히 곁에서 모심에 깊은 자애로 가르쳐 가려운 곳 긁어주셨는데, 돌아가시고 말아 나의 병통 마침내 고치지 못하니, 자나 깨나 잠시인들 어찌 선생에 대한 그리움이 사라지겠는가.[12]	저는 가르침과 사랑을 받은 뒤로 뼈와 살 속까지 깊이 스미었지만, 썩은 나무와 같은 자질이라 끝내는 봄볕같이 길러주신 은혜를 저버렸습니다. 선생께서는 버리시지 않으시고 아홉 번 넘어지면 열 번 붙들어 주셨는데, 문장을 멀리서 바라보면서, 아득하여 붙잡고 따르지 못 하였습니다.[13]	총각 때 처음으로 모시고서 가슴 열고 마음껏 말을 하였지. 하늘과 사람의 깊은 이치 탐구하였고 왕도와 패도의 근원을 변별하였네. 처음이 달랐던 것 끝내 해되랴,[14] 길을 잃어 아직 이리 어둠 속인걸. 이제부터 그 누가 날 아껴주랴, 우두커니 천지 향해 서서 있누나.[15]

6) 임종진. 2011. 「심재 조긍섭의 성리사상 - 「性學八圖並說」에 대한 분석을 중심으로 -」 『퇴계학과 유교문화』 제48호. 경북대학교 퇴계연구소. 172-173쪽 참조.

7) 이러한 점에서 본다면 조긍섭은 경북 성주와 인접한 경북 고령 출신인 만구 이종기와 사상적 측면에서 유사한 입장이라고 말할 수 있다('임종진. 2008. 「만구 이종기의 성리학적 입장에 대한 검토 - 한주학파와의 논변을 중심으로 -」 『퇴계학과 한국문화』 제43호. 경북대학교 퇴계연구소' 참조).

여기서 조긍섭은 세 선생(서산, 사미헌, 만구)과 자신의 관계를 언급한 글에서는 '교敎'나 '회誨' 등 '가르침'을 뜻하는 글자를 사용하고 있으나 곽종석에 대한 글에서는 그러한 글자를 사용하지 않았다. 오히려 학문적인 입장 차이가 지속되었음을 기술하였다. 그러나 "이제부터 그 누가 날 아껴주랴"라는 표현은 「가전」에서 "곽 선생은 세상을 떠날 때까지 (선생을) 아꼈으며"라는 표현과 연결되어, 학문적인 입장 차이는 지속되었지만 인간적인 교유의 따뜻함은 잃어버리지 않았다는 것을 짐작하게 한다. 그러한 영향 때문인지는 모르지만 조긍섭은 성와省窩 이인재(李寅梓, 1870~1929), 회봉晦峯 하겸진(河

---

8) 임인년은 만구 이종기가 별세한 해인 1902년이다. 그리고 처음부터 만장이 작성되지 않았는지는 알 수 없지만, 만구 이종기에 대한 만장은 조긍섭의 문집에 실려 있지 않다.

9) 공명선은 증자(曾子)의 제자이다. 증자의 문하에서 3년 동안 있으면서 글을 읽지 않았는데, 증자가 그에게 배우지 않는 이유를 물으니, 감히 배우지 않는 것이 아니라 증자가 가정에서 행하는 것과 빈객을 응대하는 것과 조정에서 처신하는 것을 보고 배웠으나 능히 따라할 수 없다고 답했다(『小學』「稽古」 참조).

10) 악정자는 맹자의 제자이다. 제왕(齊王)의 총신인 왕환(王驩)을 따라 맹자에게 오자, 맹자가 "그대가 자오를 따라 온 것은 한갓 먹고 마시기 위한 것이다. 나는 그대가 고인의 도를 배웠으면서 먹고 마시는 것을 힘쓰리라고는 생각하지 못했다"라고 질책하였다. 자오는 왕환의 자이다(『孟子』「離婁上」 참조).

11) 『巖棲先生文集』 2:23. <詩>. 「西山金先生挽章」: "小子誠不才, 再立門下雪. 明宣學未能, 樂正徒哺啜. 猥荷知奬恩, 兩端不辭竭. 傾心畢餘敎, 庶以扶淺劣." * 조긍섭의 문집은 『암서선생문집(巖棲先生文集)』 이외에 『심재선생문집(深齋先生文集)』이라는 제목의 판본도 존재하는데, 수록된 글에서 일부 차이점이 있다; 이 논문에 나오는 『암서선생문집』의 번역문은 기본적으로 한국고전번역원의 <한국고전종합DB>(http://db.itkc.or.kr)에 있는 자료를 이용하였다. 또한 거기에 포함된 주석도 필요한 경우에 다수 활용하였으나 일일이 이러한 사실을 표기하지는 않았다.

12) 『巖棲先生文集』 2:24. <詩>. 「四未軒張先生挽章」: "念昔小儒叨侍旁, 深慈旨誨逾爬痒. 蹉跎未得醫膏肓, 寤寐何暫違羹牆."

13) 『巖棲先生文集』 25:13-14. <祭文>. 「祭李晩求先生文 壬寅」: "兢孌自蒙敎慈, 侵灌髓肌. 惟其朽木, 竟負春滋. 先生不棄, 九顚十扶. 瞻望門墻, 邈不攀趍."

14) 조긍섭이 곽종석과 학문적 입장이 달라서 편지로 논변한 사실을 가리키고 있다. 『면우선생문집(俛宇先生文集)』(권85)에는 조긍섭에게 보낸 편지 14편이 실려 있으며, 『암서선생문집』(권7-8)에는 곽종석에게 보낸 편지 10편이 실려 있다.

15) 『巖棲先生文集』 5:4-5. <詩>. 「挽郭俛宇先生 二首」: "總角初將命, 開懷得放言. 天人探賾奧, 王伯辨根源. 異序終何害, 迷塗尙此昏. 從今誰愛我, 佇立向乾坤."

謙鎭, 1870~1946), 중재重齋 김황(金榥, 1896~1978) 등 곽종석의 문인 즉 한주 이진상의 재전 제자들과도 활발히 교유하였다.

한편 세 선생 중에서 안동에 거주하던 김흥락은 앞에서 언급한 것처럼 퇴계 이황의 적전嫡傳이라고 하는 학봉 김성일의 11대 종손이자 정재定齋 유치명(柳致明, 1777~1861)의 문인으로, 당시 영남유학을 대표하는 인물에 속한다고 볼 수 있다. 이러한 김흥락에 대한 만장에서, 조긍섭은 김흥락의 학술 연원과 관련하여 "도호[16]가 우리에게서 오래되었으니 보갑 가운데 거문고 줄 끊어지려 함에,[17] 진중하신 만우[18] 옹이 한 손으로 이를 이끄시니, 선생은 회와 손[19]의 무리로서 엄하게 규범을 지키셨네"[20]라고 서술하면서, 은연중에 자신이 이러한 김흥락의 학맥을 계승하고 있다는 점을 강조하고 있다. 그래서인지 조긍섭은 김흥락의 문인으로 기록되기도 한다.[21]

16) 도호(陶湖)는 도산(陶山)과 소호(蘇湖)이다. 도산은 퇴계 이황(1501~1570)이 학문을 강론한 곳이고, 소호는 대산(大山) 이상정(李象靖, 1711~1781)이 학문을 강론한 곳인데, 각기 퇴계와 대산을 뜻하는 말이다.

17) 보갑은 보배로운 거문고를 넣는 집인데, 고인의 학문을 뜻한다. 이 구절은 도산의 퇴계로부터 소호의 대산에게로 전해온 학문이 장차 끊어지려 하는 상황을 말한 것이다.

18) 만우(晩愚)는 정재 유치명(1777~1861)이 강학하던 만우정(晩愚亭)을 가리키는 말인데, 여기에서 유래하여 정재를 일컫는다.

19) 회(回)와 손(損)은 공자의 제자 중에서 덕행이 높은 안회(顔回)와 민손(閔損)을 가리키는 말이다. 여기서는 서산이 정재 유치명의 제자들 가운데 덕행이 있었음을 말한다.

20) 『巖棲先生文集』 2:23. 〈詩〉. 「西山金先生挽章」: "陶湖去我久, 寶匣絃將絶. 珍重晩愚翁, 隻手爲提挈. 夫子回損徒, 凝然持塗轍."

21) 서산선생기념사업회 편. 2000. 「輔仁稧帖」. 『韓末 退溪學統의 正脈 西山 金興洛』. 서산선생기념사업회. 268쪽 참조.

3. 성리학 논변에 대한 심재 조긍섭의 기본 입장

그렇다면 퇴계 이후에 조선성리학에서 이루어진 성리학 논변에 대한 조긍섭의 기본 입장은 어떠할까? 일찍이 다산茶山 정약용(丁若鏞, 1762~1836)은「오학론」에서 조선성리학계를 다음과 같이 비판했다.

> 지금 성리학을 하는 사람들은 리理니 기氣니 성性이니 정情이니 체體니 용用이니 하는가 하면, 본연本然이니 기질氣質이니 기발氣發이니 리발理發이니 이발已發이니 미발未發이니 단지單指니 겸지兼指니 리동기이理同氣異니 기동리이氣同理異니 심선무악心善無惡이니 심선유악心善有惡이니 하여, 줄기와 가지와 잎새를 수천수만으로 갈라 마치 터럭을 나누고 실오리를 쪼개듯이 세밀히 분석하면서 서로 꾸짖고 서로 야단치며, 눈을 감고 묵묵히 연구하다가 대단한 것을 깨달은 것처럼 핏대를 올려 목 줄기를 붉히면서 스스로 천하의 높고 오묘한 이치를 다 터득했다고 떠들어댄다. 그리하여 동쪽으로 부딪치고 서쪽을 들이받으며 꼬리만을 잡고 머리는 버리고 문門마다 하나의 기치를 세우고 집마다 하나의 진루陣壘를 쌓아서 한 세상이 끝나도록 그 시비를 결단하지 못하고 대代를 전해가면서까지 그 원한을 풀지 못한다. 자기편에 들어오는 사람은 존대하고 나가는 사람은 천대하며, 자기와 학설이 같은 사람은 떠받들고 다른 사람은 공격하면서 스스로 자기의 주장이 지극히 올바르다고 여기고 있으니, 어찌 학문과 거리가 먼 것이 아니겠는가![22]

---

22) 『與猶堂全書』〈第一集詩文集〉. 卷11.「五學論」: "今之爲性理之學者, 日理, 日氣, 日性, 日情, 日體, 日用, 日本然氣質, 理發氣發, 已發未發, 單指兼指, 理同氣異, 氣同理異, 心善無惡, 心善有惡. 三幹五椏, 千條萬葉, 毫分縷析, 交嗔互嚷, 冥心默研, 盛氣赤頸, 自以爲極天下之高妙, 而東振西觸, 捉尾脫頭, 門立一幟, 家築一壘, 畢世而不能決其訟, 傳世而不能解其怨, 入者主之, 出者奴之, 同者戴之, 殊者伐之, 竊自以爲所據者極正, 豈不疎哉."

조긍섭은 사상적 정체성으로 볼 때는 분명히 성리학자(주자학자)이지만, 퇴계 이후에 조선성리학계에서 진행된 논변과 거기에 수반되는 지나친 이론적 천착에 대해서는 비판적인 태도를 취하고 있기 때문에, 이런 측면에서 볼 때는 오히려 정약용의 관점과 일맥상통하는 면이 없지 않다. 이러한 조긍섭의 기본 입장을 그가 쓴 글에 근거하여 살펴보자.

> 천도天道와 성명性命의 이치에 이르러서는 또 설명하기 어려운 곳인데도 지금의 학자들이 쉽게 말하고, 일찍이 자신에게 절실하게 하고 체득하여 살피지 않아 다만 한바탕 흐릿하고 애매함만을 이루게 될 뿐이니 끝내 무슨 유익함이 있겠습니까. 가령 유익함이 있더라도 또한 어찌 절실히 묻고 가까이 생각하며, 조금씩 쌓아 위로 통달하는 것이 순서를 따르게 되고 근본이 있게 되는 것만 같겠습니까.[23]

이 글은 임진년에 사미헌 장복추의 문인인 이돈후(李敦厚, 1870~1897)에게 보낸 편지에 들어 있는 내용이다. 임진년은 1892년이며, 조긍섭이 「독한주이씨심즉리설讀寒洲李氏心卽理說」[24]을 쓴 것도 이 해이다. 「독한주이씨심즉리설」은 조긍섭이 한주 이진상의 심즉리설心卽理說에 대해서 17조목으로 나누어 비판한 글이다. 이를 통해서 약관 20세의 조긍섭이 이미 당시의 성리학 논변에 대해 비판적인 입장이었음을 알 수 있다. 이러한 입장은 조긍섭의 전 생애에 걸쳐서 일관된 것이었다.

조긍섭은 27세 때인 1899년(기해년)에 곽종석에게 보낸 편지에서 "대체

---

23) 『巖棲先生文集』 10:14. <書>. 「答李重載 敦厚○壬辰」: "至於天道性命之理, 又是難說處. 只爲今之學者說出容易, 未嘗切己體察, 只成得一塲隱謎而已, 畢竟何益. 假饒有益, 又豈若切問近思積漸上達之爲循序而有本乎."

24) 『巖棲先生文集』 卷16. <雜著>. 「讀寒洲李氏心卽理說」 참조. * 조긍섭의 또 다른 이름의 문집인 『심재선생문집』에는 「讀心卽理說」로 표기되어 있다(『深齋先生文集』 卷13. <雜著>. 「讀心卽理說」 참조).

로 마땅히 알아야 하고 마땅히 행해야 할 사람의 도는 성현께서 이미 다 말해 놓았으니, 의지하여 행하기만 하면 부족할 근심이 없으니 많은 설을 만들어 신기하게 할 필요가 없습니다"[25]라고 하였는데, 이것은 주자-퇴계로 이어지는 성리학설에 대한 확고한 지지 입장을 밝힌 것이며, 동시에 이를 토대로 삼아서 내용적이든 형식적이든 간에 여기서 벗어나는 성리학설에 대해서는 비판적인 입장을 견지하고 있음을 보여준 것이다. 이러한 연장선상에서 그는 28세 때인 1900년(경자년)에 「리기 심성을 논한 다섯 편의 절구를 면우 선생께 받들어 올리다」[26]라는 시를 지었는데, 그 첫 편은 다음과 같다.

濂閩關洛昔何時　염락관민은 그 옛적 어느 때인가
撥得根源到細微　근원을 밝혀 미세한 데까지 이르렀네.
早識添枝兼接葉　후인들이 번잡하게 가지 더하고 잎을 붙이니
悔將消息露天機　천리의 변화로서 천기를 드러낸 일 후회하리라.

이즈음에 곽종석과 조긍섭은 편지를 통해서 성리학적 문제 특히 심즉리설과 관련된 논변을 전개하고 있었는데, 28세의 청년이 55세의, 이미 한주학파의 중추적인 위치에 있는 인물에게 매우 담대한 표현을 써가며 지나친 천착을 경계하는 시를 보낸 것이다. 이후에도 조긍섭은 1920년(경신년)에 그의 문인인 한상은(韓相殷, 1895~?)에게 보낸 편지에서 같은 입장을 피력하였다.

> 대저 심心과 리理에 대한 설은 근세에 진실로 학자들의 제일 화두이지만, 성인의 가르침을 따르는 입장에서 보자면, 벌써 단계를 건너뛰는 것입니다. 더구나 지금 논의하는 과정에 한쪽은 창이 되고 한쪽은

---

25) 『巖棲先生文集』 7:8. 〈書〉. 「上郭俛宇先生 己亥」: "凡人道之當知與當爲者, 聖賢已盡言之矣. 依而行之, 不患不足, 不必多爲說以新之."

26) 『巖棲先生文集』 2:22. 〈詩〉. 「論理氣心性五絶句 奉呈俛宇先生丈下 庚子」

> 방패가 되어 끝내 멈출 수가 없으니, 또한 어디에서 그 시비곡직을 종결지을 수 있겠습니까. 만약 그 시비곡직을 종결짓지 못한 채 단지 입과 귀로만 하는 학문을 가지고 근거를 끌어다가 견강부회해서 나 또한 심心을 말하고 성性을 말할 수 있다고 스스로 생각한다면, 그 마음씀씀이가 서툴고도 그릇되어 이미 성인의 가르침에 죄를 지음을 면할 수 없을 것입니다.[27]

한주학파의 입장에서 보자면 조긍섭의 이러한 일관된 태도는 매우 부담스러운 동시에 유감스러운 것이었다. 왜냐하면 당시 조긍섭은 누구보다도 뛰어난 역량을 가진 학자였기 때문이며, 게다가 곽종석을 비롯한 한주학파의 여러 인물들과도 교유하였는데, 그들은 또한 조긍섭의 재주를 매우 아끼는 사람들이었기 때문이다. 그러나 조긍섭 자신은 이러한 관계에 전혀 개의치 않고 자신의 입장을 고수한 것으로 보인다. 이와 관련해서 다음의 경우를 보자.

한주학파에 속하는 인물 가운데 회당晦堂 장석영(張錫英, 1851~ 1926)이라는 인물이 있다.[28] 이러한 장석영에게 보낸 편지에서 조긍섭이 그 안부를 묻는 내용이나 자신의 저술인 「곤언困言」이나 「심문心問」에 대해서 언급한 것을 보면, 조긍섭과 장석영은 일정한 교유와 친분이 있었던 것으로 볼 수 있다.[29] 그런데 그렇게 길지 않은 이 편지에서 조긍섭은 『명유학안』 등을 읽은 소감을 언급하면서 한주학파의 심즉리설을 비판하였다.

---

27) 『巖棲先生文集』 14:20. 〈書〉. 「答韓士莘 相殷○庚申」: "夫心理之說, 在近世固爲學者第一話頭. 然自聖門言之, 已爲躐等. 況今議論之間, 一矛一盾, 終無底止, 亦何從而遽了其得失耶. 若不能了其得失, 而徒以口耳援引傅會, 自謂我亦能說心說性, 則其用心之踈謬, 已不免得罪於聖門矣."

28) 장석영은 한주 이진상의 대표적인 제자 그룹을 지칭하는 이른바 '주문팔현(洲門八賢)'에 속하는 인물이다.

29) 『巖棲先生文集』 卷9. 〈書〉. 「答張晦堂 錫英○丙辰」 참조. * 1916년(병진년)에 보낸 이 편지 1편이 조긍섭의 문집에 실려 있다.

근래에 명·청明清의 학안學案을 읽었습니다. 그 책에 보니, 중국의 학술은 주자학과 양명학의 두 갈래가 현저히 다르기가 마치 사람과 귀신의 관계와 같습니다. 요강姚江의 한 무리[30]는 순전히 심心을 근본으로 삼고 리理를 영靈으로 삼으며 성性을 지각이 있는 것으로 여겨 마침내 기氣를 리理로 인식하고, 욕欲을 성性으로 여기며, 부처와 노자를 성인으로 인식하기에 이르렀습니다. 건안建安을 종주로 하여 계보와 향사에 드는 사람[31]은 절대로 이와 같은 이야기나 이와 같은 작용이 없습니다. 이것으로 포상浦上의 의론[32]은 끝내 근거하여 그대로 맞다고 할 수 없음을 더욱 알겠습니다.[33]

이러한 신랄한 '비난'에 대하여 장석영은 조긍섭에게 보낸 간략한 답신[34]에서 조긍섭의 지나침을 짧게 지적하면서 겸허한 자세를 가질 것을 당부하는 정도로 그칠 뿐이었다.

이와 같이 퇴계학의 사상적 본령을 그대로 고수하려는 조긍섭의 입장과 새로운 해석을 시도하려는 한주학파의 입장이 충돌하면서 양측은 사상적인 측면에서 말한다면 긴장 관계였으며, 그런 한편으로 만남과 서신 왕래를 통해서 끊임없이 교유하는 관계였다. 어떻게 보면 흥미로운 관계이고 어떻게 보면 안타까운 관계이기도 하다.

30) 양명학파를 말한 것이다.

31) 주자학파를 말한 것이다.

32) 포상(浦上)은 한주 이진상(1818~1886)이 살았던 경북 성주의 대포(大浦)를 말한 것으로, 여기서는 특히 이에 앞서 이루어진 조긍섭과 곽종석의 논변을 고려할 때 한주의 학설을 주장하는 면우 곽종석의 의론을 말한 것으로 보인다.

33) 『巖棲先生文集』 9:4. 〈書〉. 「答張晦堂 錫英○丙辰」: "近讀明清學案, 見中州學術朱王二派, 適如人鬼, 而姚江一隊, 純是以心爲本, 以理爲靈, 以性爲有知覺, 究竟至於認氣爲理, 以欲爲性, 認佛老爲聖人. 其宗主建安而得與於譜享者, 絶無如此說話, 如此作用. 以此愈知浦上議論, 終不可據以爲安."

34) 『晦堂先生文集』 卷10. 〈書〉. 「答曺仲謹 兢燮○丁巳」 참조. * 1917년(정사년)에 보낸 이 편지 1편이 장석영의 문집에 실려 있다.

4. 성리학과 관련된 심재 조긍섭의 한주학파 비판

1) 면우 곽종석의 성리설에 대한 심재 조긍섭의 비판

한주학파가 계승한 한주 이진상의 성리설의 핵심 내용을 요약해 본다면, 리기론에서는 리의 역할과 지위를 강조한 리주기자理主氣資이며, 심성론에서는 심이 일신의 주재라고 하는 점과 심에 지각이 있다는 점에서 심을 리로 보아야 한다는 것이다.[35] 이 경우에 심을 리라고 하는 것은 심의 본체를 말한다는 것이 이진상의 입장이며, 또한 주희에게서는 심의 기적氣的 특성으로 이해되었던 지각을 이진상은 오히려 심의 리적理的 측면으로 해석하였다.[36]

이진상과 그의 학문적 후계자들은 이러한 자신들의 주장이 회암(주희)과 퇴계에 근거를 두고 있다고 주장하지만, 조긍섭의 관점에서는 이를 수용할 수 없었다. 그렇기 때문에 조긍섭은 이와 관련해서 한주학파의 인물들과 이러한 성리학적 문제를 두고 토론하였다. 특히 이진상의 수제자라고 볼 수 있는 곽종석과는 여러 차례 편지를 주고받으면서 이러한 문제를 집중적으로 토론하였는데, 본 장에서는 바로 여기에 초점을 맞추고자 한다. 이러한 과정에서 조긍섭의 비판은 당연히 이진상의 핵심적인 성리설에 집중되었다.

먼저 조긍섭은 리기의 문제와 관련해서 "리理와 기氣의 관계는 임금과 신하의 관계와 같다"[37]는 군신의 비유로 기의 역할과 지위를 설명하였다.

> 요순 군신 간의 비유는 감히 존비尊卑의 큰 분수가 없어도 된다고 말했던 것이 아니라, 기로서 천賤하고 박薄하게 할 수 없음을 비유했을

35) 한국철학사상연구회. 1995.『논쟁으로 보는 한국철학』. 예문서원. 271-273쪽 참조.

36) 같은 책. 274-275쪽 참조.

37) 『巖棲先生文集』7:7-8. <書>.「上郭俛宇先生 己亥」: "夫理之與氣, 猶君之與臣."

> 뿐입니다. 리理의 임금은 때마다 요순이 아님이 없으니, 요순이 임금이 됨에 유독 때마다 다스려짐이 없겠습니까. 요순이 다스림에도 오히려 우禹와 고요皐陶의 보좌를 기다려야 한다면 리理의 임금 노릇에 유독 기의 도움이 필요하지 않겠습니까. 공사公私와 선악善惡의 구분도 진실로 그러합니다. 그러나 그 사사롭고 악한 자는 곤鯀과 공공共工이니, 제거하는 것이 옳습니다만 교화되어 들어오면 등용해도 됩니다. 그 호연浩然하면서 강대剛大한 것과 이른 아침의 담연湛然한 기氣가 능히 도의道義가 미치지 못하는 것을 돕고, 능히 양심이 곡망梏亡해지는 것을 보존할 수 있다면, 또한 요순을 잠계箴戒하고 논사論思할 수 있을 것입니다.[38]

근본적으로 기의 역할과 지위를 축소하고 리를 강조하려는 곽종석의 입장에 대해서 조긍섭은 보다 적극적으로 기의 역할과 지위를 강조하였다.

> 마음이 리기理氣를 합한다는 것은 문하께서 이미 스스로 "믿고 의심할 것이 없다"라고 하셨습니다. 그러나 그 합하게 되는 것에 대해서 저는 기氣가 바탕이 되고 리理가 실제로 부여되었다고 여기고, 문하께서는 "그 근본은 리理이고, 기氣는 단지 노복과 호위병인 것처럼 마련된 것이다"라고 하시니, 이것이 조금 같지 않은 점일 뿐입니다.[39]

이와 같이 두 사람은 기의 실질적인 역할과 지위에 대하여 의견을 달리하고 있다. 이것은 조긍섭이 표현한 것처럼 '조금 같지 않은 점'이 아니라 실

---

38) 『巖棲先生文集』7:11. 〈書〉. 「上郭俛宇先生 庚子」. 〈別紙〉: "唐虞君臣之喩, 非敢謂尊卑之大分可無也, 喩不可以氣而賤薄之耳. 理之爲君, 無時而不堯舜, 則堯舜之爲君, 獨不能無時而不理耶. 堯舜之理焉而猶待禹皐之佐, 則理之君焉而獨不須氣之助耶. 公私善惡之分固然矣. 然其私而惡者, 鯀也共工也, 去之可也, 化而入則用之可也. 其浩然而剛大者平朝之湛然者能助道義之所不及, 能存良心之梏亡者, 則亦足以箴戒論思於堯舜矣."

39) 『巖棲先生文集』7:9. 〈書〉. 「上郭俛宇先生 庚子」. 〈別紙〉: "心合理氣, 門下旣自謂信無疑矣. 然其所以合者, 愚則以爲氣爲田地而理實賦焉, 門下則曰其本則理也而氣但爲僕役輿衛而設, 此爲少不同耳."

제로는 큰 차이가 될 수 있다. 왜냐하면 이황의 '리기호발설理氣互發說'과 이진상의 '리발일로설理發一路說'이 그 배경에 자리 잡고 있기 때문이다. 그래서인지 조긍섭은 리기와 관련해서 지나치게 리의 역할을 확대하고 상대적으로 기를 배제하려는 곽종석의 주리적 입장을 강하게 비판하기도 하였다.

> 가만히 보건대, 문하의 뜻은 모든 심성心性이 발하는 곳에 일체의 영위모탁營爲謀度하는 것을 리理에 귀속시키고자 하는 듯합니다. 이와 같다면 이른바 기라는 것은 몸에 채워져 활동하는 것에 불과하고, 일용의 사이에는 전혀 스스로 그 지력智力을 드러내는 것을 용납하지 않는 것입니다. 이것을 '주리主理'라고 한다면 이른바 리理라는 것은 황홀恍惚하고 경괴驚怪하여 평이平易하고 백직白直한 도가 아닌 것에 가깝지 않겠습니까?[40]

또한 이러한 곽종석의 리기론적 주장이 초래할 궁극적인 상황에 대하여 조긍섭은 다음과 같이 설명하였다.

> 다만 가만히 생각하건대, 천하의 리理는 무궁하고, 천하의 기氣 또한 무궁하니, 그 처음에 근원하여 말하면, 모두 선만 있고 악이 없으며, 오묘하게 합하여 떨어지지 않으니, 그 서로 얻는 것이 어찌 단지 뼈와 살, 손과 팔뚝의 관계와 같을 뿐이겠습니까. 오직 그 리는 스스로 작용하지 못하고, 기는 또 미악美惡이 한결같지 않음이 있어 곧 비로소 간혹 능멸하고 계교하며 가리고 멸하는 것이 있게 되었으니, 이에 리는 사랑할 만하고 기는 천하게 여길 만하게 됩니다. 그러나 리를 귀하게 여기는 이유는 지선至善의 법칙이 되기 때문이고, 능히 조작하거나 경영하

---

40) 『巖棲先生文集』7:28. 〈書〉. 「上郭俛宇先生」: "竊觀門下之意, 凡於心性發處, 似欲一切以營爲謀度者, 歸之於理. 如此則所謂氣者, 不過爲充體而活動者, 而日用之間, 都不容自效其智力. 以此而謂之主理, 則所謂理者其不幾於恍惚驚怪, 而非平易白直之道乎."

고 헤아리기 때문이 아닙니다. 기에 있어 미워하게 되는 이유는 때로 리를 해치기 때문이지만, 그 양능良能의 공용功用은 이것 때문에 없애서는 안 됩니다. 또한 가령 리가 정의情意가 있고 능히 작위作爲한다면 기가 있기를 기다리지 않을 것이니, 비록 기가 있어도 또한 그 제재를 받지 않고, 그 권병權柄을 잃지 않아서 천하는 어지러울 때가 없을 것입니다.41)

비록 기가 모든 부정적 사태의 근원이기는 하지만 그럼에도 불구하고 기는 기 나름대로의 역할과 탁월한 작용성을 갖고 있다는 것이 조긍섭의 입장이다. 그렇지 않고 그러한 역할과 작용성을 리에 귀속시킨다면 기는 존재할 필요도 없고, 설령 존재한다 하더라도 사태에 아무런 영향도 미칠 수 없게 된다. 이 경우에 우리는 조긍섭의 입장을 대변하여 곽종석에게 다음과 같은 질문을 제기할 수 있을 것이다: 그렇다면 세계에 현실적으로 존재하는 이른바 '악惡'은 어디에서 비롯된 것인가?

그렇다면 조긍섭이 보기에 곽종석의 주리설에 내포된 결정적인 문제점은 무엇일까?

대체로 리理를 논하는 법은 도를 아는 사람의 입장에서 보면, 비록 리를 일컫는 사이에 종횡으로 섞어가며 설명하여 때로 같고 다름이 있더라도 또한 도를 안다는 것에 해가 되지 않겠지만, 능히 그렇지 못한 사람은 비록 분명하고 정연하게 설명하더라도 오히려 서로 섞일까 두려운데, 더구나 갑자기 일물一物로 관통하면 어찌 되겠습니까. 그렇다

41) 『巖棲先生文集』7:28-29. <書>.「上郭俛宇先生」:"第竊伏念天下之理無窮, 天下之氣亦無窮, 原其初而言則皆有善而無惡, 妙合而不離, 其相得豈特骨肉手臂哉. 惟其理不能自用, 而氣又有美惡之不一, 則始或有陵較而揜滅之者. 於是乎理爲可愛而氣爲可賤. 然所貴乎理者, 以其爲至善之則, 而非以其能造作營度也. 所惡於氣者, 以其有時而害理, 而其良能之功用則不可以此而沒之也. 且使理而有情意能作爲則不待氣之有矣. 雖有氣而亦不受其制, 不失其權柄, 天下無時而可亂矣."

면 오늘의 논의는 '심이 곧 리이다[心卽理]'라고 해도 또한 가하고, '리에 지각이 있다[理有知覺]'라고 해도 또한 가하며, '정의지려가 모두 리이다[情意志慮都是理]'라고 해도 또한 불가할 것이 없습니다만, 염려스러운 것은 그 리理가 참된 리理가 아니라는 것일 뿐입니다. 문하께서 여기에 마땅히 침착하여 깊이 생각해야 할 것입니다.[42]

요컨대 조긍섭은 곽종석의 리에 대한 설명이 리를 올바르게 말한 것이 결코 아니라고 결론 내렸다. 왜냐하면 마땅히 기에 귀속시켜야 할 특성을 리에 결부시키고 있기 때문이다.

그리고 '심즉리心卽理'라는 한주 이진상의 문제적 주장이 나온 연유에 대해서 조긍섭은 다음과 같이 유추하였다.

시험 삼아 고요한 가운데 허다한 한만한 인증을 끝내고, 허다한 한만한 의견들을 버리고, 다만 '심즉리心卽理'라는 세 글자로 스스로 마음으로 삼고 생각해 보니, 리理라고 이르자니 기氣가 있고, 기라고 이르자니 리가 있으며, 리기理氣가 합하였다고 이르자니 또 함께 높아질까 혐의스러웠습니다. 이에 전체는 리기를 합하지만, 본체는 리理일 뿐이라고 하지 않을 수 없었습니다. 이같이 주해註解하면 이미 글자와 구절이 많게 되는 것이 아니겠습니까. 그렇다면 이 설이 만들어진 것이 새롭다면 새로운 것입니다. 뜻이 합하여 천고에 전해질 수 있다고 여긴다면 지자智者가 그 뒤를 의논할까 가만히 두렵습니다.[43]

---

42) 『巖棲先生文集』7:30. <書>. 「上郭俛宇先生」: "大抵論理之法, 自知道者看則雖於名理之間, 說得橫竪錯綜, 時有同異, 亦不害其爲知. 不能然者, 雖說得分明歷落, 猶懼其相混, 況遽以一物貫通之乎. 然則今日之論, 謂之心卽理亦可, 謂之理有知覺亦可, 謂之情意志慮都是理, 亦無不可. 所可恐者, 其理之非眞理耳. 門下於此, 所宜穆然而深思也."

43) 『巖棲先生文集』7:12-13. <書>. 「上郭俛宇先生 庚子」. <別紙>: "試於靜中罷却許多閒引證, 捨却許多閒意見, 只以心卽理三字, 自心自思. 謂之理耶則有氣, 謂之氣耶則有理, 謂之理氣之合也則又嫌於並尊. 於是而不得不曰全體則合理氣, 而本體則理而已. 如此註解, 已多了幾字幾句耶. 然則此說之作, 新則新矣. 以爲旨合而得千古之傳則竊恐智者之議其後也."

요약하면 '심즉리'를 주장하는 것은 지나친 천착 끝에 나온 쓸데없는 새로움 즉 일종의 사족이라는 것이다. 그렇다면 이러한 '심즉리'라는 주장과 관련해서는 어떠한 문제가 더 제기될 수 있는가? 곽종석(면우)은 '심즉리'라는 학설을 받아들이지 않는 것은 심과 성을 완전히 다른 것으로 여기는 것이라고 주장하였다.

> 면우 : 그대는 이미 심성을 둘로 여겼는데(심성을 별개의 것으로 간주했는데), 부여된 리는 곧 성이지 심이 아니다. 그렇다면 바탕이 되는 것 즉 기는 신체와 정신일 따름인데, 이것은 바로 심이 곧 기라는 주장이니, 어찌 리와 기가 합쳐진 것이 있겠는가?44)
>
> 심재 : 살피건대, 기氣가 바탕[田地]이 되고 리理가 실제로 여기에 부여되니, 이것이 곧 심心이 되는 것입니다. 대개 두 가지는 있으면 일시에 함께 있으니, 바탕이 심心이 되고 리理는 깃든 다른 물이 된다고 여기는 것이 아닙니다. 이와 같다면 성性을 말하지 않아도 성이 그 속에 있으니, 심과 성을 둘로 여긴다는 가르침은 저로서는 깨닫지 못할 것이 있습니다.45)

여기서 조긍섭은 심합리기心合理氣의 주장을 다시 강조하면서, 아울러 심성의 존재 방식이나 관계가 리기의 존재 방식이나 관계와는 다르다는 점을 언급하고 있다. 리와 기는 서로 다른 별개의 것이면서도 함께 있지만[不離不雜] 심과 성은 그렇게 말할 수 없다는 것이다. 그렇기 때문에 조긍섭은 '성을

---

44) 『俛宇先生文集』 85:11. 「答曺仲謹 庚子」: "賢者旣以心性爲二, 則所賦之理, 乃性也, 非心也. 然則其爲之田地者, 血肉精神而已. 此乃心卽氣之見也. 惡在其爲合理氣者哉."

45) 『巖棲先生文集』 7:15. 〈書〉. 「上郭俛宇先生」: "按氣爲田地而理實賦焉, 卽所以爲心. 蓋二者有則一時俱有, 非以田地爲心而理爲所寓之他物也. 如此則不言性而性在其中, 心性爲二之敎, 竊有所未喩也."

말하지 않아도 성은 심 속에 있다'고 표현하였는데, 상황에 따라서 성 또는 심이라고 구별하여 말할 수도 있지만 그렇다고 성과 심을 서로 다른 별개의 것으로 여길 수는 없다고 보았다. 이어지는 곽종석과 조긍섭의 주장을 살펴보자.

> 면우 : 심과 성은 분명히 하나인데, 성은 단지 그 본연의 고요한 측면을 가리킨 것이고, 심은 움직일 때나 고요할 때를 막론하고 두루 작용하여 헤아릴 수 없는 것이다. 그러므로 심은 성과 비교하면 조금 현상적인 측면이 있다는 것은 바로 이런 것 때문이다. 그 차이점은 단지 이런 것이다. 그래서 주자가 이른바 '두 가지로 완전히 나누어서는 안된다'고 한 것이다. 이단에서 심이라고 인식하는 것은 곧 정신이나 혼백의 작용인데, 그것을 성이라고 간주한 것이다. 만약 의리의 본심을 성이라고 여긴다면 이것은 바로 정주학程朱學의 여러 선생들의 뜻이니, 학술이 어디에서 차이가 있겠는가?[46]
>
> 심재 : 살피건대, 성性은 진실로 적연하여 고요합니다. 그러나 느껴서 드디어 통하는[感而遂通] 것 또한 성이 움직이는 것이라면 심心과 다름이 있는 것이 얼마이겠습니까. 이른바 "성과 비교하면 조금 흔적이 있다"[47]는 것은 사려思慮와 의상意象이 있기 때문에 말했을 뿐이고, 다만 동정動靜을 겸한 것으로 말한 것만이 아닙니다. 심心의 지각知覺은 하나일 뿐이지만, 갖춘 것이 리理와 기氣의 구별이 있기 때문에 발하는 것이 순수함과 잡박함[粹駁]의 다름이 있습니다. 우리 유가

46) 『俛宇先生文集』 85:11. 「答曺仲謹 庚子」: "心性固一物也, 而性則單指其寂然而靜者, 心則貫乎動靜周流不測. 故心比性爲微有迹者此也, 其分只如是. 朱子所謂不可太開成兩箇者然矣. 若其異端所認之心, 乃精神魂魄之作用者而認之爲性. 如以義理之本心爲性, 則此正程朱諸先生之旨也. 學術何從而有差."

47) 『주자어류(朱子語類)』 권5에서 "마음은 성에 비교하면 조금 흔적이 있고, 기에 비교하면 자연스럽고 또 신령스럽다[心比性則微有跡, 比氣則自然又靈]"라고 하였다.

의 입장에서 보자면, 리의 순수한 것이 바야흐로 성의 본연本然이 되지만, 석씨는 어떤 지각知覺이든 가리지 않고 모두 성으로 간주하니, 학술의 차이가 바로 여기에 있습니다.[48]

곽종석이 말한 것처럼 '심과 성은 진실로 한 물이다'라는 명제를 표현 그대로 받아들인다면 자연히 '성즉리'는 곧 '심즉리'라고 해도 무방한 것이 된다. 조긍섭은 '함께 있다'는 측면을 강조하기 위해서 '성이 심 속에 있다'고 표현했지만 '심과 성은 진실로 한 물이다'라고 보는 데는 반대하였다. 성은 성으로서의 존재방식과 특성이 있고 심은 심으로서의 존재방식과 특성이 있기 때문이다. 이러한 차이를 간과할 때 결국은 불교와 다를 바 없게 된다는 것이 조긍섭의 관점이다. 이제 곽종석은 정면 돌파를 시도한다.

면우: 갖춘 바의 리理를 심心이라 할 수 없다면 심은 단지 혈기의 기器일 따름이다.[49]

곽종석은 이분법적인 방식에 근거하여 조긍섭을 몰아세우고 있다: 리를 심이라 할 수 없다면 심은 곧 기가 되는 것이다. 이러한 주장은 심이 기[心是氣]가 아니니 심은 곧 리[心卽理]라는 논리와 다를 바가 없다. 이에 대한 조긍섭의 대응은 간결하다.

심재 : 살피건대, 저의 주장은 "성性은 심의 리理이니 문득 심이라

48) 『巖棲先生文集』7:15. <書>. 「上郭俛宇先生」: "按性固寂然而靜. 然其感而遂通者, 亦性之動也, 則其與心有異者幾何. 所謂比性微有迹者, 以其有思慮意象而云爾, 不但以兼動靜言也. 心之知覺一而已矣, 而所具有理氣之別. 故所發有粹駁之異. 自吾儒觀之則其理之粹者方爲性之本然. 釋氏則不選甚, 知覺都做性看. 學術之差, 正坐此也."

49) 『俛宇先生文集』85:12. 「答曺仲謹 庚子」: "所具之理, 不可謂之心, 則心只是血氣之器耳."

고 말할 수 없을 따름이다"라고 말하는 것과 같으니, 하교下教에서 이것으로 꾸짖고 힐난하시는 것은 또한 아마도 지나친 것 같습니다.[50]

조긍섭은 심합리기에 근거하여 포섭 관계로 대응하고 있다: 성은 심 중에서 리에 해당하는 것이지만, 리기의 합인 심 전체를 곧장 성이라고 말할 수는 없다. 호랑이는 포유동물이지만 포유동물이 곧 호랑이는 아닌 것이다.

또한 심과 관련해서 조긍섭은 주재主宰를 담당하는 것이 리라면 지각을 담당하는 것은 기의 역할이라는 점을 강조하면서 리가 기의 역할까지 맡게 될 때의 문제점을 지적하였다.

심心은 기氣의 허령함에 리理가 갖추어진 것일 뿐이니, 그 주재하는 것은 진실로 리理이지만, 그 능히 지각하고 능히 작용하는 것은 요컨대 기를 벗어나는 것이 없습니다. 지금 잡기雜氣와 합기合氣로써 개략적으로 심성心性이라 하여 하나로 여기면서 또 "곧 리理라고 말하지 않으면 사람들이 이 마음의 본래 선함을 알지 못하여 장차 그 참되고 거짓된 것[眞妄]이 서로 섞인 것을 본심으로 여길 것이다"라고 하셨는데, 저는 또한 장차 "곧 리理라고 범범하게 말하면 사람들이 이 마음에 불선이 있음을 알지 못하여 장차 그 참되고 거짓된 것이 서로 섞인 것을 본심으로 여길 것이다"라고 할 것입니다.[51]

그리고 조긍섭은 곽종석이 주장하는 성리설에 대하여 그 문제점을 다음

---

50) 『巖棲先生文集』 7:17. 〈書〉. 「上郭俛宇先生」: "按兢說若曰性是心之理, 而不可便謂之心耳. 下教之以此呵詰, 亦恐過分."

51) 『巖棲先生文集』 7:10. 〈書〉. 「上郭俛宇先生 庚子」 〈別紙〉: "心則氣之虛靈而理具焉爾, 其主則固理也, 而其能知能覺能作能用, 要無出氣也者. 今以雜氣合氣, 槩心性而一之, 而又曰不言卽理則人不知此心之本善, 而將以其眞妄之相雜者爲本心矣. 兢亦將曰汎言卽理則人不知此心之有不善, 而將以眞妄之相雜者爲本心矣."

과 같이 네 가지로 정리해서 다시 지적하였다.

> 대개 성性에 허령한 지각이 있다는 설이 개정되지 않으면, 성의 이름이 바르지 않아 이른바 성이라는 것이 기氣와 다름이 없을 것이고, 신통묘원神通妙圓하고 정상精爽을 희롱하여 얻었다는 견해가 다른 데 있지 않을 것입니다. 정의情意와 지려志慮가 모두 리理라는 설이 개정되지 않으면, 리의 이름이 바르지 않아 이른바 리라는 것은 스스로 작용함에 남음이 있을 것이고, 사람의 본성과 사물의 법칙[民彝物則]이 마음을 지나 참됨을 어지럽힌다는 기롱이 다른 곳으로 돌아가지 않을 것입니다. 기氣라는 것은 혈기血氣일 따름이라는 설이 개정되지 않으면, 기의 이름이 바르지 않아 이른바 기라는 것은 형질形質과 다름이 없을 것이고, 음양오행의 정精과 귀신의 양능良能과 인심의 지각은 모두 폐하는 데 있게 될 것이고, 리가 조금 가까워 아래에 의거할 곳이 있는 것을 끝내 볼 수 있는 길이 없을 것입니다. 심이 바로 리라는 설이 개정되지 않으면, 심의 이름이 바르지 않아 이른바 본심이라는 것이 말末과 다름이 없을 것이고, 성인의 온전한 것과 중인의 골몰한 것이 지극한 이치가 아님이 없으니, 군자가 오히려 어찌 심이 아닌 것이 있겠으며, 배우는 자는 오히려 어찌 회복할 만한 것이 있겠습니까.[52]

양측의 주장은 결국 근거하는 것이 다르기 때문에 평행선을 그릴 수밖에 없다. 조긍섭을 변호하는 차원에서 덧붙인다면, 조긍섭은 성리학과 관련된 논변에서 새로운 주장이나 이론을 제기하는 방식으로 비판을 하지는 않고, 퇴계 이황의 정통적인 성리설을 주요한 근거로 삼아서 비판을 가한다는

52) 『巖棲先生文集』 8:4. 〈書〉. 「上郭俛宇先生 辛丑」: "盖性有虛靈知覺之說不改, 則性之名不正, 而所謂性者, 無異於氣, 而神通妙圓弄得精爽之見, 不在於他矣. 情意志慮皆理之說不改, 則理之名不正, 而所謂理者自用有餘, 而民彝物則經心亂眞之譏, 不歸於他矣. 氣者血氣而已之說不改, 則氣之名不正, 而所謂氣者無異於形質, 而二五之精鬼神之良能人心之知覺, 皆在所廢, 而理之稍近下有據依處, 終無自而見之矣. 心卽理之說不改, 則心之名不正, 而所謂本心者無異於末, 而聖人之全衆人之汩者, 無非至理, 君子尙安有不心者乎, 學者尙安有可復者乎."

점이 그 논변에 임하는 주요한 특징이라고 말할 수 있다. 요즘의 국방용어로 표현한다면 이른바 '공세적 방어전략'이다. 다시 말해서 조긍섭은 정통 성리학을 수호하기 위해서는 비판해야 하는 상황에 부득이하게 직면했기에 비판했을 따름이지 논변 그 자체를 즐겨하여 논변에 휩쓸린 것은 아니라는 입장이다.

2) 한주 이진상의 『이학종요』에 대한 심재 조긍섭의 비판

조긍섭은 1902년(임인년)에 한주학파에 속하는 송자경[53]에게 보낸 답신에서 이진상이 편찬한 『이학종요理學綜要』를 비판하였다. 물론 처음부터 비판의 날을 세운 것은 아니다. 그는 편지에서 "지난번 객지에 있으면서 새로 간행한 『이학종요』를 보았지만 그 겉면만 대략 훑어보았고 상세하게 보지는 못했습니다. 한주 선생께서 이 책을 지은 것은 어찌 좋은 뜻이 아니었겠습니까"[54]라고 온건하게 시작했다. 그러나 이어서 곧장 비판은 시작된다.

> 다만 편마다 제목을 붙여 억지로 펼쳐 안배한 것은 전혀 성현의 기상과 비슷하지 않은 듯합니다. 천 마디 말과 만 마디 말을 구사함에 모두 자유롭지 못하여 문득 그 길을 곧장 가리켜 급히 채찍질하여 빨리 달려가는 뜻이 있습니다. 송나라 말기의 지루하고 얽히고 설킨 폐단은 논할 것도 없고, 비록 고원高遠한 것을 좋아하고 경첩徑捷한 것을 기뻐하여 깨달음을 법칙으로 삼았던 명나라 유학자들도 이런 것을 만들었

53) 송자경(宋子敬)은 송호언(宋鎬彥, 1865~1907)을 말한다. 자는 자경(子敬), 호는 이재(履齋)이다. 한주 이진상의 문인인 교우(膠宇) 윤주하(尹胄夏, 1846~1906)의 문하에서 수학하였으므로 학문적으로는 한주 이진상의 주리론을 계승하였다. 조긍섭이 송호언의 죽음을 애도하여 지은 「송자경뇌사(宋子敬誄辭)」가 『암서선생문집』 권24에 실려 있다.

54) 『巖棲先生文集』 10:3. 〈書〉. 「答宋子敬 壬寅」: "頃於客中見新刊理學綜要, 槩其頭面, 未及詳也. 洲上之爲此書, 豈不是好意."

> 다는 말은 듣지 못하였습니다.[55]

『이학종요』의 구성은 물론이고 내용면까지 총체적으로 문제 삼는 이 비판은 신랄하기 그지없는 것이다. 그렇다면 조긍섭은 무슨 이유에서 이렇게까지 비판한 것일까?

> 이것은 대개 다른 이유가 아니라, 다만 자신의 입장에서는 도를 듣는 것에 급하고, 세상을 위해서는 말을 세우는 데 용감하여 종횡으로 취락펴락 하면서 오직 자신의 뜻만을 사용하였지만, 사실은 천하의 눈이 일개 자신이 본 것과는 같지 않고, 훗날의 입이 한때에 말한 것과는 다르다는 것을 몰랐던 것입니다. 또 육경六經의 글과 삼천三千의 위의威儀 같은 것은 무엇인들 도가 아니겠습니까. 반드시 편이나 단락마다 '도道'자로 적용하려 한다면, 어찌 쓸데없는 군더더기로 맛을 감소시켜 널리 응하고 굽이굽이 펼친 성현의 본지本旨에서 괴리되고, 학자들에게 억지로 더듬어 빨리 이루려는 망녕된 뜻을 열어 인도하여, 덕을 아는 사람은 싫어하게 만들고 덕이 없는 사람은 의혹을 더하도록 하는 것이 아니겠습니까. 더구나 의리의 정미精微한 곳에는 대부분 본래의 경계境界와 구분區分을 침범하여 나의 족류族類가 아닌데도 억지로 친하여 웃는 얼굴을 하는 뜻이 있습니다. 식견이 밝은 사람이 본다면 농조籠罩[56]하여 억지로 붙인 흔적을 숨길 수 없을 것입니다.[57]

---

55) 같은 글 : "但其逐篇命題, 牽强鋪排, 全不似聖賢氣象. 使千言萬語, 皆不自在, 便有直指其路, 急策疾趍之意. 未論宋末支離繳繞之弊, 雖以明儒之好高喜徑以悟爲則者, 亦不聞其爲是也."

56) 농조(籠罩)는 새장 속에 갇힌 것처럼 묶인다는 뜻으로, 일정한 범위를 벗어나지 못하는 것을 말하는데, 흔히 새로운 설을 만들어 내지는 못하고 다른 사람의 학설을 취하여 자신의 학설인 것처럼 만드는 것을 뜻하는 말로 쓰인다.

57) 앞의 글 : "此盖無他. 只是在己則急於聞道, 爲世則勇於立言, 縱橫卷舒, 惟意所用, 而不知天下之目, 不似一己之所見, 後日之口, 不但一時之所言也. 且如六經之書三千之儀, 何物而非道. 必欲逐篇逐段, 盖以道字, 豈不冗贅少味, 而離聖賢泛應曲暢之本旨, 啓學者强探欲速之妄意, 起知德者之厭而增無德者之惑哉. 況其義理精微處, 類多侵過本來界分, 有非我族類而强親以色笑之意. 明者見之, 不能隱其籠罩膠粘之痕矣."

조긍섭은 편지에서 그 이유를 대략 세 가지로 나누어서 설명하였다. 첫째는 독단에 빠져있다는 것이며, 둘째는 산절刪節 작업이 경전의 본래 뜻을 손상시키고 있다는 것이며, 셋째는 의미에 따른 분류에 오류가 있다는 것이다. 뿐만 아니라 한주 이진상이 세상을 떠난 이후이므로, 이제 그러한 잘못을 시정하는 책임은 그 문인들에게 있는데도 오히려 그 반대의 모습을 보여주고 있는 점에 대해서도 탄식하였다.

> 한주 선생께서 살아계시던 때에 그 의심스러웠던 것을 받들어 질정하지 못한 것이 참으로 애석합니다. 오늘날 선생의 여러 제자들은 이를 존신尊信한 지가 오래되었습니다. 그리하여 반드시 주장하여 밝히고 드러내고자 하여 "세속의 터무니없는 담론과 낮고 비루한 견해로는 이것을 알기에 부족하다"라고 하면서, 공격하기를 더욱 급하게 하고 믿는 것을 더욱 힘써 혹 우리가 스스로 별도의 한 문호를 세웠다고 여기는 데 이를 것입니다. 이에 남헌南軒이 『지언知言』을 고쳤던 것[58]은 진실로 넓은 견해와 큰 도량이 천년 만의 한 사람인 줄 알겠습니다. 이 일은 사람을 황공하게 합니다. 노형께서도 이것을 들었을 것으로 생각되는데도 또한 돌아보고 살피지 않으니, 다시 어느 곳을 향하여 이런 이야기를 할지 몰라 다만 답답하여 길게 탄식할 뿐입니다.[59]

『이학종요』는 이진상이 주기론을 배척하고 리의 주재성을 증명하기 위

---

58) 남헌(南軒) 장식(張栻, 1133~1180)의 스승인 호굉(胡宏, 1106~1161)이 『지언』을 지었는데, 주자가 잘못된 곳을 지적하여 『지언의의(知言疑義)』를 지어 남헌과 토론하였다. 이때 남헌은 스승의 설이 다 옳다고는 여기지 않는다고 하면서 주자의 견해를 인정한 바 있다(『朱子大全』 卷73. 「胡子知言疑義」 참조). 여기서는 한주의 문하에서 자신의 스승에 대한 비판을 수용하지 않는 것과 비교하여 말한 것이다.

59) 앞의 글 : "惜乎不及洲上無恙之日而奉質其所疑. 今日諸公尊信之久. 必欲主張而闡發之, 謂世俗謬悠之談卑鄙之見, 不足以知此, 攻之愈急, 信之愈力, 至或以爲我自別立一門戶. 乃知南軒之改知言, 眞曠見偉度千載一人矣. 此事令人皇恐. 想老兄聞此, 亦不顧省, 不知更向何處告訴此話, 只得鬱鬱長歎也."

해서 여러 경전에서 성리학의 요지를 뽑아 편찬한 것인데, 이진상 본인뿐만 아니라 이진상의 제자들도 거듭하여 교정하는 등 정성을 기울인 끝에 이진상 사후인 1897년에 간행되었다. 한주학파에서 그야말로 더할 나위 없이 중시한 이진상의 이 저술을 전방위적으로 거침없이 비판하는 조긍섭의 심리를 어떻게 이해해야 할까? '진리의 투사'로 보아야 하는가 아니면 '재능의 폭주暴走'로 보아야 하는가? 한주학파로서는 참으로 '답답하여 길게 탄식할' 일이 아닐 수 없었을 것이다.

이진상의 성리설 때문에 한주학파가 퇴계학맥 내부에서 겪은 고초는 한두 가지가 아니었지만, 곽종석은 1898년(무술년)에 그의 문인인 제남濟南 하경락(河經洛, 1876~1947)에게 보낸 편지에서 이러한 어려움을 다음과 같이 표현했다.

> 더구나 한주寒洲 선생의 학문은 세상 사람들이 역질疫疾처럼 금기시하여 이에 물들면 종놈처럼 보고 개돼지처럼 욕하고 이에 반대하면 신선이 되어 구름 위에 오른 격이 되니, 어느 쪽으로 가느냐에 따라 영욕과 화복이 나눠지네. 우리 몇 안 되는 문도들은 바야흐로 숨을 죽이고 몸을 움츠린 채 그저 근신하며 조용히 살면서 우리 주리主理의 학문을 이어갈 길을 도모할 뿐일세. 그리고 행여 하늘의 도움으로 마침내 잘못이 바로잡아져, 그 학설이 옛 성현의 학설에 맞는지 연구되어 그 결과를 들을 수 있다면 비로소 편안히 웃으며 눈을 감을 수 있을 걸세.[60]

그런데 조긍섭이 한주학파의 성리학을 비판했다고 해서 한주학파와 조

---

60) 『俛宇先生文集』 93:1. 〈書〉. 「答河聖權 經洛○戊戌」: "况寒洲之學, 爲世厲禁. 染此者奴視而豕詬, 反此者羽化而雲昇, 榮辱休咎, 判於趨嚮. 區區二三遺徒, 方相與屛息竄伏而謹拙以自靖, 圖所以毋負我主理之傳, 而賴天之靈, 得正其終, 將歸質於先聖賢而聽其發落, 方始逌然而瞑其目矣."

궁섭의 학술적 입장이 모두 서로 어긋나기만 한 것만은 아니다. 지역적인 연고 때문이든 혈연관계에서 비롯된 것이든 간에 『남명선생문집』 중간重刊을 비롯한 남명南冥 조식(曺植, 1501~1572)과 관련된 일에서는 양측이 모두 적극적으로 나섰다. 또한 한주학파는 상대적으로 서구문화에 열린 자세 혹은 관심을 보여 주었지만 조긍섭은 정통 보수의 성리학자로서의 입장을 한 치도 버리지 않았다고 일반적으로 평가하는데, "이진상-곽종석 학맥은 유림계열 중 서양과 근대문명에 대해 가장 개방적인 입장을 취한 학맥이었지만, 보수적인 유림으로서 근대문명과 식민지 현실을 바라보는 눈은 여전히 근본적인 한계를 지니고 있었다"[61]는 평가에 근거해서 본다면, 서양에 대한 비판적인 관점과 시국관은 일정 부분 공유했다고 볼 수 있다.

5. 맺음말

여기서는 주로 심재 조긍섭이 한주학파의 성리학에 대해서 강하게 비판한 이유를 분석해 보는 것으로 결론을 대신하고자 한다.

먼저 조긍섭은 그 학문적 연원이나 주장하는 성리설을 볼 때 퇴계 이황의 성리학을 순정純正하게 계승하려는 보수적인 입장을 고수하였다. 이러한 생각이 조긍섭의 의식세계의 저변에 굳건하게 자리 잡고 있기 때문에 한주 이진상이 주창하고 그 학문적 후예들이 계승한, 성리학과 관련된 (표현과 내용면에서) '새로운' 시도를 용납할 수 없었을 것이다. 그러한 의식이 강한 만큼 비판도 강하게 드러난 것으로 볼 수 있다. 다시 말해서 조긍섭은 정통의

61) 서동일. 2015.「파리장서 운동의 전개와 영남 지역의 숨은 협력자들」.『大東文化硏究』 제89집. 성균관대학교 대동문화연구원. 535쪽.

식이 강한 만큼이나 그 범주를 조금이라도 벗어난 것에 대해서는 지나칠 만큼 민감하게 반응한 것으로 볼 수 있다.

또한 조긍섭이 처한 역사적 상황과 연관해서도 그 이유를 유추해 볼 수 있다. 그는 조선왕조가 역사적 전환기에 제대로 대처하지 못하면서 쇠락의 길을 걷다가 마침내 멸망하여 일본의 식민지로 전락한 시기에 살았던 유학자였다. 조선왕조가 이와 같이 멸망한 것은 그에게는 단순히 정치적인 문제로 끝나는 것이 아니었다. 그는 유교의 총체적 위기상황이 도래한 것으로 파악하였다. 이러한 상황에서 그는 '국권은 잃어버려도 다시 회복할 수 있으나 유학의 도는 한번 잃어버리면 다시는 회복하기 어렵다'는 의식을 다른 많은 보수적인 유학자들과 공유하고 있었다. 그렇다면 이와 같이 엄중한 시대 상황 속에서 무엇보다도 중요한 것은 내부적인 결속력을 강화하여 유학의 도를 올바르게 지켜나가는 것이다. 이런 측면에서 본다면 일련의 분란을 야기한 한주학파의 태도는 지극히 유감스러운 뿐이다. 조긍섭은 그러한 유감의 심경을 곧 강한 비판으로 표출했다고 해석할 수 있다.

어떤 이유이건 간에 한주학파의 입장에서 보자면 조긍섭의 이러한 일관된 비판적 태도는 매우 부담스러운 동시에 유감스러운 일이었을 것이다. 왜냐하면 당시 조긍섭은 그 누구보다도 뛰어난 역량을 가진 학자였기 때문이며, 게다가 곽종석을 비롯한 한주학파의 여러 인물들은 조긍섭의 그러한 역량을 매우 아꼈기 때문이다. 오늘날의 우리가 눈여겨보아야 하는 것은 한주학파와 조긍섭의 관계가 학문적인 입장 차이에도 불구하고 인간적인 교유의 따뜻함은 잃어버리지 않았다는 점이다. 어쩌면 그것이 그 엄중한 시절을 그래도 견딜 수 있게 한 원동력이 되었을지도 모른다.

그런데 조긍섭의 생애를 살펴보면, 조긍섭 자신이 여러 문제와 관련해서 논란의 중심에 서 있곤 하였고,[62] 또한 성리학 등 학술과 관련된 논변 그 자체에 대해서 비판적인 입장을 취하면서도 오히려 여러 논변에 관련되기도 하였다.[63] 하지만 그것은 정통성을 지키기 위한 조긍섭의 일련의 노력으로 해석할 수 있다. 다시 말해서 부득이하게 비판해야 하는 상황에 직면했기에 논변에 참여한 것이지 논변 그 자체를 즐겨한 것은 아니라는 의미이다.[64] 그러나 결과적으로 그가 당시에 그 누구보다도 비판의 대상이 되었다는 것은 일종의 아이러니한 상황이라고 표현할 만하다.

---

62) 예를 들면, 조긍섭은 『남명선생문집』 중간(重刊), 최익현 비판, 고종 승하 때 상복 거부 등과 관련하여 논란에 휩싸였다.

63) 조긍섭은 성리학과 직접 관련된 것 이외도 창강(滄江) 김택영(金澤榮, 1850~1927), 산강재(山康齋) 변영만(卞榮晩, 1889~1954) 등과 학문이나 문장에 대해서 논변하였다.

64) 조긍섭은 맹자의 사례를 들어 이러한 자신의 입장을 설명하였다 : "맹자께서 성선(性善)을 말씀하실 때, 천하가 모두 술에 취하고 꿈속을 헤매는 것 같았는데, 오히려 또 위아래로 설교하여 변론을 좋아한다는 비판을 일으키는 지경에도 그만두지 않았으니, 어찌 일찍이 급한 것이 여기에 있지 않다고 한 적이 있었겠습니까(『巖棲先生文集』 7:9. <書>. 「上郭俛宇先生庚子」. <別紙> : "孟子之言性善也, 天下皆醉夢也, 猶且上說下敎, 以至興好辯之譏而不止也. 何嘗有所急不在是之云哉.")."

공산 송준필의 성리사상과 사회적 실천 운동

- 한주학과의 관련성을 중심으로

심 도 희

공산 송준필의 성리사상과 사회적 실천 운동
– 한주학과의 관련성을 중심으로

심 도 희

1. 머리말

공산 송준필(恭山 宋浚弼, 1869~1943)[1]은 한말의 유학자이다. 당시 조선이 처한 현실은 내부적으로는 봉건 체제가 붕괴되어갔고, 외부적으로는 제국주의 열강의 침략에 제대로 대응하지 못하여 결국 일본에 합병되고 말았다. 이처럼 척박한 시대에 살았던 송준필 또한 다른 지식인들처럼 어떻게 처신을 해야 할지 고민하지 않을 수 없었다. 그러나 송준필은 혼탁한 세상을 한탄하면서도 자신의 뜻을 굽히지 않고[2] 도학자의 일관된 삶을 보여주고 있다.

송준필의 학문은 한말 영남지역의 3학자로 불리는 칠곡의 사미헌 장

1) 송준필은 경상도 성주의 고산동 백세각(百世閣)에서 송기선의 둘째 아들로 태어나서 중부인 송대선에게 양자로 갔다. 송준필의 본관은 야성(冶城), 자는 순좌(舜佐)이고, 호는 공산(恭山)이다. '공산'이란 호는 송준필이 논어의 구절인'居處恭, 執事敬'에서 따온 것이다.

2) 『恭山先生文集』上 권1. 맨 처음에 나오는 「感春賦」 참조.

복추(四未軒 張福樞, 1815~1900), 안동의 서산 김흥락(西山 金興洛, 1827~1899), 성주의 한주 이진상(寒洲 李震相, 1818~1886)의 영향을 받는다. 세 사람은 공통적으로 퇴계 이황과 대산 이상정의 주리철학에 학문적 연원을 두고 있지만, 리기론을 심성론으로 환원하는 과정에서 '심합리기心合理氣'와 '심즉리心卽理'의 뚜렷한 차이를 보이게 되었다. 송준필은 장복추와 김흥락의 학설을 계승하였으나, 이진상의 새로운 학설에 대해서는 비판적 입장을 가졌다.

장복추와 김흥락은 모두 이진상의 '심즉리설'에 대해 문제가 있다고 하면서도 평생 도우관계를 지켜나갔다. 송준필 역시 이진상의 강회에 참석함은 물론 그의 제자들과 친밀하게 교유하였다. 우리는 송준필이 한주학과 철학적 관점을 달리했더라도 현실 인식을 같이 했다는 점에 주목할 필요가 있다. 송준필은 자신이 지켜온 학문적 신념에 매몰되지 않고 현실에서 의리를 함께 할 줄 아는 실천적 유학자의 모습을 보여주고 있다.

지금까지 송준필에 대한 연구는 그리 많지 않다.[3] 같은 성주지역에 살았던 한주학파의 활동과 성과에 가려 사미헌학파는 상대적으로 주목받지 못한 점이 있다. 그러나 송준필은 장복추의 제자 중 '도학道學'을 이었다는 평가[4]와

---

3) 그나마 다음의 논문들은 많은 참고가 되었다. 유명종은 송준필의 학문 연원을 사미헌의 학에 두고 있으며 사미헌의 성리설을 소개한다(1998. 「恭山 송준필의 성리설」 『한중철학』4. 한중철학회). 오세창은 파리장서 관련 자료를 검토하다가 송준필이 이 의거에서 매우 중요한 역할을 했다는 것을 밝히고 있다(2000. 「巴里長書와 宋浚弼」 『한국근현대사연구』15. 한국근현대사학회). 안병걸은 송준필의 사회적 활동과 삶에 대해 상세하게 서술하고 있다(2005. 「성재·사미헌학맥 : 공산 송준필의 활동과 사상」 『한말 영남지역의 유교개혁론 연구』. 한국연구재단 연구 성과물). 이외에 송준필은 장복추의 연구 논문에서 그의 제자로 소개되거나 한국유학사에서 짧게 언급되고 있다.

4) 사미헌 장복추의 문인록은 편찬된 이후 몇 차례에 걸쳐서 증보 작업을 하고 있다. 사미헌의 제자들 중 각 분야별로 뛰어났던 열 사람을 가리켜 10군자라고 하였다. 10군자는 문인의 수위에 있는 장승택을 위시하여 리기에 윤주하, 예학에 장석영, 도학에 송준필, 문장에 조긍섭, 역학에 장윤상, 의리에 이기형, 위명에 장지연, 효행에 장석빈과 장시택 등이다. 이에 대해서는 우인수. 2007. 「사미헌 장복추의 문인록과 문인집단 분석」 『어문론총』47호. 한국문학언어

함께 일제에 저항하는 '지사志士'로서의 삶을 우리에게 보여주고 있으므로 좀 더 세밀한 연구가 필요하다고 본다. 이 논문에서 먼저 송준필의 학문 연원과 의리 실천의 내용을 간략히 살펴본 다음, 송준필이 퇴계학맥의 성리설을 어떻게 계승하고 있는지 밝힌 후, 송준필이 어떤 관점에서 한주학의 심즉리설을 비판하였는지 살펴보겠다.

2. 학문의 연원과 의리 실천

송준필은 어릴 때 성균생원이었던 조부 송홍익에게 한학의 기초를 배웠고, 같은 문중의 선비들에게 수학하였다. 송준필은 17세 때 이진상이 주관했던 단산강회丹山講會에 참석하였고, 18세에 칠곡을 중심으로 강학 활동을 하였던 장복추의 문하에 들어갔으며, 이후 30세가 되어서는 안동의 김흥락의 문하에도 잠시 수학하였다. 송준필은 두 스승에게서 도리가 내 마음에 갖추어져 있다는 것과 일상생활에서 치지致知와 거경居敬 공부를 해야 한다는 것을 알았다.[5] 장복추는 특별한 사승관계는 없었지만 대산학맥의 분위기에서 수학하였고[6], 김흥락은 이상정과 유치명으로 이어지는 퇴계학통의 적전이었다.[7] 송준필 또한 스승들과 마찬가지로 퇴계학의 기반 위에 이상정과 유

학회 참조.

5) 『恭山先生文集』上 권3. 「與田艮齋」丁巳. 浚弼嘗從張四未金西山, 數君子遊粗聞道理, 本具於吾心, 工夫專在於日用, 致知居敬, 爲實下手處. 참조.

6) 장복추는 퇴계를 따르면서도 남명의 영향을 받았던 지역에서 강학 활동을 하였다. 여헌 장현광은 장복추의 8대조이다. 장복추는 20대에 이원조(성주)의 격려를 받았고 황원선(상주)에게 종유하였는데, 이원조는 정종로의 학맥을 계승하였고 황원선은 정종로의 외손이면서 문인이므로, 장복추는 대체로 대산학맥의 분위기 속에서 수학기를 보냈다. 김종석. 2004. 「한말 영남유학계의 동향과 지역별 특징」. 『국학연구』4. 한국국학진흥원. 29~30쪽 참조.

7) 김흥락은 학봉 김성일의 주손이며, 정재 유치명의 제자이다. 유치명을 통해 이상정의 학맥을

치명의 사상을 학문의 요체로 삼았다.

송준필은 두 스승 이외에도 장복추와 더불어 성주를 대표하는 성재 문하의 이종기[8], 김흥락의 동문인 김도화[9], 권연하의 문인인 이만도[10] 등과도 폭넓은 교유를 하면서 강학하였다. 송준필은 영남의 여러 거유들은 물론 당시 가까이 거주하는 한주학파와도 활발하게 왕래하였다. 특히 송준필은 거창의 면우 곽종석(俛宇 郭鍾錫, 1846~1919)과 더불어 칠곡의 회당 장석영(晦堂張錫英, 1851~1926), 성주의 대계 이승희(大溪 李承熙, 1847~1916)와 심산 김창숙(心山 金昌淑, 1879~1962) 등과 국권상실에 대한 현실 인식을 같이 하면서 독립을 위한 저항운동을 함께 한다.

1919년 1차 유림단 사건으로 불리는 파리장서의거 또한 송준필이 그 중심에서 활동하였다. 송준필은 이전에도 을사늑약이 체결되자 비분강개하여 장석영 등과 함께 안동에서 유림들과 그것에 항의하는 '청참오적소請斬五賊疏'를 국왕에게 올리는데 동참하였다. 그리고 일본에 진 국채를 보상하는 운동이 전국적으로 일어나자 송준필은 이승희와 더불어 성주의 책임자가 되어

이은 김흥락은 유치명의 행장에서 이상정을 '백세유종(百世儒宗)'이라고 높였고, 유치명이 이상정의 핵심을 선별하여 편찬한『湖學輯成』과 이상정의 편지를 분류하여 편찬한『湖書類編』을 학문을 하는데 절실한 것이라고 말하고 있다. 김흥락의 문인들은 김흥락이 이황과 이상정의 리학을 일생동안 수호하고 일상에서 실천했기 때문에 이황 리학의 정통을 계승했다고 자부하고 있다. 권오영. 2016.「서산 김흥락의 학맥과 이학 사상」『국학연구』31. 한국국학진흥원. 19~21쪽 참조.

8) 만구 이종기(晩求 李種杞, 1837~1902)는 성재 허전의 문인이다. 퇴계에 연원을 두면서도 근기지역에서 실학을 일으켰던 성호 이익의 학맥이 성재 허전에 의해 다시 영남에서 계승되어 학파를 이룬다. 성재학파는 김종기를 비롯하여 허훈 노상직, 김인섭, 김진우 등이 있다.

9) 척암 김도화(拓菴 金道和, 1825~1912)는 김흥락과 같은 유치명의 문인이다. 그는 구한말 손꼽히는 대문장가로 위정척사의 기치를 내걸고 1895년의 을미의병에서 대장으로 활약할 만큼 실천적 도덕을 강행한 기개 높은 명유였다. 이에 대해 임노직. 2004.「척암 김도화의 현실인식」『국학연구』4. 한국국학진흥원 참조.

10) 향산 이만도(響山 李晩燾, 1842~1910)는 이황의 후손으로 권승하, 권연하의 문인이고, 김흥락, 유필영, 유기호, 곽종석 등과 교유하였다. 그는 단발령이 내려지자 예안에서 의병장으로 활약하였고, 을사조약이 체결되자 공박하는 소를 올렸다. 조선이 일제에 의해 병탄되자 단식하여 순국하였다.

적극적인 모금운동에 앞장서기도 하였다. 그러다 한일합방이 된 시기를 전후하여 송준필은 고향인 고산동에서 고양서당을 열고 후학을 양성하고 있었다.

송준필이 51세 되던 해, 이달필이 서울에서 송준필을 방문하였고, 이 때 이달필로부터 천도교·불교·기독교가 연합한 3·1 운동과 대한독립선언서에 대한 소식을 듣게 된다. 그리고 세계 여러 나라들이 참석하는 파리의 만국평화회의에 우리의 억울함과 독립을 원하는 장서를 제출하자는 요청을 받게 되었다. 이에 송준필은 이 세월을 구차히 살고 있지만 일본의 종노릇을 하지 않겠다는 의지를 보이고, 선인들의 뜻을 받들어 참여할 것을 결정한 후 고을의 원로인 회당 장석영에게 알리고 이끌어줄 것을 청했다.[11)]

유교계만 빠진 3·1운동에 고무된 유림은 우리나라의 독립에 대한 의지와 염원을 담아 독립청원서를 작성하고, 전국 유림의 서명을 받아 파리의 평화회의에 우리의 실정을 알리자는 한 뜻을 모았다. 파리에 보낼 독립청원서는 맨 처음 곽종석이 작성하고, 김창숙이 그 내용을 수정하여 전달하기로 하였다. 이 때 장석영은 일본총독에게 보낼 글을 지었고, 송준필은 백세각에서 「통고국내문通告國內文」을 작성하였다.[12)]

김창숙이 여러 사람들의 후원을 받아 독립청원서를 들고 파리로 출발한 후, 송준필은 전국 유림의 동참을 호소하는 「통고국내문」을 전국에 배포하여

11) 유림단독립운동실기 편찬위원회. 2001. 국역『儒林團獨立運動實記』. 대보사. 29~30쪽 참조. '파리장서사건'의 전말은 송준필의 둘째 아들인 송인근이 기록한『瀋中實記』를 통해 세상에 알려지게 되었다. 이『심중실기』에는 송준필의 활동을 중심으로 파리장서의 발상과 준비 과정 등이 상세하게 기록되어 있다. 이 논문에서는 국역된『유림단독립운동실기』를 참조하였다.

12) 송준필의 「통고국내문」은 성주 봉강서당(鳳岡書堂)의 흥효당(興孝堂) 청마루창 나무 한 장을 떼어 내 다듬어서 송인집이 글씨를 쓰고 송중립이 새겼다. 그 판으로 통문 3천여 매를 인쇄한 후 전국 각지에 살포하였고, 이 판은 다시 마루창에 그대로 맞추어 놓아 감쪽같이 은폐할 수 있었다. 그 후 「통고국내문」의 마루창 원판은 1980년 7월에 다시 세상을 보게 되었다. 같은 책. 28쪽.

유림들과 대중들에게 이 사실을 알렸다.

> 아! 죽고 사는 것은 하늘에 달렸다. 나라가 회복되면 죽어도 오히려 사는 것이요, 나라가 회복되지 못하면 살아도 또한 죽은 것이다. 이 날은 무슨 날인가? 서울 이하 밖으로 이름 있는 도시, 큰 항구 및 궁산 벽촌에 이르기까지 혈기를 가진 모든 사람들이 환호하고 고무하며 일제히 한마음으로 함께 창의하였으니, 하늘의 뜻이 화禍를 뉘우치고 사람의 마음이 단결되었음을 이미 알 수 있다. 아! 우리가 입을 다물고 혀를 깨물면서 분루를 삼킨 지 지금 10년이 되었다. 천년에 한 번 있는 기회를 만나, 만방의 공의가 자재하며 나라를 회복할 가망이 있게 되었다. 그런데 우리들은 어떤 사람인데 오히려 문을 닫고 앉아서만 있을 수 있겠는가? 이에 우리는 울분을 이기지 못하여 통문을 돌려 우러러 알리노니, 이는 진실로 팔역八域이 똑같은 심정일 것이며 여러 군자들도 또한 마음에 환할 것이다. 원컨대 지금부터 군에서 향으로 향에서 동으로 각각 독립의 깃발을 세워 우리들의 종노릇하지 않겠다는 뜻을 밝히자. 그리고 다시 만국 회의에 편지를 보내 우리의 실정과 소원을 알게 하여 공의가 널리 신장되도록 한다면 천만 매우 다행이리라.[13]

송준필이 작성한 통고국내문은 유림과 전 국민을 고무시키는 내용이었고, 유림의 파리장서운동이 대중적인 전개를 전제로 했음을 입증해 주는 귀한 자료이다.[14]

그러나 성주 장날에 만세를 부르려던 거사는 사전에 정보가 누설되어 실패로 돌아갔고, 송준필은 물론 곽종석과 장석영도 연이어 일경에 잡혀가게 되었다. 송준필은 성주 3.1만세 운동과 파리장서사건으로 장석영과 함께 재

---

13) 같은 책. 21쪽.

14) 같은 책. 5쪽. 임경서「해제」

판을 받았고 5개월에 걸친 옥고를 치렀다.[15] 기미년의 거사는 별다른 성과를 거두지 못했지만, 송준필이 국내외의 정세에 대해 각성하고 현실적으로 일제에 대항하여 독립의 투지를 보였던 활동이었다.

이후 송준필은 학문연구와 후학양성의 시기로 접어든다.[16] 성주에서 장복추와 이진상이 세태를 관망하고 변혁의 과정에서 소극적 입장을 보인 반면, 이들의 문하에서는 좀 더 국내외 정세에 관심을 가지고 현실을 파악하여 적극적인 항일의지를 보여주고 있다.[17] 송준필은 옥중에서도 경서를 읽을 만큼 언제나 도학자로서의 자세를 잃지 않았고, 국권회복을 위해서 결연한 의지를 실천하였다. 송준필의 이러한 의리 실천은 같은 지역에 살았던 한주학파와 뜻을 함께 한 결과이기도 하다.

3. 주리적 성리설

조선에서 퇴계학과 율곡학은 주자학에 대한 이해 차이에서 분기된 것이

15) 송인근의 『藩中實記』를 통해 김창숙의 『躄翁73년回想記』에는 전혀 언급이 없는 송준필의 중요한 역할이 드러나 있을 뿐만 아니라, 『回想記』에서는 취급할 수 없었던 파리장서 관련자의 체포와 심문, 그리고 재판 상황이 상세히 기록되어 있다. 오세창. 2000.「巴里長書와 宋浚弼」. 『한국근현대사연구』15. 한국근현대사학회 37~38쪽 참조.

16) 송준필은 파리장서사건으로 인해 옥고를 치룬 뒤 일본 경찰의 감시를 피해 1933년 부곡동 음지마을로 은거하였다. 그는 자신이 거처하는 집을 '원호재'라 이름 짓고, 문 앞에 '黃鶴洞天白雲山房'이라는 글을 써 붙였다. 이곳에서 학문을 연구하고 후학을 양성하기 위해 1942년 원계정사를 세웠다. (이에 대해 향토문화전자대전 '遠溪書院' 참조.) 이후 저서에는 육예에 관한 연구서인 『六禮修略』과 정주서와 퇴계, 대산의 저술을 탐구하고 요지를 뽑은 『五先生微言』, 이황의 이황의 『심통성정도』를 심화시킨 『心統性情三圖發揮』, 『중용의 四七性情說』, 중국근세사인 『續續資治通鑑綱目』 등이 있다.

17) 사미헌학맥과 한주학맥의 현실대응에 공통점과 차이점이 있다. 안동의 정재학파가 척사의 기치를 높이고 의거에 나섰을 때 직접 참여하지 않았던 점은 두 학파가 같았지만, 한주학맥이 근대의 신사조에 관심을 보인 반면, 사미헌학은 도학적 입장을 고수하였던 점이 다르다. 김종석. 앞의 논문. 29~30쪽.

다. 근본적으로 주자학이 갖고 있는 이론적 부정합성이 이황과 기대승의 '사칠논쟁'을 발생하게 하였고[18], 이황이 기대승의 반론을 존중하면서도 끝내 포기하지 않았던 '리발설理發說'은 이후 심성론에서 분개와 혼륜의 문제를 야기하여 오랫동안 이론적 논란을 거듭하였다. 이 과정에서[19] 이상정의 학설은 분개를 위주로 했던 이전의 퇴계 계승자들과 다르게, 리와 기, 사단과 칠정에 있어서 분개와 더불어 혼륜의 측면까지도 보아야 한다고 강조하였다. 이처럼 분개와 혼륜을 종합하려 한 이상정의 학설은 이후 유치명, 김흥락 등 적전으로 이어지고 이진상, 장복추 등에게도 많은 영향을 끼쳤다.[20]

송준필의 성리설은 퇴계학을 근본으로 하고 이상정의 학설을 이은 장복추와 김흥락의 사상을 종합하고 있다. 송준필은 이상정이 그동안 문제가 되어온 혼륜과 분개의 양쪽을 종합하여 퇴계선생의 본지를 회복하였다고 보았다.[21] 그리고 '주리적主理的' 관점에서 리기 관계를 다음과 같이 설명하고 있다.

18) 주자학에서 출처가 다른 사단과 칠정을 동일한 범주에 넣은 것, 리와 기를 불상잡과 불상리로 설명한 것, 리가 직접적으로 운동한다고 해석될 여지를 준 것 등이 이미 논란의 소지를 갖고 있다. 심도희. 2014.「주자학에서 본 퇴계와 고봉의 사단칠정론」『유교사상문화연구』 57. 한국유교학회 참조.

19) 퇴계학을 김성일의 문파는 이현일에 와서 전국적으로 확산되었다. 이현일은 이황을 정통으로 삼아 리에 동정이 있다는 설을 주장하여 이이의 기발리승일도설을 이단으로 비판하였다. 이러한 주리철학은 이재와 이상정을 통하여 영남의 중남부로 다시 확산되었다. 안병걸. 2002.「퇴계학의 계승양상과 그 연구 과제」『퇴계학』13. 안동대학교 퇴계학연구소. 13~15쪽 참조.

20) 홍원식. 2012.『낙중학 : 조선시대 낙동강 중류지역의 유학』. 계명대학교 출판부. 358~359쪽.

21) 『恭山先生文集』上 권12.「管窺私議」. 李子之論心統性情也, 旣爲渾淪圖, 又爲分開圖, 兩下立說不偏不倚. 堯舜以來相傳心法, 一以貫之洞然, 無復碍障矣. 栗谷主渾淪而攻分開, 以爲此是道理大頭腦處, 於此差却, 則不識大本更做甚事, 至葛庵先生而說分開甚詳以斥栗說之非, 其後如權淸臺申克齋李活齋李顧齋諸公, 又主分開而畧渾淪, 往往有矯枉過直之病, 湖上先生合兩家而公決之, 是者還他是非者還他非發揮得, 李子本意可謂理氣之大公案矣. 참조.

> 우리 유교에서 전하는 학이 그 어느 것이 '주리主理'의 요결이 아니겠는가. 다만 리가 고립되어 독행할 수 없으니 반드시 기를 타고 서게 되며 기를 바탕으로 운행한다. 그러므로 주자께서"마침내 리가 있고 기가 있으며, 기가 있고 리가 있다"고 하였고, 퇴계 선생께서는"리기 둘은 서로 상대相對하여 체가 되고 상수相須하여 용이 된다."고 하셨다. 대개 리는 본래 짝對이 없으나 이것에서 기와 짝하게 되었다. 기는 본래 리가 생하게 한 것이니 이것에서 선후가 없다고 말할 수 있다. 그러므로 예부터 성현이 리기를 합하여 혼륜을 말한 곳이 있고, 기가 섞이지 않고 단지 리만을 가리킨 곳이 있으며, 주리주기로 분개해서 말한 곳이 있으니 그 말한 근본이 각각 마땅한 바가 있다.22)

위 내용을 보면, 주리적 관점에서 리기관계를 설정한다. 그리고 리기관계를 '리기를 합해서 혼륜해서 말한 것(合理氣渾淪說)'·'기와 섞이지 않고 오로지 리만 가리켜서 말한 것(不雜氣單指理)'·'주리주기로 분개해서 말한 것(主理主氣分開說)', 세 가지로 구분하고 있다. 송준필 또한 혼륜과 분개를 인정하면서도 기와 차별적인 '리'의 존재를 별도로 부각시키는 것을 알 수 있다. 퇴계학맥에서는 리기의 불상리를 따르면서도 결코 불상잡의 관점을 포기하지 않는 특징을 보인다.

송준필은 리기의 운동성 문제에 있어서도 리가 동정하는가(是理動靜-太極無對乎氣 而自能動靜), 기가 동정하는가(動靜者所乘之機-太極不能動靜, 動靜是氣機之自爾也)에 대한 논란은 사람들이 주자의 본지를 제대로 이해하지 못한 것이라 하면서 '리는 동정의 주主가 되고 기는 동정의 자資가 된다'는

22) 같은 책 권4.「答李丈公允」辛丑."吾儒相傳之學, 夫孰非主理之訣也. 但理不能孤立獨行, 必搭氣而立, 資氣而行. 故朱子曰, 纔有理便有氣, 纔有氣便有理. 李先生曰, 理氣二物相對而爲體, 相須而爲用. 盖理本無對而於是乎, 與氣爲對矣. 氣本理之所生而於是乎, 無先後之可言矣. 故自古聖賢, 有合理氣渾淪說處, 有不雜氣單指理處, 有主理主氣分開說處, 有所言地頭各有攸當矣."

이상정의 '리주기자설理主氣資說'[23]을 바탕으로 리기의 동정을 설명한다.

> 대개 리란 주主이고 동정하는 묘妙이며, 기란 자資이고, 동정하는 구具이다. 이 묘와 이 구는 반드시 서로 기다려서 동정하기 때문에 그것이 가리키는 것에 따라서 모두 동정을 말할 수 있다. 후세에 하나만 들고 두 가지를 폐지하는 주장과는 같지 않다.[24]

리와 기는 주와 자의 관계이고 동정하는 묘와 동정하는 구이다. 리와 기는 서로 역할이 다르지만 서로 떨어질 수 없는 관계이고, 또한 그것은 가리키는 것에 따라서 리의 동정과 기의 동정을 다 말할 수 있다. 그래서 어느 한 쪽만 주장해서는 안 된다는 논리이다.

이상정은 '리기동정설理氣動靜說[25]'을 통해 리와 기의 양 동정 가운데 리의 묘를 주장하였고, 유치명 또한 '리유동정설理有動靜說[26]'을 통해 직접적인 리의 동정을 말하였다. 두 사람 다 리가 '사물死物'이 아니고 '활물活物'이기 때문에 기를 동정하게 하는 리 역시 동정이 있다는 것을 주장한다. 이러한 주장은 '리발'을 부정하는 율곡학에 대한 대응이자 퇴계학을 옹호하는 것에서 기인한다. 장복추 또한 이상정의 '리주기자理主氣資'의 관점을 적극적으로 계승하고 있다.

심성론에 있어서 송준필은 성리학의 기본 전제인 '성즉리'와 '성발위정性

---

23) 같은 책 권12. 「管窺私議」. 天生萬物, 氣爲之田地資具. 凡施爲運動, 率多氣用事, 然理乘載其上以主, 其發揮運用之妙, 故陰陽五行, 千變萬化, 而不失其端序. 참조.

24) 같은 책 권3. 「上金拓菴」別紙. 「太極圖說疑義」辛丑. "盖理也者, 所主以動靜之妙也. 氣也者, 所資以動靜之具也. 此妙此具, 必相須而動靜, 故隨其所指, 皆可言動靜, 非若後世擧一廢二者之論也."

25) 『大山集』권39. 「理氣動靜說」. 竊意天地之間, 只有理氣之動靜, 理也者, 所主以動靜之妙也, 氣也者所資以動靜之具也, ...理特乘載其上以主其發揮運用之妙耳. 참조.

26) 『定齋集』권19. 「理有動靜說」. 如曰理無動靜, 則是特認爲死灰無情之物, 氣便無所自而爲動靜矣, 大抵是理活物也. 참조.

發爲情'을 전제하고, 퇴계설의 '심합리기心合理氣'설을 정론으로 삼는다. 그리고 심의 미발과 이발에 따른 사단과 칠정의 혼륜과 분개를 구분한다. 송준필은 장복추에게 사단과 칠정의 '발發' 문제를 묻는 과정에서 자신의 생각을 피력하고 있다.

> 저의 생각엔 리기 두 가지가 마음속에 혼연하여 발하기 전에 성이 주재가 되고 기는 바탕이 됨으로 리발理發 기발氣發의 싹이나 씨가 모두 없다고 생각됩니다. 그것이 동함에 이르러 의리가 와서 감동하면 리발하여 사단이 되고, 형기가 와서 느끼면 기발하여 칠정이 됩니다. 그러나 리에 기가 없지 아니한 까닭에 사단의 발에는 칠정의 기가 이에 따르니 기에 리가 없을 수 없습니다. 까닭에 칠정의 발엔 사단의 리가 이에 타게 됩니다. 이것이 하나의 근본이면서 호발互發하는 이유입니다.[27]

마음속에 리와 기는 발하기 전 주재와 바탕의 관계로 있다가, 그것이 발하게 되면 발처에 따라 사단이 되고 칠정이 된다. 그리고 사단이든 칠정이든 리와 기가 호발하는 것이지 각각 분개하거나 같이 혼륜하기만 한 것은 아니다. 송준필은 율곡학의 혼륜 일변도도 비판하지만 퇴계학의 지나친 분개도 경계하면서 혼륜과 분개를 종합하려는 일관된 주장을 하고 있다.[28]

---

27) 『恭山先生文集』上 권3. 「上四未軒先生」. "愚意則以爲理氣二物, 渾然於一心之中, 未發之前, 性爲主而氣爲地, 理發氣發, 俱無端倪, 及其動也, 義理之事來感, 則理發而爲四端, 形氣之事來感, 則氣發而爲七情, 然理未嘗無氣, 故四端之發而七情之氣隨之, 氣未嘗無理, 故七情之發而四端之理乘之, 此所以一本而互發."

28) 같은 책 권3. 「答李大溪別紙」丁未. "盖理氣二物 渾然於一心之中 方其未發 理爲主宰而氣爲田地 及其感物而發 則或理動而氣挾之 或氣動而理乘之." 같은 책 권3. 「答李大溪別紙 」丁未. 理與氣合, 方成箇虛靈知覺, 則虛靈知覺一而已矣, 然事至物來, 所感者不同, 故這知覺有主理發時, 有主氣發時, 非理氣二物, 東西對立, 各自動靜也, 又非齊頭俱動, 幷轡偕出也, 참조.

그리고 송준필은 유치명의 분개설과 척발설剔拔說[29]을 통해 사단과 칠정의 관계를 분명하게 설명한다. 유치명은 주자학의 사단과 칠정을 리와 기로 나누고, 본연지성과 기질지성을 주리와 주기로 나누었던 이황의 설이 기대승과 이이의 비판을 받았다고 생각하였고, 그것에 대응하기 위해서 주리주기의 분석 방식을 버리고 '합리기合理氣'인 기질지성 중에서 '단지리單指理'로 본연지성을 척발했던 이이의 방식을 따른다.[30] 송준필 또한 유치명의 '단지리'의 척발법을 계승하여 정情에서는 분개와 혼륜으로 분별하고, 혼륜하면 칠포사七包四가 되고 분개하면 사단과 칠정은 대대하게 된다고 하였다.

> 대개 혼륜은 리와 기를 혼합해서 말한 것이고, 척발은 리를 도출하여 기와 섞이지 않은 것을 말한 것이다. 동일한 중용의 정인데 혼륜이라 하고 또 척발이라고 하는 것은 무슨 뜻인가?[31]

혼륜은 중용의 근본 핵심이다. 그리고 희로애락은 스스로 천명지성의 발이고, 발하여 모두 중절하면 또 리가 주체가 되니 리 일변만 도출하여 기와 섞이지 않은 것을 말했기 때문에 척발에 속한다 해도 불가함이 없다.[32]

리기관계를 언급할 때 혼륜과 분개와는 별도로 '기와 섞이지 않고 오로지 리만 가리켜서 말한 것不雜氣單指理'을 언급하였다. 이 '단지리'는 혼륜한 가운데 순수한 리를 '척발'한 것을 가리키고 있다. 따라서 기와 섞이지 않고 오

---

29) 『定齋集』권1. 「與李忠立別紙」. 剔拔說者, 就理氣相成之中, 而挑出其理之謂也. 分開說者, 就四七互發之處, 而劈作兩片之謂也. 참조.

30) 김낙진. 2008. 「定齋 柳致明과 西山 金興洛의 本心 중시의 철학」. 『율곡학 연구』16. 율곡학회. 114쪽.

31) 『恭山先生文集』上 권12. 「中庸四情說」. "盖渾淪者, 以理與氣混同而爲言也. 剔拔者, 挑出理不雜氣而爲言也. 同一中庸之情, 而旣謂之渾淪又謂之剔拔何義也."

32) 같은 책. 같은 곳. "渾淪卽中庸之本旨也, 然所謂喜怒哀樂, 自是天命之性之發而發皆中節, 又理爲之主也, 亦可以拈出理一邊, 不雜於氣而爲言, 故屬之剔拔 而無不可."

로지 리만 가리킨 것은 칠정 중에 사단이고,[33] 기질지성 중에 본연지성이 된다.[34] 심은 언제나 리기를 겸하거나 합한 것이지만, 송준필은 '척발'을 통해 지나친 리기의 분개를 극복하면서도 혼륜에서 주리적 관점을 놓지 않는다.

이러한 주리적 관점은 『중용』의 사단칠정 문제에서 『대학』의 '명덕明德' 문제로 넘어가면서 다시 반복되고 강조된다. 『대학』의 도는 명덕을 밝히는 데서 시작하고 있는데, 송준필은 이 명덕을 심과 연결시키고 있다.

> 명덕을 심의 본체라 하면 명덕은 또 리기를 합한 것이다. 다만 마음을 말할 때 진심이 있고 사심이 있다고 한다. 명덕이라고 하면 마음 위에 나아가 도리가 광명조철한 것을 가리킨 것이니 리기가 합한 중에서 주리가 되는 까닭이다.[35]

위 명덕에 관한 언설은 유치명과 김흥락이 말한 것을 요약한 것이다. 송준필은 당시 명덕을 주기로 보거나 주리로 보는 일면적 시각이 아니라 '합리기'이면서 '주리'라는 논을 따른다.

송준필은 곽종석이 매번 심의 '허령지각'을 말할 때마다 '리'라고 하는 것에 대해 도대체 왜 그런지 모르겠다고 하면서, "퇴계가 말한 심은 리와 기의 합이라는 것을 면옹(곽종석) 역시 일찍이 인정하였습니다. 그러나 만약 허령지각을 오로지 리에 속하게 한다면 심이 기와 합하여 있다는 것은 어느 곳에

---

33) 같은 책 권3. 「答郭俛宇」癸卯. 夫七情渾淪言, 則包四端在其中, 固可謂之兼理氣, 若與四端對說則理一邊. 참조.

34) 같은 책 권4. 「答李丈公允」辛丑. 所謂氣質之性者, 非本性之外別有一性也, 蓋理墮在氣質, 然後有性之名, 而就氣質中, 單指理不雜氣而言, 謂之本然之性, 雜理與氣而言之氣質之性, 然則未發之前, 氣不用事, 固可單指理而言, 謂之本然之性, 然性已墮在氣質, 所謂氣質性之體段不可謂不具也. 참조

35) 같은 책 권4. 「答李丈公允」別紙. "以明德爲心之本體, 則明德亦合理氣物事, 但謂之心, 則有眞心焉, 有邪心焉, 謂之明德則指心上, 道理光明通徹處言之, 所以爲合理氣中主理者也."

서 볼 수 있습니까! 그 체용과 동정은 모두 리가 그렇게 하도록 하는 것이지만 유독 원 바깥에서 안을 엿보는 혈육에 실린 것을 기가 합쳐진 것이라 합니까. 이황 선생이 말씀하신 대로 서로 기다려 체가 되고 서로를 기다려 용이 된다는 것은 아마 이와 같지는 않을 것입니다."[36]라고 하고 있다. 이 논의는 심은 리가 아님을 지적하면서도 심은 리기가 합한 가운데 리가 명덕임을 분명히 하고자 한다.

유치명과 김흥락은 대개 사람이 정통의 기를 품부 받아 그 성이 가장 귀한데 방촌의 사이에 허령하고 통철하여 모든 이치가 다 갖추어져 있기 때문에 명덕은 심의 다른 이름이라고 말했고, 또 명덕은 리기를 합한 중에서 특히 리를 위주로 한 것이라고 하였다.[37] 유치명과 김흥락의 '명덕주리론明德主理論'은 리기의 선후와 리의 작위를 전제한 채로 퇴계의 '호발론'을 해석하는 사람들에 대한 비판이며, 선후와 동정 없이도 마음의 선천적 순수성을 말할 수 있게 되었다는 점에서 이황의 이론에 대한 재해석이다.[38] 장복추 또한 심이 거울이라면 명덕은 거울의 빛이고, 이 빛은 리기가 합한 심에서 선일변을 오로지 가리켜서專指 말한 것이기 때문에 주리로 봐야 한다는 생각을 하였고, 명덕을 겸기로 볼 수 있으나 주리로 본다면 주자, 퇴계의 가르침에 해당한다[39]고 하였기 때문에 송준필 또한 이들의 논을 그대로 수용하는 것을 알 수 있

36) 같은 책 권12. 「雜著」「讀俛宇集」 "退陶所言心合理氣, 俛翁亦嘗許之矣, 然若以虛靈知覺, 專屬之理 則心之合氣, 於何處見之也, 其體用動靜, 皆理之爲, 而特以見載於圓外窺中之血肉, 謂之合氣耶, 李先生所謂相待以爲體, 相須以爲用者, 恐不應如是也."

37) 『西山文集』권9. 「書」「答金孟度相浩」癸巳 참조.

38) 김낙진은 명덕주리설은 이상정의 '理主氣資'를 심성의 문제에 철저히 적용해 가면서 전체적인 이론의 틀을 재구성하는 과정이라고 생각한다. '리주기자설'은 리기와 동정과 선후 문제에서 분개 위주의 논리를 심화시킨 퇴계학자들과는 다른 견해를 내포하고 있다. 기로부터 독립된 리의 작위는 없으며, 리기에도 선후가 없음을 확신한다. 그렇다면 리 실현의 관건은 기에 달려있다. 김낙진. 앞의 논문. 112쪽 참조.

39) 유명종. 1998. 「恭山 송준필의 성리설」. 『한중철학』4. 한중철학회. 52~153쪽 참조.

다.

장복추나 김흥락이 선유들의 설을 묵수한 것처럼, 송준필의 성리설 또한 새로운 것보다는 이황에서 이상정까지 두루 영남 거유들의 설을 수집하고 탐구하여 종합하려는 경향을 띤다. 특히 송준필이 저술한『心統性情三圖發揮』는 심과 리기, 성정과 선악, 공부의 방법 등에 대하여 이들의 설을 종합하여 총망라하고 있다. 송준필과 일족이자 사미헌 문하의 동문인 앙산 송홍눌(仰山 宋鴻訥, 1878~1944)이 이 책의 발문에서 말한 것처럼[40], 송준필은 이 저술을 통해 종래의 학자들이 너무 분개와 혼륜에 빠져있어 잃어버리고 만 퇴계의 근본 뜻을 밝히고자 하였다.

4. 한주학의 심즉리 비판

송준필은 이 글 2장에서 밝혔듯이 철학적 이념은 달랐지만 서로 대의가 맞았기 때문에 한주학파들과 함께 적극적으로 애국운동과 항일활동을 하였다. 그러나 스승인 장복추나 김흥락 또한 이진상의 '심즉리설'에 대해서는 동의하지 않았다. 장복추는 '마음이 곧 리다'라고 말하는 사람이 있다면, 그것은 '마음이 곧 부처다.'라는 불교의 설과 '양지에 이르는 것'이라는 왕양명의 설과 가깝다고 비판하였다.[41] 김흥락 또한 이진상과 만났을 때 질문을 하였지만 이진상에게 대놓고 이의를 제기하지는 않았다.[42] 그러나 이후 김흥락

40) 유명종, 같은 논문, 167~168쪽 전문 참조.

41) 『四未軒集』 부록 권2, 「장상학소선」행장.

42) 1879년 3월 이진상이 금강산을 유람하러 가는 길에 김흥락을 찾아왔다. 김흥락은 이진상에게 "어른께서 '심즉리설'을 지었다고 하는데 정말입니까?"라고 하니 이진상은 "그렇습니다." 라고 하면서 그 설을 외워 주었다. 김흥락은 "심"자를 오로지 리의 측면에만 소속시키는 것이 옳습니까?"하니, 이진상은 심즉리설을 강력하게 주장하였고, 김흥락은 이에 대해 깊이 변

은 이진상의 심즉리설에 대해 왕수인이 처음으로 그 언설을 하였고, 이후 퇴계선생이 그것을 변증하였는데, 그러한 학설이 세상에 퍼진다면 많은 학자들을 그르치게 될 것이라고 우려하였다.[43]

두 스승과 마찬가지로 송준필은 당시 성리학설이 주기설도 문제이지만 주리설까지 등장하여 양극단의 대립을 보이는 것을 우려하면서 두 설을 통합하고자 한다.

> 마음은 본래 하나인데 인심과 도심이라는 두 가지 명칭이 있는 것은 리와 기의 구분이 있기 때문이다. 그런데 근세에 심을 논하는 자들이 오로지 기로써 주장하기도 하고 오로지 리로써 주장하기도 한다. 기를 주장하는 자들은 "발하는 것은 기이고 발하게 하는 것은 리이니, 만약'리기호발'이라고 한다면, 리와 기 두 가지 물건이 각각 마음속에 근원하여 내 마음에 두 가지 근본이 있게 되는 것이다."라고 한다. 그리고 리를 주장하는 자들은 말하기를 "리는 발하는 것의 주재이고 기는 발하는 것의 바탕이니, 인심과 도심이 어찌 리가 기를 타고 발하는 것이 아닌 것이 있겠는가."라고 한다. 두 설이 모두 근거가 없지 않으나 마음은 일신과 만물을 주재하는 것이니, 주재하는 묘리를 어찌 하나의 리와 하나의 기가 할 수 있겠는가. 반드시 리를 위주로 하되 기를 합하여야 일신과 만물을 주재할 수 있을 것이다.[44]

퇴계학맥에서 율곡학파의 '심즉기'는 당연히 비판해 온 것이지만 한주 이진상의 '심즉리'는 성리학에서도 벗어난 새로운 주장이었다. 이에 대해 송준필은 「독한주심즉리설讀寒洲集心卽理說」을 써서 이진상의 심즉리설을 문제 삼

론하지 않았다. 『국역 서산선생문집』 권8. 「별책 부록 2」 쇄소록; 권오영. 앞의 논문. 42~43쪽 재인용.

43) 권오영. 앞의 논문. 같은 곳 참조.

44) 『響山集』권5. 「書 」「答宋舜佐」浚弼 問目 辛丑 참조.

는다.

이진상은 "심을 논하는데 있어서 심즉리보다 좋은 것이 없고 심즉기 보다 좋지 않은 것이 없다"고 하여 율곡학파의 심즉기설을 비판하였다. 그리고 자신의 심즉리설은 양명의 심과도 다르고 선가의 심과도 다르다고 하면서 한비자에 나오는 '변화의 구슬'을 비유하여 설명하고 있다. 이진상은 이황의 심합리기설을 곧이곧대로 받아들인 사람은 돌 속에 옥이 있는 것을 보고서도 결국 돌이라고 말하는 것이며, 이황의 본뜻은 어디까지나 옥을 가려보고자 하는 데 있다고 생각하였다. 즉 양명의 심과 선가의 심은 리라고 하지만 결국 '기만 보고 리를 보지 못하는 것'이기 때문에 '심즉기'설과 다름이 없다고 비판하고 있다.45)

이에 대해 송준필은 이진상이 "옥을 돌 속에 있는 것이라 우기고, 심을 기 속에 있는 것이라 비유하고서 '마음이 곧 리'라고 말하는 것은 마땅히 연구하여 밝혀야 할 것이라 생각하면서,"46) 그 설의 부당함을 다음과 같이 말하고 있다.

> 주자와 퇴계의 의도는 불은 기름을 얻어야 밝힐 수 있고, 유리는 수은을 얻어야 비출 수 있다는 것이니, 돌 가운데 옥을 심이라고 할 수 없다는 것입니다. 또한 저 돌이 옥을 싸고 있으며 그 바탕이 거친 것이지만, 반드시 부수고 다듬어서 조금의 잡됨이 없는 후에야 옥은 참된 옥이 될 수 있습니다. 기氣와 같은 것은 사람의 지각 운동으로 기가 작위하지 않음이 없으나, 그것에는 밝음을 가리거나 강함과 약함이 고르지 않은 것이 있으니, 음양과 오행이 서로 섞여서 품부 받은 선과 악이 섞여 있는 것은 원래가 그러한 것입니다. 그러므로 성현이 사람을 가르

45) 『恭山先生文集』上 권12. 「雜著」「讀寒洲集心卽理說」참조.

46) 같은 책. 같은 곳. "以玉枉石中, 譬心在氣中, 而謂之心卽理, 恐有所當講明者."

> 치면서 마음은 리理를 위주로 하되 그 고르지 않는 것을 변화시킨다고 하였을 따름입니다. 어찌 기를 온전히 악한 것이라 생각하여 돌에서 옥을 추출하듯 부수고 다듬겠습니까! 이 학설이 유행하면 제 생각에 사람을 해치는 것을 인의라고 여기며, 저들은 옥을 보고 돌이라 하고 돌을 옥이라 생각하게 될 것이니, 과연 모두가 기를 보고서 리를 보지 못하는 논변이 진실로 옳겠습니까? 그러니 지금 심의 허령과 신명, 지각 등을 오로지 리에만 속하게 하고 기가 능여한 것은 아니라고 한다면 또한 리만 있고 기를 보지 못하는 한탄이 있지 않겠습니까?[47]

송준필의 관점에서 보면, 심은 리기의 합이고 심 가운데 리만 척발한 것이 성인데, 이진상이 심을 리라고 하는 주장은 돌인지 옥인지 구분을 할 수 없게 해서 심을 기라고 하는 것만큼이나 폐해가 크다고 우려한다.

그리고 이진상이 퇴계선생을 끌어와서 '심이 미발할 때는 기가 작용을 하지 않아서 오직 리일 뿐이니 어찌 악이 있겠는가?' 하면서 '심즉리보다 더 좋은 것이 없다'고 한 근거를 밝히고 있는 것[48]에 대해, 송준필은 "대개 통괄적으로 논한다면 심의 체는 기가 이미 섞여 있는 것이어서 다만 리만 가리켜 말할 수 없다. 만약 미발의 본체라면 기는 아직 일에 사용되지 않았으니 오직 리일 따름이라 말할 수 있을 것이다. 지금 말하는 마음이 곧 리라는 것은 다만 미발의 체를 가리켜 말한 것으로 이와 같다면 마땅히 심이 미발한 체가

47) 같은 책. 같은 곳. "朱退之意謂之, 火得脂膏而爲燭, 琉璃得水銀而爲鑑, 不可以石中之玉謂之心也, 且夫石褁玉而質麄者也, 必破碎之椎鑿之, 使無毫髮之雜, 然後玉得以爲眞玉矣, 若氣則人之知覺運動, 莫非氣之所爲, 而其有昏明, 强弱之不齊者, 陰陽五行紛綸錯糅, 糅所稟善惡自不得不爾, 故聖賢教人心以理爲主, 而變化其不齊而已, 何嘗認氣爲全惡之物, 而破碎毁折如治玉之石哉, 玆說之行, 窃恐有以戕賊人以爲仁義也, 彼見玉謂石, 認石爲玉, 果皆見氣而不見理, 辨之誠是也, 然今以心之虛靈神明知覺等, 專屬之理, 而謂非氣之所能與, 亦不有理不見氣之歎否."

48) 같은 책. 같은 곳. 退陶先生嘗曰, 心之未發氣未用事, 惟理而已, 安有惡乎, 此乃的指心體之論, 吾所謂莫善於心卽理者此也. 참조.

리일 따름이라고 해야 할 것이다."[49]라고 하였다. 그리고 송준필이 보기에 이진상이 말한 심은 보통 사람의 마음이 아니라 성인의 마음을 가리킨 것이며,[50] 심과 성을 일치시켜 심이 기와 결합된 것을 도외시하는 것은 일치시킬 줄만 알고 분별할 줄은 모르는 것이라고 비판한다.

퇴계설을 너무 적극적으로 해석하여 심즉리를 주장한 이진상의 학설은 영남지역 내에서도 심한 반발에 부딪혔고,[51] 기호 지역의 전우 등에게도 공격을 받게 된다.[52] 송준필과 전우가 똑같이 심즉리설을 비판하고 극단적인 주기설과 주리설을 배격한 점에서는 같지만, 송준필은 또한 『독간재집성존심비설讀艮齋集性尊心卑說』을 지어 전우의 학설을 비판하고 있다.

전우는 성을 높이고 심을 낮추게 된 것은 '심즉리설'을 싫어해서라고 말한다. 그리고 심은 기인데 심을 리라고 하는 것은 불교의 학설이라고 비판하면서 '성존심비설性尊心卑說'을 주장하였다.

> 나는 '심즉리설'을 싫어한다. 천하에 리보다 높은 것이 없고 심은 곧 기이다. 그런데 이것을 리라고 한다면 천하의 사람들이 반드시 스

---

49) 같은 책. 같은 곳. "盖以爲統論, 心體則氣已夾雜, 不可只指理言, 若其未發之本體, 則氣未用事, 惟理而已云耳, 今所云心卽理, 只指未發之體而言, 與如此則恐當曰, 心未發之體卽理而已, 不然而統言心, 則恐不可以此爲證也."

50) 같은 책. 같은 곳. "洲翁所言心卽理, 乃指聖人之心, 而言非普通言心也."

51) 이진상은 스스로 이황의 학설을 적극적으로 계승하여 '심즉리설'과 '리발일도설'을 주장하였으나, 그의 학설은 낙중은 물론 낙상의 도우들로부터 비판을 받았다. 그래서 도산서원으로 보낸 그의 문집은 되돌아왔고, 상주의 도남서원에서는 불태워지기까지 하였다. 이에 대해 홍원식. 2010. 「영남 유학과 '낙중학'」. 『한국학논집』40. 계명대학교 한국학연구원. 24쪽 참조.

52) 간재 전우(艮齋 田愚, 1841~1922)는 이이, 송시열, 김창협, 이재, 김원행, 박윤원, 홍직필, 임원회로 이어져 오는 기호학파 낙론계열의 정맥을 계승하였다. 전우는 신기선 등과 성리설을 논하며 최한기의 학풍을 비판하였고, 기호학파 내에서 주리론을 펼친 화서 이항로와 노사 기정진을 공격하였고, 말년에는 이진상의 심즉리설을 비판하였다. 이들의 학설을 서로 정밀하게 비교한 『蘆華同異辨』, 『蘆寒同異辨』이 있다. 금장태·고광직. 1984. 『유학근백년』. 박영사. 213~214쪽 참조.

스로 그 심을 높여서 미친 듯이 함부로 행동하여 되돌아보고 꺼리는 바가 없게 될 것이니, 이것은 석씨의 학설이다. 그러므로 석씨의 말에 "천상 천하에 오직 내가 홀로 존귀하다."라고 하였고, 선유도 또한 "성인은 하늘을 근본으로 하고 석씨는 심을 근본으로 한다."라고 하였다. 내가 고의로 심을 낮추는 것이 아니라 성을 높이기 때문에 심을 낮추지 않을 수 없다.[53)]

이에 대해 송준필은 심합리기의 관점에서 성은 리이지만, 심과 성의 관계에서 존비를 나누는 것 자체를 문제시한다.

(심과 성은) 진실로 높고 낮은 것을 말할 수 없으며, 또한 사람이 하나를 높이고 하나를 낮출 수 없습니다. 다만 성은 리이고 심은 리와 기의 합입니다. 그러므로 심은 성에 비해 아주 미세하게 적연하고 일신의 주재이며 만사의 우두머리가 됩니다. 그 존귀함 역시 마주할 바가 없으니 심성을 존비로 논할 수 없음을 알 수 있는데, 아마 입언을 할 때 잘못 처리한 것 같습니다. 세상에서 심즉리라고 말하는 것은 과연 심을 성과 같은 것으로 여겨 조존과 극치의 공부에 힘을 쓸 바가 없으므로, 군자는 후세를 위하고 염려하여 마땅히 변론하여 물리쳐야 합니다. 그러나 오직 이를 싫어하여 성은 리이고 심은 기라는 설을 고수하여, 성은 존귀하고 심은 낮다고 말하는 것이 어찌 교왕과직이 아니겠습니까! 이 역시 굽은 것이 아니겠습니까?[54)]

---

53) 『恭山先生文集』上 권12. 「雜著」「讀艮齋集性尊心卑說」. "吾惡夫心卽理之說也, 夫天下莫尊於理, 心是氣也, 而亦謂之理, 則天下之人, 必將自尊其心, 猖狂妄行而無所顧忘, 是釋氏之學也, 故其言曰, 天上天下, 惟我獨尊, 先儒亦曰, 聖人本天, 釋氏本心, 吾非故卑心也, 尊性故心不得不卑也."

54) 같은 책. 같은 곳. "固無尊卑之可言, 而亦非人可以一尊而一卑也, 但性只是理, 而心有理氣之合, 故心比性微有迹然, 爲一身之主宰萬事之總腦, 其尊亦無對, 是知心性不可以尊卑論, 而恐立言之, 有失照管也, 世之言心卽理者, 果認心如性, 而操存克治之工, 無所用其力, 君子爲後世慮, 當辭以闢之, 然惟是之惡而固守性理心氣之說, 謂性可尊謂心可卑, 豈非矯枉過直是亦枉者耶."

송준필에게 있어서 심즉리설이나 성존심비설은 둘 다 참된 주장은 아니며 교왕과직이 심하다고 말한다. 이진상의 심즉리설이 마음의 도덕적 주체성을 강조하였다면, 전우의 성존심비설은 인간의 자의성을 견제하고 객관적 도덕 규범을 중시하고 있다[55]고 볼 수 있다. 그렇다면 송준필의 심합리기설은 심의 발처에 따라 리와 기로 분개하는 것도 인정하면서 혼륜한 가운데 리만을 척발한 도덕성을 강조한다고 하겠다. 이러한 송준필의 생각은 「심통성정삼도발휘心統性情三圖發揮」[56]에서 잘 나타나 있다.

어쨌든 사미헌학맥과 서산학맥은 자신들이 계승한 학설을 정통이라 여기고 묵수하는 데 열중했던 것과 달리 이진상과 전우의 학설은 유학사에서 새로운 전기를 마련하고 있다. 이진상이 리를 활물이라 하고, 리의 주재성을 강조하여 '심즉리설'을 주장한 것은 이황이 리의 체용론을 가지고 '리발설'을 정당화시킨 것만큼 주자학에 대한 창조적 해석이라 할 수 있다. 그리고 전우의 '성본심설性本心說'에서 출발한 '성존심비설'은 종래의 심통성정설과 다른 독창적인 논리로 철학을 전개한 것이다. 이후 『한주문집』에 대한 반송과 '심즉리설'에 대한 비판에 대하여 한주의 제자들은 전면적으로 그것에 대한 대응과 반박에 나섰다.[57] 이렇듯 성리학적 논쟁은 나라의 존망과 별도로 유학자들에게 있어서는 절실한 '도'의 차원에서 이루어지고 있다.

55) 금장태·고광직. 앞의 책. 214쪽 참조.

56) 특히 혼륜 중에서 척발한 선일변은 송준필의 「心統性情三圖發揮」 中圖에 잘 나타나 있다. 『恭山文集』下. 「心統性情三圖發揮」 권2 참조.

57) 『寒洲文集』은 1895년 곽종석과 이승희를 중심으로 거창 원천정에서 간행되었다. 도산서원의 사태에 대해 제자들은 적극적으로 대응하였다. 곽종석의 『答李子翼』, 이만인의 『寒洲李氏動靜說條辯』, 이승희의 『宣錄條辯』, 윤주하의 『反究錄』 등이다. 그리고 전우의 심즉리설 비판에 대해 김황은 『寒洲心卽理說艮齋條辨辨』, 하겸진은 『性師心弟辨』 등을 지어 반박하였다.

5. 맺음말

국망과 함께 일제 통치의 시기에 접어들면서 여전히 봉건적인 관념에서 벗어나지 못하거나 세상을 떠나 은둔하는 유학자들도 있었지만, 또한 새로운 돌파구를 모색하며 국권회복과 저항운동을 하였던 유학자들도 있었다. 낙중의 성주지역에서 사미헌학파의 고제高弟였던 송준필 또한 평생 도학의 길을 걸었으나 시대의 불행을 외면하지 않았다. 송준필은 한주학에 대해서는 비판적 태도를 취했지만, 그들과 현실 인식을 같이 하면서 함께 의리를 실천하였다. 송준필은 을사늑약에 비분강개하여 오적을 참하라는 상소를 올리고, 일본에 갚아야 할 국채를 보상하기 위한 모금운동도 하였다. 3.1 성주만세운동과 파리장서의거에 참여하였다가 주모자로 일경에 체포되어 옥고를 치르면서도, 그는 '의리의 우뚝함, 말씀의 정직함, 역경 속의 평상심'을 가졌던 도학자였다. 그러한 그의 모습에 수많은 사람들이 존경심을 가졌고, 이후 많은 제자들이 그를 따르게 되었다.

송준필의 성리설은 장복추와 김흥락 양 문인으로 퇴계학을 기반으로 한 이상정과 유치명의 사상에 영향을 받고 있다. 송준필 또한 이상정의 '리주기자설'을 정론으로 삼아 분개와 혼륜 어느 한 쪽을 중시하는 폐단을 없애려고 하였다. 심을 리기지합으로 보았고, '성발위정性發爲情'의 전제 아래 유치명이 제시한 혼륜과 척발 개념을 통해 본연성과 기질성, 사단과 칠정을 구별한다. 즉 리와 기가 혼륜된 가운데 리만 척발한 것을 본연성과 사단이라 하여 기질성이나 칠정과의 차이를 설명한다. 송준필의 주리적 성리설은 혼륜과 분개를 종합하면서도 심에서 리만을 척발한 명덕을 강조하고 있다.

송준필은 '심합리기'의 관점에서 이진상의 '심즉리설'을 비판한다. 그러나 이진상은 물론이고 그의 제자들은 심즉리야말로 이황의 본지를 잘 이은 것이라고 주장한다. 송준필은 이들이 선유들의 뜻을 벗어나 사람들에게 양명학이나 불교와 같은 혼란을 주고 있다고 비판하였다. 한국철학에서 성리학의 논쟁은 이렇듯 불씨를 남기기도 하고 지피기도 하면서 한말 근대에까지 이어졌다. 하지만 유학자들이 이론에만 천착한 것이 아니라 국권침탈에 맞서 적극적인 의리실천을 하였다는 점을 간과해서는 안 될 것이다. 송준필의 성리설은 선현들의 설을 종합하여 묵수한 면이 있지만, 외세의 압력에 적극적으로 저항했던 일련의 활동은 그의 학문이 결코 실천과 괴리된 것이 아님을 확인할 수 있다.

중산 박장현의 자존철학

정 병 석

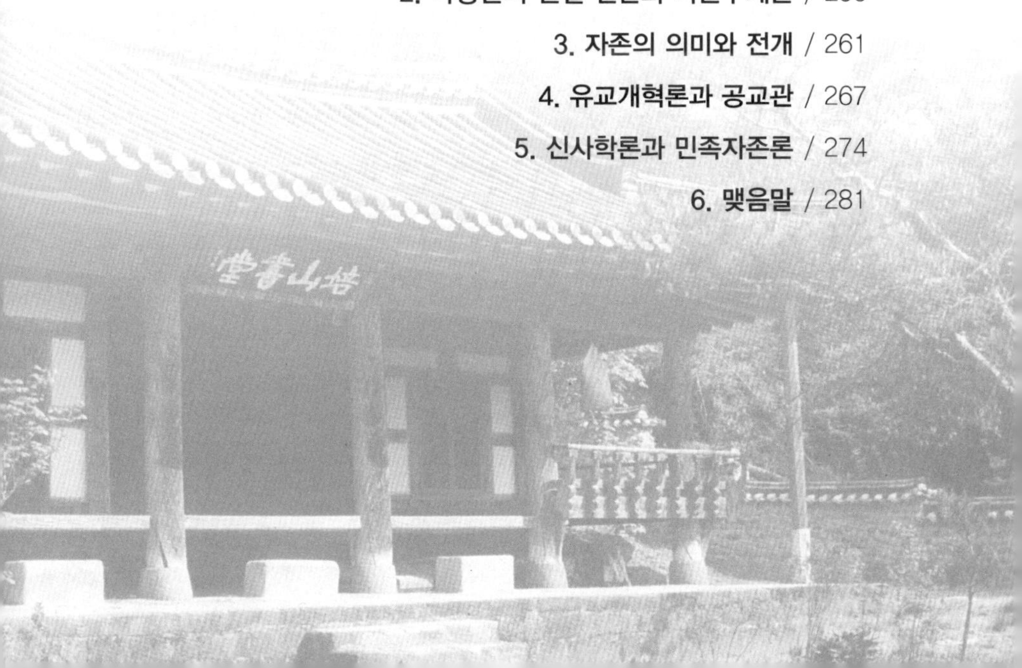

중산 박장현의 자존철학

정 병 석

1. 머리말

박장현(朴章鉉, 1908~1940)은 일제 강점기인 1930년대에 활동하여 33세라는 짧은 시간 동안 살다 갔지만, 철학과 역사 분야에 주목할 만한 업적을 남긴 학자이다. 박장현의 자字는 문경文卿이고 호는 중산中山이다. 박장현은 경북 청도군 이서면 수야리에서 출생하였다. 그는 어릴 때부터 백부인 박재시朴在時에게 글을 배워 14세 때에 이서면에 있던 보성학원에 입학하여 신학문을 배웠다. 보성학원에서 공부하고 난 후 다시 전통 학문으로 돌아서서 1925년에 거유巨儒인 심재深齋 조긍섭(曺兢燮, 1873~1933)을 스승으로 모시고 8년 동안 유학의 기초를 다졌다.

심재 문하에서 8년 동안 상투에 끈을 매어 놓고 졸음을 쫓으며 공부했다든가, 1년에 정월 초하루와 추석 겨우 두 번만 제사를 모시기 위해 고향에 와서 그것도 딱 하룻밤만 묵고 이내 돌아갔다는 이야기 등은 학문에 대한 그의 노력과 진지함이 어떠하였는가를 잘 보여주는 예라고 할 수 있을 것이다.[1] 그는 심재 문하를 떠나 25세 되던 1932년에는 자신이 배운 학문이 현실 세계에서 얼마나 유용하게 쓰일 수 있을지를 확인하고, 다른 사람의 의견을 듣고 견문을 넓히기 위해 각지의 큰 유학자들을 찾아 나섰다. 공산恭山 송준필(宋浚弼, 1869~1943), 순재醇齋 김재화(金在華, 1887~1964), 회봉晦峰 하겸진(河謙鎭, 1870~1946), 해창海窓 송기식(宋基植, 1878~1949), 복암復菴 장화식(蔣華植, 1871~ 1947) 등을 만나 학문적인 교류를 하였다. 26세에 명교학원明教學院에 입학하여 수학하였다. 30세 되던 해 고향마을에 문화학당文化學堂을 세워 학생들을 가르치기 시작하였고 32세 때는 일본의 이송학사二松學舍 전문학교에 입학하여 일본 한학계의 주요 인물들과 교류하였다.[2]

박장현 철학의 핵심과 방향은 유가의 도학정신을 바탕으로 하여 민족자존民族自尊 의식을 높이는 데 있다. 이를 위해서는 패배의식과 절망으로부터 국민정신을 고취시키고 개조하는 것이 급선무였다. 박장현은 지금의 시대가 가지고 있는 가장 큰 문제는 서세西勢의 동점東漸으로 인한 인의仁義와 도덕의 상실 및 일제에 의하여 나라를 빼앗긴 데서 오는 패배감과 나약함이라고 보았다. 이러한 패배감과 나약함이 우리나라 유림들의 소극적이고 도피적인 성향과 결합하여 심각한 상황에까지 이른 것으로 진단하고 있다. 여기서 그는 유학의 개혁을 통하여 인의와 도덕의 회복을 꾀하는 한편, 민족사의 확립을 통하여 강건한 국민정신을 고취시키려고 했다. 패배의식과 절망으로부터 국민들을 구출하는 것이 급선무라 생각했다.[3] 그는 무엇보다 마음의 다스림

1) 高光植. 1986.「중산 박장현」(박영석.『민족사의 새 시각』제9장 부록) 탐구당. 380쪽.

2) 일본에 건너가 양명학의 전문가인 山田準과 주자학의 井上哲次郎 및 老莊學의 小柳司氣太 등의 유명 학자들을 만나 학문적 교류를 하였다.

3) 송재소. 1994.「中山 朴章鉉 硏究 試論」『中山 朴章鉉 硏究』 금장태 외. 민족문화사. 33쪽 참조 바람.

즉 '치심治心'과 '입지立志'가 필요하고, '입지'를 통해 마음의 자존自尊을 수립하고 더 나아가서는 민족자존의 형성을 도모하려 했던 것으로 보인다. 이런 점에서 그의 철학을 자존철학自尊哲學이라고 명명하여도 지나친 것은 아닐 것으로 생각한다.

박장현의 학설에 보이는 가장 뚜렷한 관점인 민족 자존의식은 유가의 도학정신과 우리 역사라는 두 날개 위에서 성립된다. 이런 문제의식 위에서 그의 학문 체계가 형성된다. 그는 다음과 같이 말한다. "사람이 태어나서 어릴 때엔 집에서 양육을 받고 성장해서는 밖에 나아가 세도世道의 책무를 떠맡는다. 말하기를 '성학聖學이 밝지 못하면 내가 어떻게 구제할까, 생민生民이 수화水火 중에 있으면 내가 어떻게 건질까'라 하며 온 마음과 힘을 다하여 이 민족과 대도大道를 위하여 이 몸을 희생할 수 있다."[4] 그는 민족과 대도를 위하여 자신을 희생할 각오로 학문에 임했던 것으로 보인다.

박장현은 엄청난 정력으로 방대한 양의 저서를 남겼는데 크게 경학經學과 사학史學 방면의 내용으로 나눌 수 있다. 경학과 사학이 박장현 사상의 두 가지 큰 축이라 할 수 있다.[5] 민족의 자존을 확립하려는 박장현의 전략은 기본적으로 유가의 경학이 담고 있는 '성경聖經의 본원本源'을 탐구하고 '공맹孔孟의 진정신眞精神'을 이어 받음으로써 치심治心하여 입지立志하고, 우리 역사를 통하여 민족의 자존성自尊性과 정체성을 확립하려 한 것으로 보인다.

중요한 유가의 경전과 역사서를 한글로 번역하고 편찬하여 민간에 보급하여야 한다는 관점은 한학漢學을 공부한 박장현의 입장에서는 대단히 전향적인 사고를 보여준 것이라고 할 수 있다. 동시에 그는 역사 서술에 있어서

---

4) 『中山全書』下, 중산전서간행위원회, 보경문화사, 1983, 「雜說」, "人生而幼則養於家, 及其長也, 出而擔世道之責, 日聖學不明, 我何以救之, 生民水火, 我何以拯之, 焦心勞力, 爲此民族大道, 可犧牲此身也."

5) 송재소, 「中山 朴章鉉 硏究 試論」, 22쪽 참조.

도 야사野史를 중시하고 중국의 기년을 사용하고 있지 않고, 조정의 역사뿐만 아니라 민간의 역사가 중요함을 강조한다. 이런 관점에서 그는 김부식의『삼국사기三國史記』에 대해 삼국사三國史는 역사가 아니라 세 가정의 가보家譜일 따름이고, 이전의 역사학자들은 역사를 조정의 전유물로 여기고 조정 밖의 것은 기재할 것이 없는 것으로 본 것이라고 비판한다.[6] 이런 관점은 일반 민중을 역사의 주체로 보고 있음을 의미한다.

또한 그가 행한 유학종교화라는 작업에 있어서도 비인격신非人格神의 관점에서 유학에 내포된 보편적인 도덕적 요소와 교화적 요소를 확장해서 지식인만이 아닌 일반 민중들 누구나 쉽게 접근할 수 있도록 하려는 의도가 보인다. 이른바 유학의 '인시창설因時倡說'의 결과라고 할 수 있다.

박장현의 저작은 방대하다. 33년의 짧은 생애를 살다간 학자의 저작으로 보면 더욱 놀랍다. 이 때문에 그의 학문적 전모와 성격을 파악하기 위해서는 그가 남긴 경학 관련 저술과 사서史書들을 분석하여야 가능하다. 역사 방면의 저작은 필자의 능력을 넘어서는 범위이기에, 그의 역사철학적인 측면들과 유학에 대한 관점들을 중심으로 논의를 전개하려고 한다.

2. 박장현의 현실 진단과 학문구세론

박장현은 국권이 침탈되어가던 20세기 초에 태어나 활동하였다. 이 시기 우리나라의 상황은 외세의 힘 앞에 맥없이 무릎을 꿇고 방향을 상실한 채 헤매는 암울한 시기였다. 그는 이런 현실 상황을 초래한 가장 큰 원인을 서양 근대 문명이 유입되면서 전통적인 윤리와 도덕이 제자리를 찾지 못하고

6) 『中山全書』下.『文卿常草』三.「文錄」「舊史學論」참조.

사라지는 것에서 찾았다. 전통 가치관을 파괴하는 서양 문명의 핵심을 공리주의적이고 물질지상주의라고 판단한 박장현은 이런 물질만능주의와 공리주의가 팽배한 상황에서 유학이 가지고 있는 현실적 무력감을 다음과 같이 토로하고 있다.

> 서세의 동점 이후로 과학·물질의 학설이 팽배하여 예의를 버리고 공리를 숭상하며 이 백성을 몰아 금수의 지역에 들어가게 하는 데도 오도吾道의 위력으로는 그 세력을 물리칠 도리가 없다.[7)]

박장현은 서양문명의 유입으로 사람들이 물질과 공리를 숭상하면서 윤리와 도덕이 타락하여 사회가 더욱 혼란스러워졌지만 유가의 힘으로 이를 극복하기에는 역부족임을 자인하고 있다. 물밀 듯이 밀려오는 서양문명의 확산은 정신문화의 위축을 초래하였고, 이로 말미암아 우리 사회가 더욱 피폐해졌다는 것이 그의 현실진단이었다. 무너진 정신문화를 회복하기 위해서는 우선 유학의 인의도덕仁義道德을 창도해야 한다는 것이 그의 주장이다.

> 생각건대, 분연히 함께 일어나서 인의도덕을 세상에서 창도하고 밝혀 사악한 주장이 사라지게 해야 하고 물질이 내쳐지게 하고 과학이 폐지되게 해야 하고, 기타 평등이니 자유이니 공처共妻니 공산共産이니 하는 공리功利를 다투는 모든 학설을 쓸어버리고 우리 윤리 예의의 가르침이 세상에서 밝게 되는 것이 어찌 오늘날의 급선무가 아니겠는가?[8)]

7) 『中山全書』下, 「答趙惇卿」, "自西勢之東漸 科學物質之說澎漲 棄禮義尙功利 率斯民也 以入於禽獸之域 而吾道之威力 旣無以斥其勢"

8) 『中山全書』下, 「文卿常草」一, 「文錄」, 「擬告山林」 "伏惟 奮然齊起, 倡明仁義道德於八域, 而使邪說有所息, 物質有所黜, 科學有所廢, 其他平等自由共妻共産功利競爭之說, 一切掃如, 而使吾倫理禮義之敎, 有所明於世者, 豈非今日之急務乎?"

박장현은 서양의 과학문명과 물질문명에 대해 매우 큰 반감을 가지고 있다. 그는 이뿐만 아니라 일체의 서구문화에 대해서도 비판적이다. 그는 당시 지식인들 사이에서 유행하던 공리주의나 사회진화론 등이 초래한 이익의 추구나 무한 경쟁과 법을 통한 해결 방법 등이 인간을 금수禽獸의 영역으로 점점 몰아가는 것이라고 보았다.[9] 금수의 영역으로 몰아가는 서양의 문물과 학설學說을 벗어나는 방법에 대해서 박장현은 보다 근본적인 관점에서 학문 혹은 학설의 교체를 주장하고 있다. 그것은 바로 사회주의나 공리주의 대신에 유학의 윤리 예의라는 학설로의 교체를 통하여 세상을 바로 잡으려는 방법이다. 학설이 가지고 있는 중요성에 대하여 그는 말한다.

> 학설이란 대개 품은 뜻을 뚜렷하게 붓으로 적는 것이다. 학설을 세워서 실천에 옮길 수 있다면 모든 것이 그 학설과 같지 않은 것이 없게 된다. ...... 주나라 문왕이『주역』을 넓혀 부연하였기 때문에 천지가 화육하는 도리가 명확하게 되었으며, 성인 공자가『춘추』를 지었기에 난신적자들이 무서움을 알게 되었으며 맹자가『맹자』7편을 지었기에 왕도와 패도의 귀천이 분명하게 되었다. 뿐만 아니라 근세를 두고 보면 중국의 강유위康有爲가 창도한 삼세설三世說이 생겨 동아시아의 이목이 새롭게 되었다. 영국의 다윈이 진화론을 지었기에 서구의 사상이 새롭게 되었다.[10]

박장현이 말하는 '학설學說'은 넓은 의미의 학문을 의미하고, 좁게는 어떤

---

9) 『中山全書』下,「彝傳」, "천하 사람들을 이끌어 공리로 들어가게 한 자는 진나라의 상앙과 영국의 아담 스미스 등이 바로 그러한 자들이다.(率天下而入於功利, 秦之商鞅英之亞丹斯密是也.)라고 하여 법치주의나 개인의 이익을 말하는 관점들에 대해 박장현은 매우 비판적이다.

10) 『中山全書』下,『文卿常草』二,「文錄」,「學說」"學說者盖著而抱之志而筆之者也, 有能擧而施諸事業則莫不如其說之如何矣. ... 文王演易而天地化育之理明矣. 孔聖作春秋而亂賊之徒, 知所可懼惟矣. 孟夫子作七篇而王覇之貴賤分矣. 不惟是而已, 就近世觀之, 中國康南海倡三世說, 而東亞之耳自爲之一開. 英國達爾文作進化論, 而西歐之思想爲之一新."

하나의 이론이나 관점을 말한다. 사회가 어떤 학설이나 이론을 받아들이느냐에 따라 그 사회의 방향과 분위기가 달라진다는 것이다. 그는 학설이 국가나 사회를 망하게 할 수도 있고 흥하게 할 수도 있다고 보았다. 여기에서 박장현은 학설이 가진 실천적 기능이라는 문제에 대해 강조한다. 학설이 세상을 구한다고 보는 일종의 학문구세론學問救世論이다.

> 학설이 만약 세상과 관계를 맺게 된다면 과연 어떠할 것인가? 비록 이렇다 하지만 현자와 군자들은 시기에 따라서 학설을 창도하고 세상을 구원하고 도를 구한다. 이런 까닭에 맹자의 시대에는 맹자의 학설이 있었고 정자와 주자의 시대에는 정주의 학學이 있었다. …… 여우 털 갖옷은 아무리 훌륭하다 해도 여름에 쓸 수 없다. 그것은 그때의 더위를 막을 수 없기 때문이다. …… 지난날 유행하던 학설이 오늘의 사회를 구해내지 못한다는 것은 명백한 사실이다.[11]

학문은 분명히 세상을 구원하고 도를 구할 수 있다. 여기에서 중요한 것은 그 시대에 들어맞는 학문이 필요하다는 것이다. 옛날에 좋은 학설이라고 인정받은 것이라 할지라도 시효성과 실효성이 없으면 쓸 수가 없다는 것이다. 예컨대 아무리 좋은 털옷이라 하여도 여름에는 입을 수 없는 것과 마찬가지라는 것이다. 이런 각도에서 그는 조선조의 학문적 경향을 말하고 그 결과에 대해 말하고 있다.

> 민심의 선악과 세도의 성쇠는 모두 학설이 어떠한가에 달려있다.

---

11) 『中山全書』下, 『文卿常草』 二, 「文錄」, 「學說」“學說之關於世, 果如何哉? 雖然賢人君子者, 盖因時倡說, 以救世明道也. 是故孟子之時, 有孟子之學說, 程朱之時, 有程朱之學說, 明淸之時, 有明淸之學說, 其故何也? 狐裘雖美, 而當夏無需, 以其不能救暑也. 螢火雖微而昏衢爲要, 以其爲迷者之照也. 是以干戚之舞, 不足以解平城之圍, 而往日流傳之學說, 不足以匡救目今之社會也, 明矣.”

> 그러니 저서를 짓고 주장을 세우는 것이 어찌 신중하지 않을 수 있는가? 자고로 학설이 바뀐 것이 있지만 후세에 우리 동국보다 심하게 바뀐 것은 없고 또 우리의 조대에 와서는 더욱 한심하게 바뀌어졌다. 정자와 주자가 4·7의 주장을 내어 놓으니 우리 조대 선현들은 그것을 분별하였을 따름이고 인물과 학설이 있게 되니 또 이것을 가지고 서로 다투기만 했을 뿐이며 심·리理·기 학설이 생기니 또 서로 공격이나 했을 뿐이다. 때문에 시기에 따라 학설을 세워 세상의 폐단을 구해 본 적이 없다. 그런데 이것이 누적되고 거기에 물들어 오래가게 된다면 이에 따라 국가가 망하게 되니 어찌 길이 탄식하지 않을 수 있는가?12)

박장현은 민심의 선악과 세상의 성쇠는 모두 학설의 내용과 경향에 의해 결정되기 때문에 저서를 짓거나 이론적 주장을 하는 데에 매우 신중해야 한다고 말한다. 이런 점에서 그는 국권상실의 원인遠因 중의 하나로 조선조의 학문 풍토를 지적하여 비판하고 있다. 학파간의 비판과 대립만이 있었지 진정으로 시의時宜에 들어맞는 학설을 세워 세상의 폐단과 어려움을 구하는 데 별다른 역할을 하지 못했다고 말한다. 이런 반성 위에서 박장현은 지금의 시대가 필요로 하는 학설을 만들어 나가야 함을 특히 강조한다.

> 오늘날의 세상에서 물질 학설이 한창 성행하는데 앞으로 윤리의 학설로 그것을 구해야 하며 과학 학설이 성행하는데 장차 도덕이란 학설로 그것을 이겨야 하며 이단의 학설이 사람의 이목을 미혹시키고 있는데 장차 우리의 도로 그것을 풀어야만 한다.13)

---

12) 『中山全書』下,『文卿常草』二,「文錄」,「學說」"人心淑慝, 世道隆亶糸于學說之如何矣. 著書立言者可不慎哉,自古學說之替下,莫甚於吾東國, 而至本朝尤甚. 程朱有四七之說, 則本朝先賢亦以是相辨而已. 有人物之說, 則亦以是相争而已, 有心理氣之說, 則亦以是相改而已, 未有能因時立說心救時弊, 而積習之久, 國窮後以亡, 豈不可鼓吹也哉."

13) 『中山全書』下,『文卿常草』二,「文錄」,「學說」"當今之世, 物質之說熾則將倫理之說以救之, 科學之說盛則將道德之說以勝之, 異端之說惑人耳目則將吾道之說以解之."

박장현은 기본적으로 도학적道學的 관점을 통해 세계와 역사를 이해한다. 이러한 관점에서 현실을 볼 때 당시의 상황은 대도가 무너지고 물질만이 성행하는 위기의 시기였다. 이렇게 되자 사람들은 경쟁적으로 물질적 이익만을 추구할 뿐이고 과학만이 만능으로 숭상 받는 것이라고 그는 생각하였다. 여기에서 윤리 도덕을 중심으로 하는 유가의 학설을 통한 치유만이 피폐한 현재의 상황을 해결할 수 있는 것으로 보고 있다. 박장현은 기존의 가치체계와 세계관이 파괴되어 가는 시대에 있어서도 유학은 여전히 보편적 가치를 지니고 있을 뿐만 아니라, 유학이라는 학설을 통하여 어지러운 난세와 위기에 처한 국가를 충분히 구제할 수 있다는 생각을 가지고 있는 철저한 유학자였다.

그러나 유학에 대한 박장현의 관점은 결코 유학을 묵수墨守하여 과거의 관점에서 한 걸음도 벗어나지 않으려고 하거나, 현실을 외면하고 산림山林에서 개인적인 수양에만 몰두하는 그런 꽉 막힌 유학자는 아니었다. 그보다는 기존의 유교가 가진 단점과 폐단을 개선하고 지금의 시대에 맞는 새로운 해석이 필요하다는 생각을 가지고 있었다. 즉 시대에 들어맞는 관점이나 학설을 말하여야 한다는 '인시창설因時倡說'을 주장한다. 아무리 훌륭한 학설도 시대가 지나면 그 가치가 사라지기 때문에 시효성時效性과 실효성實效性이 있어야 한다고 말한다. 시대에 따라 상황에 맞는 학설을 제시할 수 있어야 참다운 유자儒者라고 보았다.

3. 자존의 의미와 전개

박장현은 당시 우리나라 사람들이 가지고 있었던 가장 큰 문제를 인의와 도덕의 상실 및 일제에 의하여 나라를 빼앗긴 데서 오는 패배감과 나약함이라고 보았다. 이러한 패배감과 나약함이 마음의 노예 즉 심노心奴를 형성하게 되었다고 말한다. 심노는 바로 자신이 자신의 노예로 되는 것을 말한다.

> 남의 노예로 되는 것을 나는 두려워하지 않으나 스스로 남의 노예로 되는 것보다 가슴 아픈 일이 없으며 스스로 남의 노예로 되는 것이 그래도 두려워할 바가 못 되지만 자신이 자신의 노예로 되는 것보다 참담한 것은 없다. 장자莊子는 안타까운 것 가운데에서 마음이 죽은 것보다 더 큰 것이 없으며 몸이 죽은 것은 그 버금으로 된다고 말한 적 있다. 이로부터 본다면 욕됨에 있어서 마음이 노예로 되는 것보다 더 큰 것이 없으며 몸이 노예로 되는 이것은 지엽적인 것이 된다.[14]

노예는 어떤 다른 존재가 자신의 주인이 되어 마음대로 부리는 것으로, 스스로가 주인이 되지 못하는 것을 말한다. 그는 마음의 노예가 되는 경우를 네 가지 부류로 나누고 그것을 제거하는 방법에 대해 말하고 있다. 첫째는 고인古人들의 노예로 되지 말아야 한다. 물론 고인들을 공경해야 하지만 고인은 고인이고 우리들은 우리들이다. 두 번째로는 세속의 노예로 되지 말아야 한다. 남의 뒤만 따르면서 자기 견해가 없어서는 안 된다. 셋째는 환경의 노예가 되어서는 안 된다. 오직 팔자만 탓하면서 자주적인 것 없이 살아서는 곤란하다. 넷째로는 정욕의 노예가 되지 말아야 한다. 심心이 형形의 부림을

14) 『中山全書』下, 『文卿常草』二, 「文錄」, 「講演起草」"夫人之奴隷, 我不足畏也, 而莫痛於自奴隷於人, 自奴隷於人, 猶不足畏也, 而莫慘於我奴隷於我. 莊子曰哀莫大於心死, 而身死次之. 由此觀之, 辱莫於大心奴, 而身奴斯爲末矣."

당해서는 안 된다고 말한다.[15] 박장현은 마음의 주체적이고 자주적인 성격을 강조한다. 필요하다면 아무리 빼어난 성인이라도 때로는 스승으로 모시지만 심지어는 적으로 삼을 수도 있다고 말한다.

박장현은 당시 국민들이 심노의 상태에 놓여 있는 것으로 보았다. 우리나라가 일제에 의해 강점되어 노예의 국민으로 존재하는 이런 상황을 타개하기 위해서 가장 필요한 것은 심노의 상태로부터 벗어나는 것이 가장 급선무라고 보았다. 여기에서 요청되는 것이 바로 자존의식이다. 이 자존의식은 나라를 잃은 백성들이 가지기 쉬운 패배주의와 허무주의를 극복하는 기점起點이 될 뿐만 아니라, 민족자존의 의식으로 확장된다.

박장현은 당시 유림들의 소극적이고 도피적인 성향과 국민들의 자포자기 하는 정신에 자존의식을 형성하여 활력을 불어넣으려고 한다. 여기서 가장 우선적으로 필요한 것은 국민정신을 개조하여 패배의식과 절망으로부터 구출하는 것이라고 보았다. 그것은 무엇보다 마음의 다스림 즉 '치심'과 '입지'에서 출발하여 '입지'를 통해 마음의 자존을 수립하고 더 나아가서는 민족자존의 형성을 도모하려 하는 것이 그의 기본적인 전략으로 보인다.[16]

박장현은 민족의 자존과 회복이라는 목표의 달성은 단순한 무력이나 현실정치의 참여를 통한 개혁으로는 분명히 한계를 가질 수밖에 없다고 생각하고, 오히려 정신적인 측면의 혁명이 우선되어야 한다는 사실을 절감하게 된다. 그러면 그가 말하는 자존은 어떤 의미를 가지고 있는가?

> 선비가 오늘날에 태어나서 갯버들이 되고자 하면 갯버들이 되고 송백松柏이 되고자 하면 송백이 된다. 그러므로 맹자가 말하기를 '이 사

15) 『中山全書』下. 『文卿常草』二. 「文錄」, 「講演起草」 참조.

16) 정병석. 2011. 「중산 박장현의 유학관」 『민족문화논총』 제49집. 영남대 민족문화연구소. 12월. 152쪽.

> 단四端을 지니고도 스스로 할 수 없다고 말하는 자는 자신을 헐뜯는 자이다'라고 했고 또 '자포자自暴者와는 더불어 말할 수가 없고 자기자自棄者와는 더불어 일을 할 수 없다'라고 했다. 스스로 자신을 헐뜯거나 자포자기의 반면이 바로 자존이라는 두 글자이다. 때문에 군자들은 자존을 귀하게 여긴다. 세도의 퇴패를 건지고 인심의 나약함을 구해내려고 한다면 반드시 사람마다 자존을 가지는 것으로부터 시작하여야 한다.[17)]

박장현은 자존을 자신을 헐뜯거나 자포자기하는 말의 반대말로 규정하고 있다. 자존은 자신이 무엇이 되려고 하는데 있어서 가장 중요한 출발점으로 그것은 스스로에 대한 믿음과 의지를 말한다. 이런 불퇴전不退轉의 강한 의지가 자신이 생각한 것을 이루게 해 주기 때문이다. 여기에서 전제되는 것이 바로 자존이다. 세상의 퇴패와 인심의 나약함을 구하기 위해서는 우선적으로 스스로의 자존을 가지는 것에서 출발해야 한다. 그러므로 자포하고 자기하는 자와는 함께 말하지도 않고, 함께 일하지도 않는다는 맹자의 말을 인용하고 있다.

박장현은 자존의 개념에 대해 정의를 내리려 시도한다. "이러하기 때문에 자존이라는 두 글자에 하나의 정의를 내려 보려고 한다. 무릇 자애自愛하지 않고 자치自治하지 않고 자립自立하지 않고 자목自牧하지 않고 자임自任하지 않는 자들은 절대로 자존하는 사람으로 될 수 없다."[18)]라고 말한다. 즉 스스로를 아끼고, 스스로를 다스릴 줄 알고, 남의 도움 없이 스스로 설 줄 알고,

---

17) 『中山全書』下, 『文卿常草』二, 「文錄」, 「自尊講說」 "士生今日, 欲爲蒲柳, 斯蒲柳矣, 欲爲松柏, 斯松柏矣. 是故孟子曰, 有是四端, 而自謂不能者, 自賊者也. 又曰自暴者, 不可與有言也. 自棄者, 不可以有爲也. 自賊自暴自棄之反面, 即有自尊二字, 是以君子貴自尊焉. 欲救世道之頹敗, 人心之懶弱, 必先自人人自尊始."

18) 『中山全書』下, 『文卿常草』二, 「文錄」, 「自尊講說」 "故爲自尊二字, 下一定義, 曰凡不自愛,不自治,不自立,不自牧, 不自任者決非能自尊之人."

스스로를 기르고, 스스로 도를 임무로 맡을 줄 알아야 자존할 수 있다는 것이다.

이어서 박장현은 자존이라는 개념에 대해 생길 수 있는 오해에 대해 말한다. 자칫 자존이라는 말은 거만함으로 비춰질 가능성이 있다. “거만은 제일 비열한 근성이다. 자존하는 사람은 그러한 일을 하지 않는다. 그렇다면 성현과의 거리가 털 한 오리만큼이라도 모자란다고 여기는 사람은 자존하는 사람은 아니다.”[19]라고 하여 자존과 거만함의 차이에 대해 말하고 있다.

자존과 겸손의 관계에 대해서도 말한다. “자존이 어찌 겸손하고 공손한 것과 상반되는 것이 아니겠습니까? 그러나 그렇게 가르치는 것은 그 육체를 받드는 것이 아니라 심성心性을 받드는 것이며 그 형식을 받드는 것이 아니라 그 정신을 받드는 것이니 바로 맹자가 말하는 ‘모든 사람이 요순堯舜이 될 수 있다’는 뜻일 것이다.”[20] 인간에게 본유한 심성을 받드는 것과 그 정신을 받드는 문제에 있어서는 겸손과 공손보다는 오히려 적극적인 자존과 자대自大가 필요하다고 말한다. 뜻을 세워서 실천하는 데에 있어서 가장 필요한 것이 바로 자존과 자대라고 보았다. 이 때문에 호연지기浩然之氣를 매우 강조한다.

박장현은 당시의 현실은 윤리를 상실하였고 국민은 퇴보하였기 때문에 호연지기의 강건한 정신을 가지고 현실을 타개하는 모험이 필요하다고 보았다. “이 기를 사람들이 지니게 된다면 살아갈 수 있겠지만 지니지 못하게 된다면 죽게 될 것이고 나라에 이것이 있으면 흥성하게 될 수 있지만 없다고 한다면 멸망하게 될 것이다.”[21] 호연지기가 없으면 어떠한 용기도 내지 못하고

---

19) 『中山全書』下, 『文卿常草』二, 「文錄」, 「自尊講說」“傲慢者最卑劣之根性也. 自尊之人所不爲也, 則有謂一毫不能及聖賢者, 已非自尊之人也.”

20) 『中山全書』下, 『文卿常草』二, 「書牘」, 「答宋恭山」“夫自尊豈非與謙恭極相反哉. 然而所以爲訓者, 非尊其肉體也, 乃尊其心性也, 非尊其形式也, 乃尊其精神也, 卽孟子所謂人皆可以爲堯舜之義也.”

21) 『中山全書』 下, 『文卿常草』二,「文錄」, 「20日講演起草」“此氣人有之則生, 無之則死, 國有之則

모험도 하지 않기 때문이다. 이런 굳건한 용기에 의한 실천을 통하여 자신을 정립하고 국가를 흥성하기 위한 근거와 원동력을 그는 자존에서 찾고 있다.

박장현은 이런 점에서 겸손과 공손이 비록 현실 속에서 중요한 덕목으로 필요한 것이기는 하지만, 뜻을 세워 전진하기 위해서는 자존과 자대가 더욱 필요한 것이라고 말한다. 자존과 자대의 바탕 위에서 자신감을 가지고 스스로를 존중한다면 다른 어떤 누구도 자신을 무시할 수 없다는 것이 박장현의 생각이다.

> 무릇 남들이 나를 무시하고 모독하는 것은 받지 않으려고 하면서 자신을 모독하고 무시하려 하는 것은 피하지 않고 달게 여기고 있으니, 사람들의 어리석음이 너무 심하다 하겠다. 진실로 자신을 스스로 모독하고 무시하지 않는다면 누가 감히 모독하고 무시하겠는가?[22)]

위의 박장현의 말은 보기에는 현실 속에서 흔히 있을 수 있는 상황들을 잠언식箴言式으로 서술하고 있어서 가볍게 보이지만, 이 말이 담고 있는 맥락은 매우 의미심장하다. 보통 사람들은 다른 사람들이 자신을 무시하고 모독하는 것에 대해서는 즉각적으로 반발하지만, 스스로가 스스로를 무시하고 모독하는 것에 대해서는 별다른 의식 없이 받아들인다는 것이다. 그가 말하는 '스스로가 스스로를 무시하고 모독하지 않는 것'은 곧바로 자신 속에 들어있는 것을 찾아 온전히 실현하는 자존의 회복과 실현의 문제로 귀결된다.

> 자신을 다스릴 힘이 없으면 남에게 다스려 주기를 바라야 한다. 남

興, 無之則亡."

22) 『中山全書』下, 「彝傳」 "夫人之侮慢我莫不欲不受, 而至於自侮自慢甘處, 而不辭甚矣. 苟不自侮自慢, 孰敢侮慢我."

에게 바란다면 자립의 권리가 없이 남에게 부림을 받을 뿐이다. 자신을 다스리는 방법은 다른 것이 아니라 오직 자기에게 지닌 것을 찾아 온전히 실현하는 것뿐이다.[23]

자신을 다스리는 힘이 없으면 그것은 다른 것이 와서 다스려 주기를 바라는 것이나 마찬가지이다. 여기에서 필요한 것이 자립自立과 자치自治이다. 자치라는 것은 다른 것이 아니라 자신 속에 들어있는 것을 구하여 온전히 실현해 내는 데 있다. 자신에게 들어있는 것을 구하여 실현한다는 의미는 크게 몇 가지 측면으로 전개되는 것으로 보인다. 우선 하나는 인간의 본성이 가진 의미를 자각하여 실현하는 것이다. 다른 하나는 오도吾道 즉 유학이 가진 참된 가치를 발견하는 것이고, 또 다른 하나는 국가와 민족의 자존성의 회복이다. 이것들은 모두 자신이 본유本有하고 있는 가치를 자세히 살펴보지 않아 모독하고 무시하는 경우에 속한다. 그러면 이런 자존의 회복과 실현의 문제는 구체적으로 어떤 내용으로 구성되는가? 그는 자신의 포부를 말하는 「언지言志」에서 다음과 같이 말한다.

다만, 어려서부터 맹세하고 품은 뜻이 공자, 맹자, 정자, 주자, 회재晦齋, 퇴계의 학설일 따름이다. 아침저녁으로 리의理義를 명확하게 강의하고 심법心法을 스승 삼아 사모하여 예로 몸을 단속하고 악樂으로 마음을 다스리며 옛적의 여러 성현들에 이르려고 시도하고 있으며 얻는 것이 있게 된 다음 동국東國 일경一經을 지어 윤리를 밝히고 예교禮教를 강의하여 이 도가 무궁하게 전해지게 하려고 한다. 또 여러 역사책을 얻어 보고 야사野史의 기록을 수집하고 우리 동국의 수천 년 역사를 상세하게 남김없이 조사하고 살펴 우리 동국의 한 권의 정사正史와

23) 『中山全書』下, 「彝傳」"無自治之力將仰治於人, 仰治於人則無自立之權, 而役於人而已. 自治之道非他, 求其在我者而盡之而已."

학안學案 등을 지어 아직 알려지지 않은 덕의 은미하고 현묘한 도리를 표창하여 쓰고 이미 죽은 자들의 간사함을 견책하여 영원히 전하고자 한다.[24]

위에서 박장현은 어려서부터 맹세하고 품은 뜻은 바로 공자, 맹자, 정자, 주자, 회재, 퇴계의 학설을 올바로 이해하여 심득한 다음 한 권의 경을 지어 이 도가 무궁하게 전하려고 하는 데 있다고 말한다. 또 다른 하나는 우리나라의 역사를 기록한 정사와 학안學案 등을 짓는 데 뜻을 두고 있음을 말하고 있다. 박장현의 이런 원대한 꿈은 지나치게 짧은 삶으로 인해 완성되지는 않았지만 이런 노력의 일단은 분명히 보인다. 그것은 그의 유교개혁론과 역사를 중심으로 하는 민족자존론民族自尊論에서 나타난다.

4. 유교개혁론과 공교관

박장현은 우선 이 시대에 유학이 쇠퇴한 원인에 대해 진지하게 분석하고 있다. 이런 그의 생각을 가장 잘 보여 주는 것으로는 아래와 같은 문장이 있다.

지금 우리 도가 몰락하고 있는 것은 무슨 원인이겠습니까? 불교가 성행하여 그러합니까? 예수교가 성행하여 그러합니까? 회회교가 성행하여 그러합니까? 아닙니다. 그렇다면 세상의 운수에 편안하거나 험악

24) 『中山全書』下, 『文卿常草』一, 「文錄」, 「言志」“惟少誓志則乃孔孟程朱晦退之學也. 夙夜講明理義, 仰慕心法, 禮以律身, 樂以治心, 思欲企及於古之諸聖賢也. 然後有所得則作東國一經, 明倫理講禮敎, 垂之於無窮. 又捃摭諸史, 搜集野錄, 而我東數千年歷史, 詳效無遺, 作東國一部正史及學案等書, 褒隱德之幽潛, 誅姦邪於旣死, 傳之不朽也.”

> 한 것이 있어서 그러합니까? 아닙니다. 저의 소견에는 성인의 경서를 강의하지 않아서 이 지경에 이르렀다고 봅니다. …… 이른바 강의를 하지 않았다는 것은 강의하지 않은 것이 아니라 성인 경서의 진리를 강의하지 않았다는 말입니다.25)

박장현은 유학의 몰락을 외부의 요인으로 인해 발생한 것으로 보지 않는다. 기독교나 불교 등의 다른 종교가 성행하여 그런 것도 아니고, 세상이 편안하거나 험악해서 그런 것도 아니라고 말한다. 그 원인은 성인의 경서를 읽지 않아서 그러하다고 말한다. 많은 사람들이 이미 유가의 경전을 읽고 강의하고 있는데 무슨 말인가 하고 물을 수밖에 없을 것이다. 이에 대한 그의 대답은 "강의를 하지 않았다는 것은 강의하지 않은 것이 아니라 성인 경서의 진리를 강의하지 않았다는 말이다."라고 하였다. 말하자면 유생들이 성인이 지은 경서의 본원은 연구하지 않고, 문장이나 고증, 허망한 예의 등의 말단에 온 힘을 기울여 명성을 얻으려고만 하였지 진정으로 실천해야 할 정신과 진리는 상실하였다는 말이다.

이어서 박장현은 "이른바 유자들이 성경聖經의 본질을 탐구하지 않고 자질구레하게 훈고와 장구章句의 말단에 빠져 …… 우리 유교의 정신과 진리가 허문허례虛文虛禮 속에 매몰되어 버렸다"26)고 말한다. 이른바 본말本末이 전도되었고 그 결과가 바로 현재의 상황이라는 말이다. 그가 '성경의 본질' 또는 '유교의 정신과 진리'를 강조하는 것은 폐단을 개혁하고 유교정신의 본질인 경전의 본의로 돌아갈 것을 요구하기 때문이다. 여기에서 그는 유학의 오도

---

25) 『中山全書』下, 『文卿常草』二,「文錄」,「經書講說」"當今之時吾道之淪喪何以哉. 佛敎之盛而然耶, 耶蘇敎之盛而然耶, 回回敎之盛而然耶, 曰否. 然則世運之有升沈而然耶, 曰否. 以余觀之, 唯不講聖經而至於此也. …… 吾所謂不講非不講也, 蓋不講聖經之眞理."

26) 『中山全書』下,「文卿常草」「經書講說」"所謂儒者不講聖經之本質, 而區區於考據章句之末, …… 吾敎之精神眞理埋沒於虛文虛禮之中."

된 본질의 회복을 위한 재해석을 추구하는 유교개혁론을 주장하고 있다. 즉 박장현의 유교진흥의 방향은 과거의 유학 전통으로 회귀하는 형태가 아니라 기존 유학의 폐단을 혁파革罷하고, 본래의 정신을 회복하는 반본개신返本改新에 있다.[27] 우선 그는 유학의 병통에 대하여 말하고 있다.

> 학문의 병통이 세 가지 있는데 우선 편한 것만 따라 하는 것과 사장학詞章學·훈고학과 타성적 습관에 젖어 있는 것이다. 이 세 가지 병통을 제거하지 않으면 도에 나아갈 수 없다. 무릇 성현의 문호門戶를 보았다면 곧 용감히 나아간다는 한 가지 생각을 가져야 할 뿐이다. 어찌 두려워하고 어려워하는 생각을 가질 수 있겠는가?[28]

박장현은 유학이 가지고 있는 병통을 유학이 가진 본래의 학문적 목적인 도의 실천은 망각하고 사장학이나 훈고학에 빠져 있는 것에서 찾고 있다. 어떠한 비판적 시각도 없이 고답적으로 전인前人의 학문을 답습하거나, 자신의 명성을 위해 문장을 뽐내면서 참된 도의 실천은 행하지 않는 유자들을 비판하고 있다. "추리하여 보면 그 정신을 잃어버리고 그 의식儀式만 답습하였던 것이 원인으로 되고 있습니다. 정신이란 무엇이겠습니까? 바로 인의와 도덕입니다.[29] 그는 유학이 가지고 있는 본질을 인의와 도덕에서 찾고 있다. 그는 유학의 정신은 바로 인의와 도덕인데도 불구하고 이것은 잃어버리고 의식만 답습하였다고 말한다. 유학을 공부하였다고는 하지만 본질적인 정신은 잃어버리고 껍데기만 알고 있으니 이런 참담한 결과를 초래하였다는 것이

27) 정병석.「중산 박장현의 유학관」 154쪽.

28) 『中山全書』下,「彝傳」, "爲學之患有三, 姑息因循也, 詞章訓詁也, 忸舊習之三患, 不除不可以進道也. 夫得見聖賢門戶, 直須有勇進一念而已, 豈有一毫畏難底意思."

29) 『中山全書』下,『文卿常草』二,「文錄」,「經書講說」"推而究之, 只是喪失其精神, 而踏襲其儀式也. 故所謂精神者何? 卽仁義也, 卽道德也."

다. 이렇게 본다면 유학의 궁극적 관심이나 목표는 인의와 도덕의 실천에 있다. 여기에서 그는 성인의 대도를 실천하는 것이 급선무라고 말한다.[30)]

박장현은 이런 위기 상황을 타개하기 위해서 가장 먼저 해야 할 일을 대도大道의 참된 정신을 실천하는 데 있다고 말한다. 공맹의 참된 정신은 내버려두고 말단만 추구한 결과가 국권의 상실에까지 이르렀다는 것이 그의 평가이다. 그러므로 유학은 폐기할 학설이 아니라 오히려 그것의 참된 정신을 현실에 회복하여 실천하여야 할 대상이라고 말한다. 유교망국론儒教亡國論이 대두하는 시기에 나온 이런 주장은 자칫 앞뒤가 막힌 복고주의자로 오해 받을 가능성이 크지만, 그는 다른 사람들에게 오도吾道에 대한 믿음과 자신감을 불러일으켜 그것을 적극적으로 실천하게 만드는 것이 무엇보다 중요함을 느꼈던 것 같다.

박장현은 유교의 우월한 점을 객관적으로 증명하기 위해 서양 사람들이 유학과 공자의 위대성에 대해 말하는 것을 인용하고 있다. "독일인 화지안花之安 박사의 말에 공자의 도는 오백년 후에 온 세상에 두루 행해질 것이라 했고, 또 비희례費希禮는 공자의 도는 한 나라에 있는 것이 아니라 만국에 있으며 당시에 행해지는 것이 아니라 후세에 행해진다고 했다."[31)]

화지안(Ernst Faber)과 비희례(Karl Fischer)는 모두 독일의 선교사들로 유학이나 공교에 대해 매우 우호적이다. 칼 피셔는 진환장陳煥章이 1913년에 쓴『공교론孔教論』의 서문에서 공자의 정신이 중국인의 마음속에 깊게 자리하고 있을 뿐만 아니라 장래에는 인류의 미래가 될 수 있을 것이라는 말을 하고

30) 『中山全書』下,『文卿常草』二,「文錄」,「學說」"지금부터 공맹의 진정한 정신과 도덕을 강의하고 연구하여 동포들의 진정한 사상을 선동하려고 하면 대성인의 문하에 따르며 함께 대도를 행하여야 한다. 이것이 어찌 우리들의 급선무가 아니겠는가?(自今講究孔孟之眞精神眞道德, 而鼓吹同胞之眞思想, 偕由大門偕行大道者. 豈非吾輩之急務哉.)"

31) 『中山全書』下,『文卿常草』二,「文錄」,「原大同」, "獨逸博士花之安言曰, 孔子之道, 五百年後, 遍行全球. 又費喜禮氏曰, 孔子之道, 不在一國, 而在萬國, 不行當時, 而行於後世."

있다. 이런 내용들을 이야기하는 것으로 보아 박장현은 이미 강유위康有爲, 양계초梁啓超와 진환장의 글 등을 포함한 공교회孔教會와 관련되는 자료들을 매우 많이 접한 것으로 보인다.[32] 유학자가 아닌 서양 선교사들을 통하여 유학의 가치를 확인하고 자신감을 불러일으키고 있다. 실제로 그는 유학의 종교화 운동인 공교孔教에 적극적인 관심을 보여준다.

박장현이 유학을 종교화하려는 목적 중에서 가장 중요한 것은 유학을 새로운 시대에 적응하려는 유학의 비판적 극복이라는 점이다. 그가 유학의 종교화에 관심을 두는 것은 유학의 본원적 정신은 그대로 놓아둔 채 외세에 의한 문화적 정체성의 상실과 국가의 존망이라는 위기 상황에서 실천적 신념 체계가 절실하게 필요하였던 것으로 보인다. 박장현은 물밀듯이 밀려오는 외세에 대해서 유학이 가지고 있는 본질적인 의미 체계를 상실하지 않으면서도 문화적 정체성을 유지할 수 있는 가능성을 발견하고, 이것을 종교의 차원에서 새롭게 해석하려고 하는 시도를 보여 준다.[33] 그는 공교를 대동大同의 문제와 연결시킨다.

> 대동이란 무엇인가? 다른 것을 같게 하여 하나로 돌아가게 하는 것이다. 하나란 무엇인가? 인간이 인간으로 될 수 있고 나라가 나라로 될 수 있는 도이다. 이것이 바로 이른바 우리의 교教이다. 우리의 교란 바로 공교이다.[34]

박장현은 공자의 도 즉 공교가 대동의 근본이 됨을 말하고 있다. 현실에

---

32) 정병석.「중산 박장현의 유학관」, 147쪽.

33) 정병석.「한계 이승희의 도덕적 종교관」,『유교사상연구』제39집. 한국유교학회. 63쪽.

34)『中山全書』下,『文卿常草』二,「文錄」,「原大同」"大同何. 同其所不同而同歸於一者也. 一者何. 人之所以爲人, 國之所以爲國之道也, 是則所謂吾教也, 吾教卽孔教也."

서 발생하는 수많은 전쟁 중의 상당 부분을 차지하는 것이 종교 간의 전쟁이다. 박장현은 이런 종교 사이의 알력과 긴장을 대동과 공교를 통하여 해소할 수 있는 것으로 말하고 있다. 공교는 문명이 발전하면 할수록 더욱 적절한 도가 될 수 있다고 말한다. 여기에서 박장현은 공자를 대정치가·대학자·대교육가이면서 동시에 일종의 대종교가로 간주하고 있다. 그러나 그는 공교는 예수나 불가들이 말하는 종교와는 다르다고 말한다.[35] 박장현은 공자도 분명히 종교적인 성격을 가지지만 기독교나 불교에서 말하는 종교와는 다르다는 점을 말하고 있다.

> 공자와는 다르지만 석가釋迦나 예수 제씨諸氏도 도를 행한 자취가 있으며 설교한 말이 있기는 하다. 그러나 내가 살펴보니 그것은 세상 밖에 대한 관점으로서 인간 세계를 떠난 것이다. 그러므로 석가와 예수를 성聖이라 함은 옳지 않다. 성인이란 인도人道에 성聖이 되어야만 하는 것이다. 따라서 성인이라고 말할 수 있는 이는 오직 공자 한 사람뿐이다.[36]

석가나 예수가 세상 바깥의 도리를 이야기한다는 점에서 인간 세계의 인도를 말하는 공자와는 다르다는 점을 말하고 있다. 박장현은 이런 점에서 성聖과 성인聖人을 개념적으로 구별하고 있다. 즉 그는 공자를 석가나 예수와 대비시켜 유학이 가지고 있는 핵심인 인仁 등의 세속적인 도덕적 교화의 성격을 통하여 종교의 초월적인 것을 대체하려고 하는 경향을 보여주고 있

35) 『中山全書』下, 「論語類集」序, "若論孔子則孔子者乃大政治家也, 大學者也· 大教育家也, 又一種大宗教家也, 非耶佛輩所謂宗教者也."

36) 『中山全書』下, 「論語類集」序, "異乎孔子而釋迦耶蘇諸氏, 雖有行道之跡說教之辭, 然以余觀之, 是世外觀而離乎人間者也. 是故釋迦耶蘇謂之聖則可, 謂之聖人則不可. 聖人者以其聖於人道也, 可以聖人稱者孔子一人而已."

다.[37] 박장현은 여기에서 한걸음 더 나아가 다른 종교들이 말하는 교리의 내용이 인의仁義를 벗어나지 않는다고 말한다.

> 사람들이 기이한 것을 좋아함이 너무 심하다. 불교의 인과설因果說과 기독교의 사죄설赦罪說과 천도교天道教의 강마설降魔說은 곧 유학의 복선화음福善禍淫의 뜻이며, 불교의 보도중생普度衆生과 기독교의 평등과 천도교의 인내천人乃天은 유학의 인의仁義의 뜻이다. 저들은 이것만 전문으로 하였고 유학은 약간만 말했을 뿐이다.[38]

박장현은 불교의 인과설 즉 인연설因緣說, 기독교의 사죄설이나 천도교의 강마설이 말하는 것은 『서경書經』에서 말하는 "선행에 복을 주고 음행淫行에 화禍를 주는(福善禍淫)" 뜻에 불과하고, 불교의 보도중생普度衆生과 기독교의 평등 등은 유학에서 말하는 인의의 뜻을 벗어나지 않는다고 말한다. "(다른 종교들은) 다만 인애라는 우리 교教의 지류이며 여파에 불과하다. ...... 이렇게 보면 여러 교에서 얻어 가진 것은 우리 교의 부분적 학설이다. 그렇지만 우리 교의 정신적인 진리는 다른 교에서 엿볼 수 없다."[39] 그는 불교·기독교·천도교 등 다른 종교는 공교의 한 요소를 이루는 것이고, 공교는 이들을 포섭하는 것으로 보고 있다.

박장현의 종교관은 유교의 본래적 모습을 회복하는 것에서 찾는다. 비록 천지의 본성에 근원을 둔다고 하지만 철저히 세속적 가치인 도덕적 인륜을 종교의 중심적 가치로 삼고 있다. 즉 유학에 내재되어 있는 가장 본래적

---

37) 정병석. 「중산 박장현의 유학관」, 161쪽.

38) 『中山全書』下, 「彝傳」 "甚矣人之好異也, 佛之因果基督之赦罪天道之降魔, 是福善禍淫之意也. 佛之普度衆生基督之平等天道之人乃天, 是仁愛之意也. 彼則專門而我則一分說而已."

39) 『中山全書』下, 『文卿常草』二, 「文錄」, 「原大同」 "只是吾教仁愛之支流餘波也. ...... 由是觀之, 各教之所可取者皆吾教之一分子說, 而吾教之所可得以窺測也."

이고 보편적인 요소를 절대화하여 그것을 종교로 삼는다. 이 점에서 그는 기독교와 같은 유신론적인 종교가 강조하는 초월적인 신성神性보다는 도덕성을 우위에 두는 도덕적 종교관을 분명하게 보여주고 있다. 유학을 종교화함에 있어 초월적인 신성을 부여하거나 강조하기 보다는 일상적 윤리를 하나의 신념 또는 신앙의 체계로 전환하려고 한다.[40] 박장현의 공교화 운동의 특색은 외부의 강력한 도전에 대응하는 방식으로 유학의 전통적 인륜 체계를 중심으로 한 종교를 세우려 한 것으로 보인다.

5. 신사학론과 민족자존론

박장현이 강조하고 있는 자존정신은 유가의 도학정신과 우리 역사라는 두 축을 바탕으로 하여 형성되고, 이런 바탕 위에서 그의 학문 체계가 전개된다. 그는 자신의 포부를 말하는 「언지言志」에서 한 권의 경經을 지어 유가의 도를 전하고 우리나라의 역사를 기록한 정사正史와 학안學案 등을 짓는 데 뜻을 두고 있음을 말하였다. 만약 이런 박장현의 포부를 가지고 말하면 전자의 동국東國 일경一經은 『이전彛傳』이 해당될 것이고, 후자의 동국東國 일부一部 정사正史는 『해동춘추海東春秋』가 해당되는 것으로 보인다.

그는 역사서의 집필을 통해서 민족의 자존정신을 강조하려는 시도를 하고 있다.

> 사학史學이란 국민의 밝은 거울이며 사상 진보의 원천으로서 학문에서는 결여될 수 없는 한 부분이다. 구라파 민족들이 날마다 진보할

40) 정병석. 「중산 박장현의 유학관」, 165쪽.

수 있었던 원인을 살펴보면 사학의 공로가 그 절반을 차지한다. 그러나 우리 동방은 움츠러들고 있는데 이것은 사학이 없었기 때문이다.[41]

박장현은 사학을 국민의 거울이자 사상 진보의 원천으로 보고 있다. 나라가 발전할 수 있었던 원인을 살펴보면 사학의 공로가 매우 크다고 말한다. 예를 들면 유럽이 발전하는 경우에 있어서도 사학의 공로가 절반을 차지한다고 말한다. 이렇게 이야기하는 이유는 아마도 역사를 통한 이상과 교훈 등이 그 나라를 점점 혁신하게 만들고 더욱 강하게 만들었기 때문이다. 그는 이렇게 말하고 있다.

우리나라의 역사를 자세히 고찰해보면 김부식의 『삼국사』, 정인지의 『고려사』, 서거정의 『동국통감』으로부터 시작하여 내려오면서 『국조보감』이 있고 야사野史로서 나라 안에 유행되고 있는 것들도 수십 종에 달한다. 그러나 모두 서로 베낀 것이다.[42]

위의 말은 우리나라에 올바른 역사서가 부재함을 비판하는 말이다. 기존에 존재하는 우리 역사서는 서로 베낀 것에 불과할 뿐이라는 말은 더욱 더 역사서의 필요성을 제기하는 말이라고 볼 수 있다. 박장현은 역사학계가 가진 두 가지 문제점에 대하여 말하고 있다. 하나는 사실이 있었다는 것은 알고 있었지만 이상이 있었다는 것은 알지 못하였다는 것이다. 역사의 정신이란 어떠한 것인가? 이상이라는 이것뿐이다. 다른 하나는 조정이 있다는 것은

41) 『中山全書』下, 『文卿常草』三, 「文錄」, 「舊史學論」 "史學者國民之明鏡也, 思想進步之源泉也, 學問上是一部分而不可闕者也. 今日歐洲民族所以日進步者, 史學之功居甚半, 而吾東之蠢蠢若是以其無史學也."

42) 『中山全書』下, 『文卿常草』三, 「文錄」, 「舊史學論」 "試繙我邦歷代史, 上自金富軾三國史鄭麟趾高麗史徐居正東國通鑑, 下至國朝寶鑑及野史之見, 行域內者不下數十種, 然率皆陳陣相因."

알고 있었지만 민간이 있다는 것은 알지 못하는 것이다.[43] 사실만을 기록하고 백성의 지혜에 어떠한 도움도 주지 못하면 그 역사서는 존재 이유가 없음을 지적하고 있다. 더욱 중요한 것은 두 번째 문제로 왕실 중심의 역사 서술을 비판하고 있다. 즉 이전의 역사학자들은 역사를 조정의 전문 소유물로 여기고 조정 밖의 것은 기재할 것이 없다고 보았다. 이 때문에 백성의 기풍과 학풍이 날로 쇠약해지고 실패하였다는 것이다. 우리나라에서 민족적인 사상이 지금까지 홍성하지 못한 것은 역사학자들의 책임이라고 말한다.[44]

역사라는 것은 전체 국민의 역사여야 하지 왕가王家의 가보家譜가 되어서는 곤란하다는 말이다. 구체적으로 박장현은『삼국사기』는 삼국의 역사가 아니라 세 가정의 가보에 불과할 뿐이라는 말로 비판하고 있다. 여기에서 그는 민중의 삶을 중심으로 하는 역사를 주장한다. 여기에서 그는 민족주의적인 사상의 성립에 필요한 역사관에 대해 강조하고 있다. 그는 민족사상이 홍기하지 못하는 것은 역사가의 허물이라 지적하고, 역사학계의 혁명이 일어나지 않으면 우리 민족이 끝내 구제될 수 없음을 역설하고 있다.

박장현은 사학 혁명을 위해서는 무엇보다도 올바른 한국사 서술이 우선적으로 중요하다고 보았다. 이런 관점에서 그는 20대 말, 30대 초의 젊은 나이에 한국통사韓國通史를 서술하려고 시도한다. 그의 이러한 태도는 기존의 역사책들이 모두 문제가 있다고 하는 인식에서부터 출발한다. 그는 올바른 한국사 서술을 통하여 민족정기를 홍기시키려는 목표를 실현하려 하였다. 여기에서 단순한 사실 나열인 실증주의적 역사학은 별 의미가 없는 것으로 보고 그보다는 이상과 정신이 살아 있는 역사서술이 필요하다고 생각하였다. 박장현은 자신의 그러한 생각을 구체화시켜 줄 수 있는 역사서술 방법이

43) 『中山全書』下,『文卿常草』三,「文錄」,「舊史學論」참조.

44) 『中山全書』下,『文卿常草』三,「文錄」,「舊史學論」참조.

바로 춘추필법春秋筆法이라고 보았다. 박장현은 포폄褒貶의 방식으로 역사를 서술하려고 한다. 그리고 이것이 바로 자신의 역사정신을 가장 잘 드러낼 수 있는 방법이라고 보았다.[45] 그는 역사 서술에서 포폄이 가지는 의미에 대해 다음과 같이 말하고 있다.

> 역사란 나라의 선악을 기록하여 천추千秋에 드리우는 것이다. 무릇 편술編述하고 필삭筆削할 때 인품의 사악하고 바르고 맑고 간특姦慝한 점이 붓끝에서 엄격하지 않으면 군자는 권면勸勉할 수 없고 소인은 징계할 수 없다. …… 이 때문에 공자가 노나라 역사를 편술함에 난신적자가 두려워할 바를 알게 되었다.[46]

박장현은 공자의 춘추필법으로 우리나라 역사를 기술하려고 한다. 이것은 땅에 떨어진 도를 다시 일으켜 세워 바로 잡으려는 것에서 나왔다. 여기에는 선악의 가치관이 우선적으로 정립되고 난 뒤에 그것을 기준으로 하여 포폄하는 방식이다. 그러나 이런 포폄의 방식으로 국사國史를 서술하는 행위를 스스로 자임하는 것은 전통 유학의 가치관으로는 용납되기 어려운 참월僭越의 행위에 해당한다. 이것은 공자마저도 걱정한 것이다.

> 세상이 쇠락하고 도가 희미해져 사악한 말과 난폭한 행동이 일어났다. 신하가 그 군자를 죽이는 일도 있었으며, 아들이 그 아비를 죽이는 일도 있으니 공자가 이를 두려워하여『춘추』를 지었다.『춘추』는 천자天子의 일이었다. 그러므로 공자는 말하기를 "나를 아는 자는 오직

45) 박환. 2015.「1930년대 朴章鉉의 근대사서술- 海東春秋를 중심으로」『崇實史學』34집. 숭실대 사학회. 416쪽.

46)『中山全書』上,『海東春秋』序 "史者書國之善惡而垂諸千秋者也. 夫編述筆削之際, 人品之邪正姦慝, 若不嚴乎其筆, 則君子無以爲勸小人, 無以爲懲. …… 是故孔子修魯史而亂臣賊子知所懼."

『춘추』에 근거 할 것이며, 나를 책망하는 자도 오직 『춘추』에 근거할 것이다."[47]

맹자는 말하기를 춘추 말년의 정치질서는 균형을 잃었기 때문에 공자는 『춘추』를 지었으며 '왕의 기강을 바로세우고', '난신적자亂臣賊子로 하여금 두려움에 떨게 했다'. '왕의 기강을 바로 세움'은 본래 '천자의 일'이며, 공자가 『춘추』를 지어서 '왕의 기강을 바르게 함은' 바로 천자의 일을 대행한 것이다. 그래서 공자는 이 일이 후인後人의 오해에 부딪힐까 두려워했다. 공자가 『춘추』를 지으면서 걱정한 것은 바로 천자의 일을 참월僭越하는 것이기 때문이다. 이런 전통 유가의 관점에 근거하여 당시의 유자들은 박장현의 국사 서술에 대해 염려와 비판을 하게 되는 것이다. 이런 비판에도 불구하고 그는 포폄의 권리를 행사하려고 한다.

> 제가 19세부터 주자강목에 다가서서 날마다 배우며 지냈으며 그 후에는 또 『좌씨춘추』를 읽어서 그 서법의 대략을 들어왔습니다. 스스로 불초하다고 여기지만 도량을 헤아리지 않고 함부로 4천 년 역사에 대해서 포폄여탈지권褒貶與奪之權을 행해서 포상하고 폄하할 것은 폄하하였습니다. …… 다만, 이 용렬하고 천박한 식견을 가지고 어찌 능히 그 권세를 행사할 수 있을지 걱정됩니다.[48]

송준필宋浚弼, 김재화金在華와 김황金榥 등으로부터 충고와 지적을 받게 되지만, 지금의 상황에서 우리 역사를 전문적으로 연구하고 전달하는 사람

47) 『孟子』「滕文公」"世衰道微, 邪說暴行有作, 臣弑其君者有之, 子弑其父者有之. 孔子懼, 作春秋. 春秋天子之事也. 是故孔子曰 知我者其惟春秋乎 罪我者其惟春秋乎."

48) 『中山全書』下, 『文卿常草』二, 「書牘」「上河晦峯先生」"自十九歲將朱子綱目, 就卽日課以過, 其后又將左氏春秋以 讀略聞其書法大略矣. 自顧不肖, 不自量度, 安窃以加褒貶與奪之權於四千年. ...... 顧此劣識淺見安能中其權耶."

이 없는 상황에서는 부득이하다는 점을 그는 말하고 있다. 그 스스로는 '내가 부득이해서 역사책을 쓰고 있다'라고 하였지만,[49] 국가와 민족이 수화水火의 지경에 빠져 있는 상황에서 아무리 비판을 받더라도 우리 역사를 되살리고 전파하여 민족의 자존을 세우는 것이 참으로 중요한 급선무임을 그는 알고 있었던 것이다. 그는 『해동춘추』에서 춘추필법에 따라 의병장 허위 장군과 안중근 의사를 시대의 영웅으로 다루고, 이완용에 대한 비판과 응징 등을 말하고 있다.[50]

중요한 유가의 경전과 역사서를 한글로 번역하고 편찬하여 민간에 보급하여야 한다고 박장현은 말한다. 이런 관점은 한학을 공부한 전통 유자인 박장현의 입장에서는 대단히 혁명적이고 전향적인 사고를 보여준 것이라고 할 수 있다. 이런 박장현의 관점은 이미 일반 민중을 개혁의 주체로 보고 있다는 점이다. 그는 조선유교회의 안순환安淳煥에게 보낸 편지에서 우리나라가 몰락한 원인을 우리의 정신을 존중하지 않은 데 있다고 진단하면서, 이 정신이 깃들어 있는 우리 문자를 존중하도록 바란다.

> 살피건대 지금 전 세계에서 가장 비열卑劣하다는 이름을 얻는 곳이 안남安南과 우리나라입니다. 안국安國은 우리의 책임이 아니니 논할 것이 없으나, 우리나라의 경우엔 비열하게 된 원인이 하나가 아닙니다. 그 중에서 결정적인 것을 든다면, 우리가 아국我國의 정신精神을 존중하지 않아서 다른 나라에 빼앗겼다는 점입니다. 이른바 정신이란 무엇인가 하면 바로 우리나라의 글我國文입니다. …… 우리나라의 글은 글자를 만든 것이 지극히 교묘하고 또 사용하기가 심히 간단하고 쉬워서 우둔한 자라도 한 달이 지나지 않아 통할 수 있습니다. 우리나라의

---

49) 『中山全書』下, 『文卿常草』三, 「文錄」, 「舊史學論」 참조.

50) 더욱 상세한 내용은 박환의 「1930년대 朴章鉉의 근대사서술- 海東春秋를 중심으로」라는 논문을 참조 바람.

역사를 이것으로 번역하면 사람마다 다 알 수 있고 성경현전聖經賢傳을 이것으로 번역하면 강講하지 못할 사람이 없을 것입니다. 그 외의 것도 다 그렇습니다[51]

박장현은 우리의 정신이 우리의 문자 속에 들어있다고 말한다. 이에 따라 우리 문화를 보급하고 유가의 참된 진리를 전파하기 위해서 성현들의 경전과 역사서를 국문으로 번역하여 활용할 것을 제안하고 있다. 한 걸음 더 나아가서 그는 한글의 우수성과 언문일치言文一致에 대해 말한다. 그가 "훈민정음은 언문言文이 합일된 글이다"[52]라 하여 한글의 우수성을 내세운 것은 온 국민이 한글을 사용하여 문명을 발전시키자는 것이다. 그리고 그 이면에는 한자에 대한 한글의 상대적 우수성을 강조함으로써 중화주의의 굴레로부터 벗어나려는 민족자존의식民族自尊意識이 숨어 있는 것으로 보인다.[53] 또한 녹동서원의 동학들에게 우리 민족과 우리 문자와 우리 종교를 회복하기를 당부한다. 그는 우리말로의 번역이야말로 지금 시점에서 가장 중요한 오도吾道를 진흥시키는 훌륭한 대책일 뿐만 아니라 민족적 자존의식을 회복할 수 있는 첩경으로 보았기 때문이다.

---

51) 『中山全書』下, 『文卿常草』五, 「書牘」,「答朝鮮儒教會教正安淳煥」"顧今世界全球上 最得卑劣之名者 惟安南及我國矣 而安南非吾人之責 不足論也 惟我國則 卑劣之原因不一 而足其中擧尤者而言之 盖不自重我國之精神而奪於人國者也 所爲精神者何 即我國文也 …… 惟我國文其爲文也 曲盡其妙 而又甚簡易用功 雖鈍者 不過旬月 而能通矣 我國歷史 以此譯之 人人得以通之 聖經賢傳 以此譯之 人莫不講之也 餘外皆悉."

52) 『中山全書』下, 「彝傳」「樹教」, "訓民正音 是言文合一之文也."

53) 송재소. 「中山 朴章鉉 研究 試論」 37쪽.

6. 맺음말

박장현朴章鉉은 33세라는 짧은 시간 동안 살다 갔지만, 철학과 역사 분야에 엄청난 양의 저작을 남겼다. 그의 저작의 상당 부분은 역사 분야의 내용들이고 경학과 관련되는 부분 역시 상당하다. 박장현의 철학은 유학과 역사라는 큰 축에 의해서 지탱된다. 전통적인 학문 세계에 속해 있었던 박장현이 유학을 높이는 것은 너무나 당연하다. 그가 우리의 역사에 관해 온 힘을 다 쏟아 부었던 것은 당시 그가 처해 있었던 역사적 상황과 분리하여 생각할 수는 없을 것이다. 그것은 바로 민족 자존성의 회복이라는 근본 명제와 관련되기 때문이다.

언뜻 보기에 민족자존성의 회복이라는 문제와 유가철학이 전혀 관련이 없는 것으로 보일 수도 있다. 박장현은 유학에서 강조하는 치심治心과 입지立志의 문제에 대해 주목한다. 현실의 어려운 상황을 타개하기 위해서 가장 중요한 문제는 정신적인 측면에서의 개혁이다. 현실의 혁명을 가능하게 만들기 위해서는 혁심革心이 무엇보다도 우선적이다. 중요한 것은 바로 마음의 다스림과 의지이다. 박장현은 천하의 모든 일들은 결국 나의 마음의 상태에서 결정됨을 강조한다. 일의 성사 여부는 역시 어떤 마음을 가지느냐 하는 것에 달려있다는 말이다. 그러므로 그는 마음의 확고함과 전일專一이 있어야 모든 변화에 대응할 수 있다고 보았다.

박장현의 사상은 자존自尊의 철학이라고 규정할 수 있다. 스스로를 존중하지 않고, 스스로를 높이지 않고 자포自暴·자기自棄하면 결국 남의 노예奴隸로 전락하고 만다는 것이 그의 관점이다. 노예란 자신이 자신의 주인이 되지 못하고, 자신의 의지와는 관계없이 남의 뜻에 따라 행동하는 자를 말한다. 당시의 우리나라가 바로 이런 형국이었다.

나라가 남의 노예가 되면서 국민들은 심노心奴의 상태 속에 놓이게 되어

버린다. 박장현은 당시 우리나라 국민들이 대부분 심노의 상태에 있는 것으로 보았다. 우리나라가 일제에 의해 병탄되어 노예의 국민으로 존재하는 이런 상황을 타개하기 위해서 가장 필요한 것은 심노의 상태로부터 벗어나는 것이 가장 급한 일이라고 보았다. 여기에서 요청되는 것이 바로 자존의식自尊意識이다. 이 자존의식은 나라를 잃은 백성들이 가지기 쉬운 패배주의와 허무주의를 극복하는 출발이 될 뿐만 아니라, 민족자존民族自尊의 의식意識으로 확장된다.

마음의 자존이라는 문제를 확대했을 때 민족자존이 형성된다. 여기에서 그는 방법적으로 스스로를 올바로 인식해야 한다는 입장에서 민족주의적인 역사학 연구에 매진하고 유학적 신념체계를 공고히 하기 위해서 유학종교화 운동 즉 공교운동에 관심을 가진다. 박장현은 민족의 자존의식을 형성하기 위해서는 올바른 한국사 서술이 우선적으로 중요하다고 보았다. 그는 올바른 한국사 서술을 통하여 민족정기를 일으키려는 시도를 하고 있다. 그의 한국사 서술이 가지는 특징은 왕실 중심이 아닌 일반 민중을 중심으로 하는 역사 서술을 강조하는 데에서 찾을 수 있다.

박장현은 중요한 유가의 경전과 역사서를 한글로 번역하고 편찬하여 민간에 보급하려는 생각을 가지고 있다. 한자에 대한 한글의 상대적 우수성을 강조함으로써 중화주의의 굴레로부터 벗어나려는 민족자존 의식이 내포되어 있는 것으로 보인다.

참고문헌 Reference

일제강점기의 낙중학 _ 홍원식

한주학파의 재전 제자들을 중심으로

金平默,『重菴集』

李晩寅,『龍山文集』

宋秉稷 編,『尊華錄』

許侙·郭漢一 編,『大東正路』

許愈,『后山文集』

郭鍾錫,『俛宇文集』

李承熙,『韓溪遺稿』

尹胄夏,『膠宇文集』

박은식,『박은식전집』

李寅梓,『省窩集』

李炳憲,『李炳憲全集』

河謙鎭,『晦峰集』

金昌淑,『心山遺稿』

<독립신문>

<皇城新聞>

김종석, 「한말 영남 유학자들의 신학 수용 자세」

홍원식, 『동도관의 변화로 본 한국 근대철학』, 예문서원, 2016

진암 이병헌의 공교운동과 금문경학 _ 황지원

李炳憲. 1989. 『李炳憲全集』. 한국학문헌연구소편. 아세아문화사.

금장태. 2003. 『유교개혁사상과 이병헌』. 예문서원.

홍원식. 2016. 『동도관의 변화로 본 한국 근대철학』. 예문서원.

김종석. 2006. 「한주학파 유교종교화론의 본질과 공자교운동」. 『철학논총』 46 : 47~72.

김동석. 2015. 「진암 이병헌의 審勢와 愛國意識」. 『남명학연구』 46 : 43~72.

김순석. 2013. 「일제강점기 유교의 종교화운동 -眞庵 李炳憲과 海窓 宋基植을 중심으로-」. 『한국민족운동사연구』 77 : 213~266.

노관범. 2012. 「1910년대 한국 유교지식인의 중국 인식 -유인석, 박은식, 이병헌을 중심으로-」, 『민족문화』 40 : 7~39.

박미라. 2004a. 「이병헌의 사상과 민족종교의 관계에 대한 연구」. 『한국사상과 문화』 24 : 325~353.

______. 2004b. 「이병헌의 孔敎운동에 나타난 神道論 연구 -性卽理에서 心卽神으로의 전환-」. 『동양철학연구』 38 : 353~381.

설석규. 2006. 「眞庵 李炳憲의 現實認識과 儒敎復原論」. 『남명학연구』 22 : 325~357.

오만종·진유애. 2011. 「구한말 유학자의 시대 고민 - 진암 이병헌의 시경해석을 중심으로-」. 『중국인문과학』 47 : 303~319.
오병한. 2016. 「1910년대 『中華遊記』와 이병헌(1870~1940)의 현실 인식」. 『숭실사학』 37 : 205~238.
이상익. 2007. 「'유교의 이중성'과 '근대의 이중성' -진암 이병헌의 '유교복원론'을 중심으로-」. 『한국철학논집』 21 : 7~40.
이상하. 2010. 「진암 이병헌의 '경설'에 나타난 종교적 성향」. 『동양고전연구』 41 : 385~406.
이연승. 2015. 「이병헌의 유교론: "비미신적인 신묘한 종교"」. 『종교문화비평』 27 : 228~263.
이희재. 2011. 「일제하 이병헌의 공자교운동의 성과와 좌절」. 『공자학』 20 : 151~175.
허경진. 2015. 「이병헌 학문의 국제화 노력과 그 성과」. 『남명학연구』 46 : 73~94.
허권수. 2015. 「眞庵 李炳憲의 生涯와 學問」. 『남명학연구』 46 : 1~42.
홍원식. 1999. 「한주학파의 공자교 운동」. 『한국학논집』 26 : 29~43.

성와 이인재의 철학 지평과 실천 _ 이행훈

[자료]

リギョール 口述. 前田長太 筆記. 1897. 『哲學論綱』. 文海堂.
郭鍾錫. 1983. 『俛宇集』. 아세아문화사.
梁啓超. 1903. 「近世第一大哲康德之學說」. (『飮冰室合集 2』. 上海: 中華書局. 1936.)
李寅梓. 1078. 『省窩集』. 아세아문화사.
李震相. 2003. 『寒洲集』. 民族文化推進會.
井上円了. 1888. 『哲學要領』. 東京: 哲学書院.
陳鵬 輯譯. 1903. 『希臘三大哲學家學說』. 上海: 廣智書局.

『대동학회월보』

[저서]

권오영. 『근대이행기의 유림』. 돌베개. 2012.

금장태·고광직. 『유학근백년』. 박영사. 1986.

이행훈. 『학문의 고고학』. 소명출판. 2016.

이형성. 『한주 이진상의 철학사상』. 심산출판사. 2006.

이황직. 『군자들의 행진』. 아카넷. 2017.

[논문]

김기주. 2015. 「寒洲 李震相의 理氣說」. 『한국학논집』 제60집.

김종석. 2000. 「19·20세기 초 영남 퇴계학파의 사상적 대응에 관한 철학적 고찰: 신사조 수용과 관련한 퇴계학의 변용」. 『철학논총』 제20호.

김종석. 1999. 「성와 이인재의 서구수용론과 新學에의 관심」. 『한국학논집』 제26집.

김종석. 2008. 「성와 이인재의 유교개혁사상」. 『퇴계학과 유교문화』 제43집.

이현구. 1994. 「개화기 유학자와 계몽운동가들의 서양철학 수용」. 『철학사상』 4호.

이현구. 김주일. 2008. 「동서윤리론의 기저 비교와 융합 가능성 모색: 성와 이인재의 『희랍고대철학고변』을 중심으로」. 『시대와 철학』 제19호.

이형성. 2010. 「寒洲 李震相과 그 學派 硏究의 現況과 展望」. 『유교사상문화연구』 제39집.

임종진. 2013. 「성와 이인재의 성리사상 -「고대희랍철학고변」에 대한 분석을 중심으로 -」. 『퇴계학과 유교문화』 제53집.

전재원. 2005. 「근백년 대구·경북의 서양고중세철학 수용과 전개」. 『철학논총』 제40집.

홍원식. 2006. 「한주 이진상의 성리설과 그 계승」. 『퇴계학과 한국문화』 제38호.

중재 김황의 심즉리설 옹호와 활동 _ 김낙진

金 榥. 1998.『重齋先生文集』. 중재선생기념사업회.

郭鍾錫. 1983.『俛宇集』. 아세아문화사.

金克永. 1945.『信古堂遺輯』. 道川.

金福漢.『志山集』. 국립중앙도서관DB.

金鎭祜. 1989.『勿川集』. 아세아문화사.

金昌淑. 1979.『국역 심산유고』. 국역심산유고발간위원회.

李承熙. 1979.『韓溪遺稿』. 국사편찬위원회.

李震相. 1980.『寒洲全書』. 아세아문화사.

田 愚. 2004.『艮齋集』. 한국문집총간.

鄭載圭. 2012.『老柏軒集』. 한국문집총간.

曺兢燮. 2005.『巖棲集』. 한국문집총간.

黃 玹. 2005.『역주 매천야록』. 임형택 외 옮김. 문학과지성사.

금장태. 2003.『한국유학의 心說』. 서울대학교 출판부.

김낙진. 2012.「19세기 후반~20세기 초반 진주 지식인들의 남명 인식」.『경남권문화』21. 진주교대 경남권문화연구소.

김낙진. 2017.「愚潭 丁時翰의『四七辨證』과 心法」.『퇴계학보』141. 퇴계학연구원.

오이환. 2012.『남명학의 새연구』. 한국학술정보.

이영호. 2015.「심산과 간재 문인들의 출처시비논쟁을 통해 본 일제하 유교지식인의 초상」.『대동한문학』42. 대동한문학회.

최영성. 2010.「한주 이진상의 철학사상과 그 현실적 구현」.『한국학논집』40. 계명대 한국학연구원.

허권수. 2007.「중재 김황의 생애와 학문」.『한국인물사연구』7. 한국인물사연구회.

홍원식. 2008.『한주 이진상의 생애와 사상』. 예문서원.

회봉 하겸진의 학문 활동과 성리학적 특징 _ 김기주
- 『회봉선생연보』를 중심으로

『晦峯先生年譜』.

『東儒學案』.

趙輝晋. 『東窩遺集』.

정성희. 2013. 「식민지 시기 조선 유학사 정리 작업에 대한 연구 - 장지연과 하겸진의 저항적 조선유학사 정리 작업을 중심으로」. 『유학연구』 29. 165~191.

김낙진. 2008. 「회봉 하겸진의 국성론을 중심으로 본 일제강점기 유학자의 인간성 이해와 국가의식」. 『한국철학논집』 Vol. 24. 한국철학사연구회.

최일범. 2004. 「『東儒學案』의 學派 分類에 관한 考察」. 『유교사상문화연구』 08 21:123~140.

유영옥. 2010. 「晦峰 河謙鎭의 『國性論』 분석」. 『동양한문학연구』 31. 175~196.

김기주. 2015. 「한주 이진상의 리기설: '리발일도설'을 중심으로」. 『한국학논집』 제66집. 계명대학교 한국학연구원.

추제협. 2017. 「면우 곽종석의 철학과 한주학의 비판적 계승」. 『한국학논집』 제66집. 계명대학교 한국학연구원.

심산 김창숙의 유교 인식과 독립운동의 전개 _ 김현수

국사편찬위원회 編. 1973. 『心山遺稿』, 探求堂.

國譯心山遺稿刊行委員會 역. 1979. 『(國譯)心山遺稿』, 서울印刷株式會社.

『俛宇先生年譜』(石版本. 1956).

『志山先生年譜』(石版本. 1952).

『重齋先生文集』(韓國歷代文集叢書). 1998. 景仁文化社.

국사편찬위원회 編. 2005.『대한민국임시정부자료집』1~7. 국사편찬위원회.

권기훈. 2007.『심산 김창숙 연구』. 도서출판 선인.

심산기념사업준비위원회 편. 1965.『躄翁一代記』. 太乙出版社.

심산사상연구회 편. 1986.『金昌淑文存』. 성균관대출판부.

심산사상연구회 편. 1986.『심산 김창숙의 사상과 행동』. 성균관대 대동문화연구원.

김기승. 2012.「심산 김창숙의 사상적 변화와 민족운동」.『한국독립운동사연구』42집. 독립기념관 한국독립운동사연구소.

김희곤. 2001.「제2차 유림단의거 연구- 심산 김창숙의 활동을 중심으로」.『대동문화연구』38집. 성균관대 대동문화연구원.

김희곤. 2013.「성주지역의 독립운동과 성격」.『한국독립운동사연구』46집. 독립기념관 한국독립운동사연구소.

박홍식. 1999.「심산 김창숙의 유교정신과 구국운동」.『한국학논집』26집. 계명대학교 한국학연구원.

송항룡. 1985.「심산 김창숙과 유학정신」.『대동문화연구』19집. 성균관대 대동문화연구원.

이영호. 2011.「朝鮮儒學史의 지평에서 바라본 心山金昌淑의 思想- 在朝鮮儒學史上瞻望心山金昌淑的思想」.『양명학』29. 한국양명학회.

임경석. 2000.「유교 지식인의 독립운동- 1919년 파리장서의 작성 경위와 문안 변동」.『대동문화연구』37권. 성균관대 대동문화연구원.

최일범. 2010.「심산 김창숙의 도학정신」.『유교문화연구』16집. 성균관대 유교문화연구소.

한주학파의 성리학에 대한 심재 조긍섭의 비판 _ 임종진

조긍섭.『巖棲先生文集』.

조긍섭.『深齋先生續集』.

곽종석.『俛宇先生文集』.

장석영.『晦堂先生文集』.

정약용.『與猶堂全書』.

이진상 편.『理學綜要』.

서산선생기념사업회 편. 2000.『韓末 退溪學統의 正脈 西山 金興洛』. 서산선생기념사업회.

한국철학사상연구회. 1995.『논쟁으로 보는 한국철학』. 예문서원.

서동일. 2015.「파리장서 운동의 전개와 영남 지역의 숨은 협력자들」.『大東文化研究』89. 성균관대학교 대동문화연구원.

임종진. 2011.「심재 조긍섭의 성리사상 -「性學八圖並說」에 대한 분석을 중심으로 -」.『퇴계학과 유교문화』48. 경북대학교 퇴계연구소.

한국고전번역원 〈한국고전종합DB〉(http://db.itkc.or.kr).

공산 송준필의 성리사상과 사회적 실천 운동 _ 심도희
- 한주학과의 관련성을 중심으로

宋浚弼.『恭山先生文集』.

張福樞.『四未軒集』.

金興洛.『西山文集』.

李象靖.『大山集』.

柳致明.『定齋集』.

郭鍾錫.『俛宇文集』.

李晩燾.『響山集』.

금장태·고광직. 1984.『유학근백년』. 박영사.

유림단독립운동실기 편찬위원회. 국역『儒林團獨立運動實記』. 2001. 대보사.

홍원식. 2012.『낙중학 : 조선시대 낙동강 중류지역의 유학』. 계명대학교 출판부.

김낙진. 2008.「정재 유치명과 서산 김홍락의 本心 중시의 철학」.『율곡학 연구』16 : 101~124.

김종석. 2004.「한말 영남 유학계의 동향과 지역별 특징」.『국학연구』4 : 31~82.

권오영. 2016.「서산 김흥락의 학맥과 이학 사상」.『국학연구』31 : 9~58.

심도희. 2014.「주자학에서 본 퇴계와 고봉의 사단칠정론」.『유교사상문화연구』57 : 141~168.

안병걸. 2002.「퇴계학의 계승양상과 그 연구 과제」.『퇴계학』13 : 1~27.

______. 2005.「성재·사미헌학맥 : 공산 송준필의 활동과 사상」.『한말 영남지역의 유교개혁론 연구』한국연구재단 연구 성과물 : 33~39.

오세창. 2000.「巴里長書와 宋浚弼」.『한국근현대사연구』15 : 36~65.

우인수. 2007.「사미헌 장복추의 문인록과 문인집단 분석」.『어문론총』47 : 75~97.

유명종. 1998.「恭山 송준필의 성리설」.『한중철학』4 : 147~170.

임노직. 2004.「척암 김도화의 현실인식」.『국학연구』4 : 145~170.

홍원식. 2010.「영남 유학과 '낙중학'」.『한국학논집』40 : 7~30.

향토문화전자대전. 원계서원.

중산 박장현의 자존철학 _ 정병석

朴章鉉 著. 1983.『中山全書』. 중산전서간행위원회. 보경문화사.

朴章鉉 著. 박영석·박환 편. 2014.『국역 中山全書』. 김영덕·박정양·장석현·조희천 역. 도서출판 선인.

高光稙. 1986.「중산 박장현」(박영석.『민족사의 새 시각』 제9장 부록). 탐구당.

박환. 2015.「1930년대 朴章鉉의 근대사서술- 海東春秋를 중심으로」.『崇實史學』 34집. 숭실대 사학회.

송재소. 1994.「中山 朴章鉉 硏究 試論」.『中山 朴章鉉 硏究』. 금장태 외. 민족문화사.

정병석. 2009.「한계 이승희의 도덕적 종교관」.『유교사상연구』 제39집. 한국유교학회.

정병석. 2011.「중산 박장현의 유학관」.『민족문화논총』 제49집. 영남대 민족문화연구소.

【 저자 소개 】

홍원식 E-mail : wsg683@kmu.ac.kr

고려대학교 철학과를 졸업하고 같은 대학에서 「주자학의 거경궁리설 연구」로 철학박사 학위를 받았으며, 현재 계명대학교 철학윤리학과 교수로 재직하고 있다. 동양철학 전반에 걸쳐 관심을 가지고 있으며, 『한주 이진상의 생애와 사상』, 『동도관의 변화로 본 한국 근대철학』, 『조선시대 가문의 탄생』등 30여 권의 저 · 역서(공저 포함)와 80여 편의 논문을 발표하였다.

황지원 E-mail : hwangjeewon@hanmail.net

계명대학교 철학과를 졸업하고 동 대학원에서 철학박사 학위를 받았다. 현재 계명대학교와 동국대학교에 출강하고 있다. 주요 저술로는 『중국회화의 기운론』, 『심경부주와 조선유학』(공저), 『김정희의 철학과 예술』(공저) 등이 있고, 번역서로 『역대명화기』, 『성리학의 개념들』(공역) 등이 있으며, 주요 논문으로는 「『맹자』에 대한 漢代 訓詁學과 宋代 朱子學의 해석 차이와 그 철학사적 의미」, 「구미(선산) 지역 유학의 전개와 특성」 등이 있다.

이행훈 E-mail : wunhwa@hallym.ac.kr

성균관대 한국철학과를 졸업하고, 동 대학원에서 철학박사 학위를 취득하였다. 현재 한림대 한림과학원 HK교수로 재직하면서, 한국 개념사와 동아시아 근대 전환기 지식체계의 변동에 관해 연구 중이다. 주요 저서로 『학문의 고고학』, 『근대 사상의 수용과 변용 II』(공저), 『비교와 연동으로 본 19세기의 동아시아』(공저), 『개념의 번역과 창조』(공저), 『한국의 근현대, 개념으로 읽다』(공저), 『음빙실자유서』(공역) 등이 있다.

김낙진 E-mail : njkim@cue.ac.kr

고려대학교 철학과를 졸업하고 동 대학원에서 철학박사학위를 받았다. 현재 진주교육대학교 교수로 재직 중이다. 주 연구 분야는 조선성리학이다. 저서로는 『의리의 윤리와 한국의 유교문화』가 있고, 역서로는 『원전으로 읽는 여헌학-여헌선역집』(공역)이 있으며, 주요 논문으로는 「丁時翰의 산중일기와 구도자의 삶」, 「荷潭 金時讓의 실제성 중시의 사상」, 「愚潭 丁時翰의 『四七辨證』과 心法」 등 다수가 있다.

김기주 E-mail : zonoz@gw.kmu.ac.kr

계명대학교 철학과를 졸업하고, 臺灣東海大學 哲學硏究所에서 석사, 박사학위를 취득하였다. 현재 계명대학교 Tabula Rasa College에 재직하고 있다. 조선성리학과 그 역사적 전개 등에 관심을 가지고 연구하고 있으며, 저서로는 『서원으로 남명학파를 보다』, 『심경부주와 조선유학』(공저), 역서에는 『심체와 성체–총론편』, 『유교와 칸트』(공역) 등이 있고, 「기발리승일도설로 본 기호학파의 3기 발전」, 「이상사회에서의 일과 노동」 등 다수의 논문이 있다.

김현수 E-mail : geminius@skku.edu

성균관대학교 한국철학과를 졸업하고 동대학원에서 철학박사학위를 받았다. 현재 성균관대학교 한국철학문화연구소 연구원으로 있다. 주요 논문으로는 「근대시기에 성립한 윤리학 개념과 한국 유학 이해의 방향성」, 「16세기 후반–17세기 전반 栗谷學派의 家禮註釋書 연구」, 「조선시대 宮闕 건축의 원리와 그 사상적 기반으로서의 禮 연구」「沙溪 金長生의 『經書辨疑 · 中庸』 연구 등 다수가 있다.

임종진 E-mail : limjj@knu.ac.kr

경북대학교 철학과를 졸업하고, 같은 학교에서 철학박사학위를 취득했다. 현재 경북대학교 철학과 교수로 재직하고 있다. 성리학, 근대시기 영남유학 등을 연구하고 있다.

심도희 E-mail : simdohee@hanmail.net

계명대 철학과를 졸업하고, 동대학원에서 주자학으로 석사, 고대 유학으로 박사학위를 취득하였다. 현재 대구대와 계명대에 출강하고 있으며, 한국철학에 관심을 가지고 있다.

정병석 E-mail : seok@yu.ac.kr

영남대학교 철학과와 대학원을 졸업하고, 臺灣中國文化大學 哲學硏究所에서 박사학위를 취득하였다. 현재 영남대학교 철학과에 재직하고 있다. 주역과 유가철학 등에 관심을 가지고 연구하고 있으며, 저서로는 『유학, 연속성의 세계와 철학』, 『점에서 철학으로』, 『주역』, 역서에는 『중국고대사상사론』, 『주역철학의 이해』 등이 있고, 「易傳의 天 · 地 · 人 齊等觀과 聖人」, 「旁通과 融合:周易 해석 空間의 확장과 연속」 등 다수의 논문이 있다.